中华女子学院社科类成果文库丛书

社会保障与妇女发展

第三届中德性别平等与发展研讨会论文集

中国法制出版社
CHINA LEGAL PUBLISHING HOUSE

德方序言

在所有国家，随着发展水平的提高，男女在社会中的典型角色和形象都发生了根本性的变化，这堪称一个世界性的经验。一方面，每个家庭的孩子数量减少了；而另一方面，领取养老金那一代人的预期寿命增加，社会价值观的巨大变化在不同文化空间内呈现出各具特色的面貌。怀着提供经验和相互学习的目的来比较中德两国的社会状况和发展趋势。这种学术合作已然非常成熟。

该系列研讨会的每一次会议都设定了重点主题；本次主题为“社会保障与妇女发展”，成果收录的论文涉及妇女社会保障的复杂性。中国的学者追溯了新中国成立以来社会保障，尤其是生育保障的发展，研究了诸如生育保险、产假、育儿假、托幼和养老等特殊话题，还分析了父亲育儿的法律政策和父亲的法定义务，花费了更多时间来养育子女的女性在养老金覆盖方面的差距以及改善妇女社会保障的新法律举措等。德国的学者对德国当前的社会保障政策进行了解读，重点分析了养老、照护工作和公共服务等方面问题，阐释了德国妇女社会保障的赤字，并列举了目前为减少仍然存在的赤字所做的考虑。

与以往历届会议一样，学者们科学认真严谨的分析与多种多样的视角都令人信服。我们能从已有认识中获得规划未来发展的灵感，因此绝对有必要将研讨会的成果作为书面材料保留下来用于下一步的科学研究和高等教育。得到科学验证的发展是促进进步的最可靠方式，因此，我希望这本会议论文集能在研究和教学中得到广泛使用。

弗里德里希·艾伯特基金会北京代表处首席代表

康怀德（Alexander Kallweit）

中方序言

以倡导和推进性别平等为己任的中华女子学院中国妇女发展研究中心和德国弗里德里希·艾伯特基金会又一次合作，在“社会保障与妇女发展——第三届中德性别平等与发展研讨会”的基础上，我们将这本论文集呈献给各位读者。收入本论文集的19篇文章，集中德双方专家学者多年研究成果，围绕生育保障制度和养老保障制度的主题，聚焦社会保障领域的热点问题，开展了交流对话，涵盖理论探讨和经验分享，对今后两国相关领域的研究和政策完善，具有积极的推动意义。有幸先拜读了各位学者的文章，在酣畅淋漓的阅读过程中，各位专家学者严谨的治学态度，丰富的实践经验，鲜明的价值理念和责任担当，性别平等视域下的思考和建议，都给我留下了深刻印象。

性别平等是世界各国社会发展中的重要议题，也是人类文明进步的重要标志。在把性别平等落到实处的过程中，社会保障制度体系在帮助人们平衡家庭、就业、社会参与等方面扮演着主要的角色，发挥着重要作用。各位作者回顾了社会保障发展历史，分别就养老金、育儿假、陪产假、托幼服务、社区养老模式、独生子女家庭养老责任、家庭照护与职业的平衡等具体问题分享了各自的研究成果。值得一提的是专家学者们在讨论这些具体问题时，都指出社会保障制度不是中性的，两性发展的不平等势必会影响社会保障制度的不平等，只有在社会保障体系中更好地体现性别平等，努力构建性别平等的社会保障制度，才能真正促进社会公平正义。

同时，作者们以问题为本，追根溯源，分享经验，提出了对策。作者们不仅仅从理论层面关注和讨论了社会保障制度在推进性别平等，促进公平正义方面的重要作用，还对许多现实问题进行了具体分析并提出了应对性建议。例如中国学者针对倡导父亲育儿假存在的困境，提出进一步扩大生育保险的覆盖面和受益面，将男性生育陪护假及其津贴纳入生育保险等建议。德国学者针对家庭照护与职业平衡方面的问题，分享了德国政府根据养育子女和承担护理工作等给予一定的加权保障措施以及相应的社会保障等政策。作者们的这些讨论和观点，让我们看到了两国妇女问题的共同性，让我们进一步理解了为什么说妇女问题不是“妇女的”问题，而是一个社会问题，进而对妇女的全面发展有赖于社会全方位的支持给予了更迫切的期待。作者们的经验和他们的实践，对我们全面贯彻落实男女平等基本国策，建设有性别视角的社会保障制度，无疑很有启发和借鉴。

该论文集是中德双方合作第三个年头的会议成果，由中华女子学院中国妇女发展研究中心作为具体执行者。我们衷心感谢中华女子学院和德国弗里德里希·艾伯特基金会的信任与支持。性别平等与社会保障、性别平等与公共政策、性别平等与妇女发展一直是中国妇女发展研究中心关注的研究领域。我们知道，性别平等纳入决策主流是一个漫长的过程，我们期望，相关的研究成果和实践经验能推动这一进程并发挥重要的作用，产生积极的影响。

中华女子学院中国妇女发展研究中心主任

中华女子学院前院长

张李玺

目 录

如何以公共服务构建性别公正

芭芭拉·施蒂格勒*

摘　要：一个社会中，实现性别公正的前提是劳动、收入、权力和金钱的平均分配。一项国际比较表明，在公共服务更充足的国家，两性平等的程度更高。然而，在考量公共服务对于性别公正的重要性时，必须关注两类不同的群体，一类是使用公共服务的群体（以女性为主），另一类是承担公共服务的群体（也以女性为主）。一方面，托幼、照护、社会福利机构等一系列公共服务，减轻了女性在家庭中的照料负荷，使她们在劳动力市场上获得了更多与男性平等的机会，促进了性别平等。另一方面，对于那些提供社会服务的群体来说，情况却大不相同：与技术类职业相比，凡是社会服务类职业的待遇都被严重低估。低工资和工作条件差，成了幼儿教育、老年护理、病人照护等女性职业的特点。因此，社会要在提高公共服务产品的时候，更好地促进相关行业从业人员的性别公正，就必须提高对其职业的承认。

关键词：公共服务；性别公正；对职业的更高认可

一、社会服务行业劳动者的价值被低估

德国的劳动力市场分化严重。男性从业者集中在建造类和技术类行业，女性从业者集中在照料类行业，主要是所谓的SAHGE职业：SA（社会性服务）、H（家政服务）、G（健康和护理）、E（幼教）。

SAHGE职业具有女性职业的典型特点。工作内容与无薪的日常家务非常相似。对从业者的要求是无边界的，从业者要全身心投入，很多要求不在岗位描

* 作者简介：芭芭拉·施蒂格勒（Barbara Stiegler），博士，弗里德里希·艾伯特基金会前妇女与性别研究部主任，主要研究方向：性别与性别平等、老年人护理与国家福利、老年人护理服务供应机制、性别与公共政策、社会性别主流化等。

述的范围内。这项工作同时伴随着身体和精神的高度负荷。从业者要付出大量的个人情感，但情感劳动无法被承认，劳动负荷也无法被看到，工作条件难以改善。相应地，SAHGE 从业者的薪酬也被低估。从业者签订的劳资合同往往是不合法或半合法的，而且缺乏相应的劳动保护。这种情况导致从业者几乎无法站出来争取工资和劳动条件的改善。

与男性主导的行业不同，SAHGE 职业属于社会福利经济，该领域劳资关系的制度性框架高度碎片化，组织也非常松散。在雇主方面，私营、社区和公共机构的情况各不相同。女性雇员必须面对不同的劳动法制度。在劳资谈判中，也必须面对许多不同的谈判伙伴和谈判类型。这导致了其薪酬和工作条件存在极大的地区差异。总体而言，SAHGE 从业者的工资收入有下降的趋势。

二、对社会服务行业的劳动价值认定不公

典型的女性行业与典型的男性行业对比表明，社会福利经济工作的小时工资普遍较低，包含其中的社会服务行业自然也不例外。尽管女性的技能资质与男性相当，职业培训时长也与男性相当，但作为典型女性职业的幼教教师的平均月工资仅约 1700 欧元，老年护工约 1900 欧元，病患护工约 2100 欧元，而作为典型男性职业的技术工人的平均月工资约为 2400 欧元。

社会服务行业的低工资问题，与雇主和工会在集体劳资协议中，对劳动价值的评价标准直接相关。这套标准从历史上沿用至今，一直对社会服务人员存在歧视。它是一种男权社会的产物，只承认典型男性职业对劳动者的要求和负荷，形成了一种固有的社会规范。哪怕典型的女性职业也存在同等的要求，它对此要么视而不见，要么不屑一顾。以护理职业为例，从业者承担的责任得不到任何的承认，老年护理人员付出的巨大体力劳动，也得不到与技术工人同等的报酬。除此之外，护理行业的运作原理也与其他行业不同。对于生产或管理行业来说，越省时高效就越成功，但对于护理行业恰恰相反，时间的投入才是最宝贵的。何况护理工作的流程也比其他行业复杂得多：护理人员不能像生产

者或管理者那样，按照一套流程按部就班地干活儿，而是要构建各种复杂多样的人际关系。然而，这种劳动形式在传统的评价体系中是完全不存在的。

针对这些问题，尽管存在一定的讨论，真正的科学研究却很少见。不久前，出炉了一个杰出的科研项目：可比价值项目（Comparable Worth Projekt）。该项目旨在运用新工具探索一种新的劳动评价方法，新方法将不再以男性为中心，而是能够同等兼顾护理行业的劳动标准（Klammer，Klenner，Lillemeier，2018）。该研究试图回答以下问题：

1. 如何用一种不受性别影响的方法，判定职业对男女双方的要求和负荷等值。

2. 等值的工作要求和负荷，在女性行业中所获的报酬，在多大程度上低于男性行业中所获的报酬。

为回答以上问题，研究人员采用了一套中性的评定方案：

表 1　劳动岗位中性评定方案

行业	要求（含工时因素）	负荷（含工时因素）
脑力劳动行业	-专业要求 -组织能力要求	-对行为自由的影响 -工作中断的影响
心理和社会性行业	-口头交际能力要求 -合作能力要求 -共情能力要求	-心理和社会环境的压力
体力劳动行业	-体力要求 -行动准确度要求	-时间压力 -体力负担
责任	-对他人劳动成果的责任	-对生命的责任 -对财务的责任 -对环境的责任

该项目利用这套标准，对各个职业所含的工作量做了评定。研究人员对每一项职业要求、每一项职业负荷都给予一个分值。各项工作内容的分值相加，得出一个职业的总分值，即可比指数（CW-Index）。研究人员使用这一方法对

男性和女性职业均做了评定。

结果显示：男女职业的可比指数等值时，从业人员中女性的比例越高，平均小时工资就越低。例如，表2所列行业的可比指数均为27，小时工资却相差很多。

表2

行业	从业人员的可比指数均值	从业人员的净小时工资收入均值（欧元）	从业人员中的女性占比（%）
护理保健行业人员	27	11.97	89
幼儿和少儿教育人员	27	17.78	94
企业管理中的高等学历及同等学历人员	27	22.31	51
律师	27	24.71	51
高级工程师（不含机电一体化、电气化和电信行业人员）	27	27.80	21
高级工程师（机电一体化、电气化和电信行业人员）	27	30.13	8

表3对比了不同行业中专业岗位和管理岗位的小时工资，表明现有评价标准对护理和保健行业人员劳动价值存在系统性低估。例如，IT服务领域的管理人员比护理保健行业的技术人员平均小时工资高出17欧元，但这两个职业群体承担的工作要求和负荷实际是一样的。

表3

行业	从业人员的可比指数均值	从业人员的净小时工资收入均值（欧元）	从业人员中的女性占比（%）
酒店和餐饮业管理人员	29	14.16	64
护理和保健业专业人员	29	15.64	87
采矿业生产管理人（产品制造和建造）	29	20.31	5
通信技术业的服务管理人员	29	32.53	13

三、工会中提高待遇的女性运动正逐渐改善性别公正①

根据《德国民法典》第612条第3款（Paragraph 612 Abs. 3 BGB），德国自1995年起，就明令禁止同工不同酬。但护理人员面临的低薪和恶劣的工作条件并未因此改善。20世纪80年代，护理人员的困境终于引发了全国性的反对。从20世纪80年代到21世纪初，女性职业的从业女性们与工会人员、促进两性平等的政府专员和学者一道投身于提高女性劳动待遇的运动之中。该运动的目的，是提高工会内部对现存的歧视性、男权式劳动评价标准以及集体劳资谈判问题的认识。该运动主张以一种全新的视角理解整个社会劳动，不论是带薪劳动，还是无薪劳动，都应重新定义。该运动提出了新的劳动资质概念，将社会性劳动也纳入了劳动资质的范畴。新定义的目的，就是要摆脱男性主导的旧有规范，创立一套新的有关劳动资质和劳动成果的评价标准。这一新标准的核心诉求，就是减少劳动时间和劳动时间自主。与此同时，国际上的女性运动也在节节胜利：在加拿大安大略省，女性职业的劳动者在1998年颁布《薪酬公平法案》后获得了补发工资；在瑞典，工会获权将一部分集体劳资谈判中争取的涨薪待遇只给女性享受（所谓薪酬盘子两分法），其他国家女性运动的成功也激励了德国的女性。

1898-1990年间，德国幼教女教师在柏林举行了为期13周的罢工，抗议低薪和恶劣的工作环境。这次罢工使女性平权运动的势头进一步提升。

此后一年间，德国工会联合会召开了联邦女性大会，明确了提高公共社会服务业中典型女性职业的待遇为其紧迫任务和目标。此举带来了一系列的成果：对幼教教师来说，劳资谈判为她们争取了更高的工资等级划分；对清洁工来说，劳资谈判为她们争取了更多的升职机会。1996年，当时还未转型为德国服务行业公会（ver. di）的德国公共服务、运输和交通行业工会在第十三届工会集体大会上通过决议，“进一步为公共服务行业从业女性争取更高待遇并走更多新的

① Gumpert, Möller, Stiegler, 2016.

道路”。1997年，荷林纳·温特（Regine Winter）和格特鲁德·克雷尔（Gertrude Krell）撰写了一份评估报告，揭露了联邦公务员劳资谈判协定中对女性劳动的歧视，呼吁提高对女性劳动的承认和待遇，引发了巨大影响。对各职业群体的薪资待遇认定，由此成为一个政治过程。所有利益相关方要同台博弈，各方都有不同程度的回旋余地。因此，提高女性的薪资待遇显然也是一项政治任务。1998年，工会委任了一批专员来推动劳资谈判工作中的性别平等。2011年，德国服务行业公会在其成立大会上，正式宣告了《性别民主的劳资谈判政策》。而今，德国服务行业公会依然以德国最高的女性比例，致力于维护女性雇员的正当权益。德国服务行业公会要求重新定义“正常工作时间”，保障护理行业所有男女员工的权益。德国服务行业公会还主张对照料行业、教育行业的个人服务，在劳资谈判中运用可比价值指数提高员工待遇。德国服务行业公会也致力于改善公共社会服务职业的工作环境，使之更加人性化。所有这一切努力，都是为了以社会服务更好地促进两性平等：不仅对那些使用公共社会服务的人更平等，对那些提供公共社会服务的人也要更平等。

参考文献

乌特·克莱默/克里斯蒂安·克莱纳/萨拉·里勒迈尔：“比较价值”（2018）劳动价值作为性别收入鸿沟原因分析中的盲点?”；“COMPARABLE WORTH”（2018）Arbeitsbewertungen als blinder Fleck in der Ursachenanalyse des Gender Pay Gaps? Projektbericht：Klammer，Ute/Klenner，Christina/Lillemeier，Sarah，WSI Düsseldorf。

海克·贡佩特/埃尔科·默勒/芭芭拉·施蒂格勒：“提高价值造就历史——公共服务、运输和交通工会（ÖTV）的提高女性劳动价值运动（1990-2001）——对当前辩论的贡献”；Gumpert，Heike/Möller，Elke/Stiegler，Barbara，2016：Aufwertung Macht Geschichte：die Kampagne der Gewerkschaft ÖTV zur Aufwertung von Frauenarbeit（1990 - 2001）：ein Beitrag zur aktuellen Diskussion. Berlin Friedrich-Ebert-Stiftung. 2016 http：//library. fes. de/pdf-files/dialog/12564. pdf。

【译者：徐若楠（北京外国语大学德语学院讲师）】

新中国成立以来法律政策视角下中国妇女劳动和社会保障研究

杨　慧　邓奥纯*

摘　要：本文从妇女职业进入、职业发展和职业退出三个阶段，对保护妇女平等享有经济和社会保障权益的法规政策进行梳理分析，借助中国妇女社会地位调查等相关研究成果，对妇女经济参与、生育和养老保障状况简要分析。新中国成立以来，国家保障妇女就业权利和机会、职业发展与劳动保护、职业退出与养老保障的法律法规不断完善，已经基本形成了以《宪法》为基础，以《妇女权益保障法》为主体，包括《中华人民共和国就业促进法》（以下简称《就业促进法》）、《女职工劳动保护特别规定》、《社会保险法》等国家法律政策和各部委行政规章在内的一整套保障妇女经济参与、生育及养老保障的法律政策体系。妇女的就业机会和就业规模大幅增加，就业质量、劳动报酬、劳动保护、生育和养老保障程度不断提高。与此同时，就业性别歧视依然存在，促进妇女就业的不同法律间重复性规定较多，保障妇女职业发展、职业退出及养老待遇的细化性规定较少。

关键词：法律政策；生育保障；养老保障；妇女经济参与

妇女是一支伟大的力量，只有充分发动和组织妇女参加社会劳动，加快中国特色社会主义建设进程，才能为妇女彻底解放创造条件。我国社会保障体系涵盖了基本养老保险、基本医疗保险、失业保险、工伤保险和生育保险。其中，除城乡居民基本医疗保险和基本养老保险外，城镇职工基本医疗保险和基本养

* 作者简介：杨慧，全国妇联妇女研究所副研究员，社会学（老年学）博士、人口学硕士、性别研究硕士，主要研究方向：女性就业与公共政策、妇女经济地位。邓奥纯，中国舰船研究院职员，硕士，主要研究方向：人力资源管理。

老保险、失业保险、工伤保险和生育保险均与就业息息相关。新中国成立以来，我国有关妇女经济参与和社会保障的法律政策日益完善，为落实男女平等基本国策奠定了坚实的基础。

那么，我国在保护妇女平等享有经济参与和社会保障权益方面有哪些法律政策？分别作出了怎样的具体规定？在这些法律政策保障下，妇女的经济参与和社会保障状况如何？对这些问题进行系统研究，对于全面促进妇女发展、提高妇女经济和社会地位具有重要的理论和现实意义。本文将从妇女职业进入、职业发展和职业退出三个阶段，对新中国成立之初、改革开放以来以及进入新时代以来等不同时期我国保护妇女平等享有经济和社会保障权益的法规政策进行梳理，并借助中国妇女社会地位调查等相关研究成果，对妇女经济参与、社会保障取得的成就与面临问题进行全面分析。

一、就业权利与就业机会

党和国家对妇女就业工作高度重视，并在不同发展阶段，积极构建保障妇女平等享有就业权利与就业机会的法律体系。

（一）保障妇女就业权利与机会的法律政策

1. 新中国成立之初的相关法律政策

新中国成立之初，我国经济凋敝，百废待兴。为动员广大妇女发展生产，国家通过一系列法律政策，切实保障妇女的劳动就业权益和女职工特殊利益。《共同纲领》在总纲第六条规定“妇女在政治的、经济的、文化教育的、社会的生活各方面，均有与男子平等的权利”。第三十二条规定，“保护青工女工的特殊利益”。《共同纲领》确立了新中国妇女的法律地位，赋予妇女与男子平等的权利，为妇女广泛参与新中国的各项建设提供了法律依据和制度保障。

《中华人民共和国婚姻法》（1950 年）第九条规定，“夫妻双方均有选择职业、参加工作和参加社会活动的自由”。该规定为妇女婚后继续工作提供了强有力的法律保障。《宪法》（1954 年）第九十六条规定，“中华人民共和国妇女在政治的、经济的、文化的、社会的和家庭的生活各方面享有同男子平等的权利”。无论是《共同纲领》，还是新中国颁布的第一部法律（《中华人民共和国婚姻法》）以及国家的根本大法，均明确了妇女平等享有经济参与的权利。

2. 改革开放以来的相关法律政策

改革开放以来，随着经济体制改革的全面展开及竞争机制的普遍引入，招工中的性别歧视逐渐显现。为保障妇女的平等就业权益，《女职工劳动保护规定》（1988 年）第三条规定：“凡适合妇女从事劳动的单位，不得拒绝招收女职工。”《妇女权益保障法》（1992 年）第二十一条规定：“国家保障妇女享有与男子平等的劳动权利。”第二十二条第一款规定：“各单位在录用职工时，除不适合妇女的工种或者岗位外，不得以性别为由拒绝录用妇女或者提高对妇女的录用标准。”从 1988 年《女职工劳动保护规定》中“凡适合妇女从事劳动”到 1992 年《妇女权益保障法》中“除不适合妇女的工种或者岗位外”的变化，虽然表面上只是同义转换，实际上该变化充分体现了不适合妇女工种或者岗位的有限性，以及妇女能够参与劳动范围的广泛性，体现了国家对保护和支持妇女平等参与经济发展认识的巨大飞跃。

2005 年《妇女权益保障法》专门设置了“劳动和社会保障权益”章节，进一步要求用人单位在录用、签订劳动（聘用）合同或者服务协议时不得歧视妇女。第二十二条规定：“国家保障妇女享有与男子平等的劳动权利和社会保障权利。”第二十三条第二款进一步规定：“各单位在录用女职工时，应当依法与其签订劳动（聘用）合同或者服务协议，劳动（聘用）合同或者服务协议中不得规定限制女职工结婚、生育的内容。”1994 年《中华人民共和国劳动法》第十三条重申了 1992 年《妇女权益保障法》第二十一条和第二十二条第一款的相关内容。此外，连续四个周期的《中国妇女发展纲要》、1998 年《中共中央、国务院关于切实做好国有企业下岗职工基本生活保障和再就业工作的通知》、2005 年《人才市场管理规定》、2007 年《就业促进法》以及 2008 年《就业服务与就业管理规定》等，均要求用人单位促进妇女平等就业，禁止性别歧视。

3. 进入新时代以来的相关法律政策

进入新时代以来，党中央国务院发布重大问题决定并制定多个政策文件保障妇女平等就业。在生育政策相关配套措施不够健全的情况下，就业性别歧视问题更加突出，招聘过程中“仅限男性”或“男性优先”问题时有发生，妇女就业权益直接受到侵害。党中央高度重视妇女就业问题，2013 年《中共中央关于全面深化改革若干重大问题的决定》要求“规范招人用人制度，消除城乡、行业、身份、性别等一切影响平等就业的制度障碍和就业歧视”。2013-2014 年国务院办公厅连续两次下发关于做好全国普通高等学校毕业生就业工作的通知，要求用人单位不得对求职者设置性别等歧视性条件，2016 年《国民经济和社会发展第十三个五年规划纲要》《关于实施全面两孩政策 改革完善计划生育服务管理的决定》要求消除对妇女的歧视和偏见，依法保障女性就业、休假等合法权益，支持女性生育后重返工作岗位。2017 年《“十三五”促进就业规划》和 2021 年《“十四五”就业促进规划》要求规范招人用人制度，消除影响平等就业的制度障碍，并及时纠正含有歧视内容的招聘行为。

为落实党中央、国务院保障妇女平等就业权益的相关要求，人社部、教育部等多次下发通知促进妇女平等就业。2013 年人社部《关于实施离校未就业高校毕业生就业促进计划的通知》、2013 年及 2016-2019 年教育部关于加强高校毕业生就业信息服务工作的通知，均明确要求各地、各高校坚决反对就业性别歧视。2019 年，人社部、教育部等九部门针对招聘性别歧视屡禁不止问题，联合发布《关于进一步规范招聘行为促进妇女就业的通知》，要求“各类用人单位、人力资源服务机构在拟定招聘计划、发布招聘信息、招用人员过程中，……不得以性别为由限制妇女求职就业、拒绝录用妇女”。该通知在健全司法救济机制中规定，“积极为遭受就业性别歧视的妇女提供法律咨询等法律帮助，为符合条件的妇女提供法律援助”。

针对突如其来的新型冠状病毒感染肺炎疫情带来的影响，2020 年《教育部关于应对新冠肺炎疫情做好 2020 届全国普通高等学校毕业生就业创业工作的通知》要求“在教育系统招聘活动中……严禁设置性别、民族等歧视性条件”。2021年全国妇联、教育部、人力资源和社会保障部《关于做好女性高校毕业生就业创业工作的通知》要求“对反映涉及就业性别歧视的问题及时核查处理，对涉嫌就业性别歧视的用人单位实施联合约谈”。这些政策文件作为落实国家政策、细化法律法规的具体措施，为保障妇女平等享有经济权益、平等获得社会保障发挥了重要作用。

（二）妇女就业机会变化趋势

1. 主要成就：妇女就业规模不断扩大、就业质量不断提高

在新中国成立以来的一系列法律政策保障下，妇女就业规模不断扩大。在新中国成立之初，广大妇女积极投身恢复国民经济和发展社会生产热潮，成为新中国工业化建设的重要力量（中华人民共和国国务院新闻办公室，2019）。据不完全统计，1949年全国产业女工有42.5万人，占产业工人总数的16%，在纺织业和丝织业中，女工的比例更高（蔡畅，2013）。改革开放40多年来，随着国家经济社会快速发展，妇女就业选择更加多元，创业之路更加宽广，就业和创业人数大幅增加。2018年，全国女性就业人数3.4亿元，比1978年翻了一番（中华人民共和国国务院新闻办公室，2019），比1949年增长了近800倍。不仅如此，与妇女就业密切相关的城镇职工基本养老保险、城镇职工基本医疗保险及生育保险方面的覆盖程度也在不断提高。2020年，全国参加城镇职工基本养老保险、基本医疗保险的女性分别达到2.86亿元和1.63亿元，参加生育保险、失业保险和工伤保险的女性分别达到1.298万人、9207万人和10270万人（国家统计局社会科技和文化产业统计司，2021），分别比2015年增加了0.65倍、1.04倍、2.53倍、0.29倍、1.79倍。

2. 面临挑战：就业性别歧视依然存在

就业性别歧视既是全球性问题，又是一个老问题，特别是在生育政策调整完善过程中，生育对城镇女性就业的不利影响较为明显，全面两孩政策使女性面临的生育与职业发展冲突越来越凸显（张韵，2016；杨慧，2016；彭敬，

2017；潘云华、刘盼，2017）。此外，生育二孩对职场女性的入职、晋升、职场稳定等产生负面影响，女性自然附着的生育成本加大，使得女性就业性别歧视随之扩大（杨菊华，2014），职业女性在产假、养育孩子等方面将花费更多的时间和精力，用人单位会考量女性的雇佣成本和用工风险，给女性就业以及职业稳定性带来挑战，由此造成女性在劳动力市场中处于弱势地位（魏宁、苏群，2013；李芬，2015；宋全成、文庆英，2015）。特别是三孩政策实施以来，已有25个省份明确延长产假30-90天，部分省份规定延长产假期间的生育津贴由用人单位支付，将会进一步加剧就业性别歧视。

二、职业发展与劳动保护

女职工在经期、孕期、产假及哺乳期能否得到劳动保护及相关福利保障，用人单位能否给女职工提供安全友好的工作场所，与相关法律政策的保障与完善程度息息相关。

（一）有关劳动保护的法律政策

在基于女性生理需要的特殊劳动保护方面，国家至少通过了7项法律政策，保障女职工在经期、孕期、产假及哺乳期的劳动安排与待遇。

1. 女职工劳动权益与工作安排

在劳动权益方面，《女职工劳动保护规定》第四条、《劳动合同法》第四十二条均有相关规定。《女职工劳动保护特别规定》第五条规定："用人单位不得因女职工怀孕、生育、哺乳降低其工资、予以辞退、与其解除劳动或者聘用合同。"该规定确保了女职工的工作稳定性和待遇水平。

在工作安排方面，2005年《妇女权益保障法》第二十六条、第二十七条及《劳动法》第七章规定，用人单位不得安排经期、孕期、哺乳期女职工从事有损健康的劳动。2018年《职业病防治法》第七十五条规定，安排"孕期、哺乳期女职工从事接触职业病危害的作业或者禁忌作业的"，"由卫生行政部门责令限期治理，并处五万元以上三十万元以下的罚款"。此外，《女职工劳动保护特别规定》第六条、第九条分别规定了女职工孕期、哺乳期的劳动与哺乳时间。

2. 生育保障待遇与资金来源

1951 年《劳动保险条例》及《女职工劳动保护规定》《劳动法》《女职工劳动保护特别规定》明确规定女职工产假天数，而且随着社会发展，产假天数由 1951 年的 56 天延长到 1988 年的 90 天后，2012 年进一步延长到 98 天，为女职工产后更好地休息与恢复劳动能力提供了法律保障。2021 年《人口与计划生育法》第二十五条规定，符合法律、法规规定生育子女的夫妻，可以获得延长生育假的奖励或者其他福利待遇。第二十六条规定，妇女怀孕、生育和哺乳期间，按照国家有关规定享受特殊劳动保护并可以获得帮助和补偿。三孩政策实施以来，各地妇女的产假时间普遍增加到 128 天及以上，为产后女职工恢复健康提供了良好的时间保证。

《劳动保险条例》《社会保险法》（2010 年）和《女职工劳动保护特别规定》明确了产前检查和分娩费、产假、流产假的休假标准和待遇标准。如《劳动保险条例》第十六条丁款规定，“女工人与女职员怀孕，在该企业医疗所、医院或特约医院检查或分娩时，其检查费与接生费由企业行政方面或资方负担，其他费用均按第十三条甲款的规定处理”。第十六条己款规定，“女工人与女职员或男工人与男职员之妻生育时，由劳动保险基金项下发给生育补助费四万元”（折合新人民币四元）。目前看来 4 元钱微不足道，但在新中国成立之初，我国人均国内生产总值均偏低的情况下，4 元生育补助费已占人均国内生产总值（1952 年为 119 元）的 3.36%，该补助标准不亚于半个世纪后的农村孕产妇住院分娩补助费。2009 年，我国人均国内生产总值为 26222 元，如果按 1951 年四元生育补助标准对应的人均国内生产总值计算，其补助额度相当于 2009 年的 881.41 元，是我国 2009 年农村孕产妇住院分娩资金补助 400 元标准的 2 倍以上①。由此可见，在新中国成立之初，我国对女职工生育及其社会保障程度均

① 根据国家卫生计生委计划生育基层指导司、中国人口与发展研究中心编《人口与计划生育常用数据手册（2017）》第 23-24 页及农村孕产妇住院分娩补助相关数据计算得来。

值得予以高度肯定。

此外，《劳动保险条例》及 1994 年《企业职工生育保险试行办法》、《社会保险法》第五十三条和第五十四条规定了职工生育保险待遇的经费来源。《社会保险法》第五十三条规定：“职工应当参加生育保险，由用人单位按照国家规定缴纳生育保险费，职工不缴纳生育保险费。”第五十四条第二款规定：“……生育保险待遇包括生育医疗费用和生育津贴。”特别是伴随经济社会发展及平均工资的调整，在既定额度的生育补贴难以满足现实需要的情况下，《社会保险法》第五十六条在规定女职工生育享受产假和生育津贴的同时，还进一步明确了生育津贴标准，即生育津贴的发放标准为女职工所在单位上年度职工月平均工资，该规定为适时提高生育津贴奠定了法律基础，有效保障了女职工生育期间的基本生活需要，为其恢复劳动能力、回归劳动岗位创造了重要条件。2019 年《关于全面推进生育保险和职工基本医疗保险合并实施的意见》在扩大原有生育保险覆盖范围、降低部分单位生育成本、保障职工生育期间相关待遇方面作出了明确规定。

3. 职业场所工作条件

《女职工劳动保护规定》第十一条、《女职工劳动保护特别规定》第十条规定女职工比较多的用人单位应当妥善解决女职工在生理卫生、哺乳方面的困难。《女职工劳动保护规定》第十一条还规定，用人单位应逐步建立托儿所、幼儿园等设施，妥善解决女职工照料婴儿方面的困难。2019 年《关于促进 3 岁以下婴幼儿照护服务发展的指导意见》明确提出，“在就业人群密集的产业聚集区域和用人单位完善婴幼儿照护服务设施”，“支持脱产照护婴幼儿的父母重返工作岗位”。这些规定有助于保障女职工身体健康，减轻女职工的照料负担，促进女性平等就业并获得相应的社会保障。

《女职工劳动保护特别规定》第十一条规定：“在劳动场所，用人单位应当预防和制止对女职工的性骚扰。”该规定在以往仅关注女职工身体和生理劳动保护基础上，体现了对女职工心理和精神的保护，对用人单位保障女职工职场安全提出明确要求，填补了国家性骚扰立法的空白。

（二）妇女职业发展与劳动保护变迁状况

1. 妇女职业发展与劳动保护取得的成就

在党和政府高度重视及多部法律政策保障下，妇女职业发展程度不断提高。妇女就业领域极大拓展。在社会主义现代化建设进程中，妇女生产力不断释放，就业领域更加广泛，妇女就业质量不断提高。

2020 年，妇女从事第二、第三产业的比例为 71.2%，比改革开放初期的 1982 年提高了 49.2 个百分点（第四期中国妇女社会地位调查领导小组办公室，2020；中华人民共和国国务院新闻办公室，2019）。1978-2020 年，城镇单位女性人员规模由 3128 万人增加到 6779 万人，女性所占比例由 32.93%提高到 39.8%（国家统计局社会科技和文化产业统计司，2021），性别均衡行业由 1978 年的 2 个行业增加到 2015 年的 3 个行业。2020 年，执行《女职工劳动保护特别规定》的企业比重占 71.3%，比 2002 年提高了 35.3%（国家统计局社会科技和文化产业统计司，2021，2010）。

从收入类型看，在金融/保险业、信息传输/计算机服务和软件业、科学研究/技术服务和地质勘查业这三个高收入行业中，女性就业人员由 1978 年的 45 万人增加到 2015 年的 578.5 万人，女性所占比例由 28.66%增加到 42.11%，高收入行业女性比例总体增加 13.45 个百分点。特别是在金融/保险业，1978-2015 年女性比例总体是不断攀升的过程，由 24.62%攀升到 51.69%，女性所占比例提高了 27.07 个百分点（杨慧、张子杨，2019）。

在生育保障方面，2019 年，有 1136 万人次享受了生育保险待遇，是 2001 年享受待遇人次的 47.33 倍①。2018 年生育保险基金支出高达 762 亿元，是 1993 年的 1524 倍。享受生育保险待遇人次和生育保险基金支出的大幅增加，充分体现了生育保险在保护女职工方面的重要作用。

---

① 根据 2020 年《中国劳动统计年鉴》表 9-24“历年各地区生育保险基本情况”的相关数据计算得来。

2. 妇女职业发展面临的挑战

一是职业行业性别隔离情况依然存在。在职业性别隔离方面，各类负责人性别构成中，女性所占比例始终较低，“女兵男将”现象突出。在行业性别隔离方面，运用邓肯指数并考虑行业内部性别构成的变化趋势，发现 D 指数从 1978 年的 12.49 提高到 2015 年的 24.94，在不到 40 年的时间里整整提高了 1 倍。这表明除了行业细分程度提高带来的影响外，部分行业内部性别不平等加剧带来的影响特别值得重视。

二是收入性别差距不断扩大。第三期中国妇女社会地位调查显示，2010 年 18-64 岁城镇女性劳动收入仅占同年龄段男性的 67.3%，比 2000 年降低了 2.8 个百分点；农村女性劳动收入仅占同年龄段男性的 56.0%，农村男女收入性别差距比十年前扩大了 3.6 个百分点（宋秀岩，2013）。

三、职业退出与养老保障

（一）有关退休年龄的法律政策

《劳动保险条例》第十五条规定，“女工人与女职员年满五十岁，一般工龄满二十年，本企业工龄满五年者，得享受本条甲款规定的养老补助费待遇”。1978 年《国务院关于工人退休、退职的暂行办法》和《国务院关于安置老弱病残干部的暂行办法》明确规定了不同岗位女工人、女干部的退休年龄。《妇女权益保障法》第二十七条规定，“各单位在执行国家退休制度时，不得以性别为由歧视妇女”。2015 年《关于机关事业单位县处级女干部和具有高级职称的女性专业技术人员退休年龄问题的通知》规定，党政机关、人民团体中的正、副县处级及相应职务层次的女干部，事业单位中担任党务、行政管理工作的相当于正、副处级的女干部和具有高级职称的女性专业技术人员，年满六十周岁退休。这些规定保障了女职工的劳动权和休息权。

（二）有关退休保障的法律政策

在退休待遇方面，《劳动保险条例》第十五条甲款规定职工退职后，退休金按其工龄长短，占本人工资的50%-70%，该条例首次明确了女性享受基本社会保障的待遇标准。《国务院关于工人退休、退职的暂行办法》和《国务院关于安置老弱病残干部的暂行办法》分别规定了女工人、女干部退休金占本人标准工资的60%-80%、60%-75%的相应条件。此外，参加革命工作年限满10年的满55岁女干部或经过医院证明完全丧失工作能力的满45岁的女干部，按本人标准工资的90%发给；抗日战争时期参加革命工作，年满50周岁、连续工龄满10年的女工人，按本人标准工资的90%发给。这些规定均为女职工退休后的基本生活提供了法律保障。

（三）妇女职业退出与养老保障状况变迁

1. 主要成就：女性养老保险参保率和老年妇女收入大幅提高

国家统计局相关数据显示，2020年有20857万女性参加城镇职工基本养老保险，女性和城乡居民参加社会养老保险的人数分别为1336万人和24868万人，占相应参保人数的比例分别为52.7%和48.1%（国家统计局社会科技和文化产业统计司，2021），女性参加城镇职工基本养老保险的人数是2005年的2.65倍（国家统计局社会和科技统计司，2010）。2010年女性享有社会养老保障的比例为50.2%，男性为51.6%，社会养老保障的性别差异较十年前明显缩小（黄桂霞，2014）。

在老年妇女收入方面，1990年第一期中国妇女社会地位调查时，1926-1950年出生队列时年40.64岁，收入均值为1499.28元。随着时间推移和居民收入不断增加，到2000年和2010年第二期、第三期中国妇女社会地位调查时，该出生队列的平均收入增加到4636.62元和11530.03元，分别是1990年平均收入的3.09倍和7.69倍（张子杨、杨慧，2019），女性老人的收入大幅提高。

2. 面临挑战：女性退休年龄和退休收入偏低

女性退休年龄偏低且呈下降趋势。2010年女工人退休年龄为49.40岁，比2000年降低了0.83岁。与2000年第二期中国妇女社会地位调查时相比，机关事业单位女性平均实际退休年龄下降了0.22岁，退休年龄中位数和众数分别降低了 4 岁和 5 岁，男女实际退休年龄的性别差异由 2000 年的 4.10 岁扩大到 2010 年的 4.54 岁，特别是具有高级职称的女性专业技术人员，其实际退休年龄较 2000 年降低了 1.15 岁（谭琳、杨慧，2013）。

退休收入性别差距较大。对第三期中国妇女社会地位调查数据分析发现，企业退休女性的年均退休金为 15338.25 元（比男性低 7588.30 元），仅占同类男性的 66.90%。机关事业单位退休女性的年均退休金为 24428.70 元，比男性低 4007.75 元，男女两性退休金的差异非常显著。其中，机关事业单位女工人的退休金占同类男性的 85.03%，一般干部的退休金占同类男性的 88.01%，女性高级职称专业技术人员的退休金占同类男性的 87.64%，比男性少 4393.86 元（谭琳、杨慧，2013）。与 2000 年第二期中国妇女社会地位调查数据相比，企业退休人员收入性别差距扩大了 3.52 个百分点，机关事业单位女性退休人员收入占同类男性收入的比例有所提高，但绝对收入差距增加了 1302 元。

四、结论

新中国成立以来，我国已经基本形成了以《宪法》为基础，以《妇女权益保障法》为主体，包括《就业促进法》《女职工劳动保护特别规定》《社会保险法》等国家法律政策和各部委行政规章在内的一整套保障妇女经济参与、生育及养老保障的法律政策体系。该体系既有关于确认妇女平等就业权的规定，又有对平等就业权受侵害妇女的救济；对于侵犯妇女平等就业权的用人单位，既有事前预防性规定，又有事后惩罚性规定，能够较为全面地为妇女就业与职业发展保驾护航。同时，该体系与妇女养老、生育保障状况的改善息息相关。关于妇女就业权利保护的相关规定，能够更好地保障妇女享受到与男性平等的、与正规就业相关的城镇职工基本养老保险以及机关事业单位养老保险待遇的机会。关于妇女职业发展过程中劳动保护相关的法律政策，则可以有效地减少生育对妇女职业发展的不利影响，保护妇女的就业权益。此外，关于女职工参加基本养老保险及退休后养老保障的相关规定，有利于缓解退休待遇的性别不平等，改善妇女职业退出后的生活质量。

与此同时，保障妇女就业权益的法律政策也存在以下两方面不足：一是保障妇女就业机会和权利的规定较多，保障妇女职业发展、职业退出及养老保障待遇的法律政策较少；二是不同法律政策间重复性规定较多，细化性、可操作性规定较少，难以在法院判决中直接引用，在满足妇女对平等就业及美好生活向往方面，有待不断完善。

参考文献

第四期中国妇女社会地位调查领导小组办公室：《第四期中国妇女社会地位调查主要数据情况》，载《中国妇女报》2021 年 12 月 27 日第 4 版。

国家统计局社会科技和文化产业统计司：《中国妇女儿童状况统计资料》，中国统计出版社 2021 年版。

蔡畅：《关于女工工作的几个问题》，载《新中国妇女》（中卷），新中国妇女社出版社 2013 年版。

国家统计局社会和科技统计司：《中国妇女儿童状况统计资料》（内部资料），2020 年。

黄桂霞：《新世纪中国妇女社会保障的发展——基于第三期中国妇女社会地位调查数据分析》，载《中国妇运》2014 年第 10 期。

李芬：《工作母亲的职业新困境及其化解——以单独二孩政策为背景》，载《东南大学学报（哲学社会科学版）》2015 年第 4 期。

潘云华、刘盼：《二孩生育与城市妇女就业的“互相关”——一个经济学分析视角》，载《理论导刊》2017 年第 3 期。

彭敬：《全面两孩政策对企业女职工职业发展影响研究》，载《四川省社会科学院》2017 年。

宋全成、文庆英：《我国单独二胎人口政策实施的意义、现状与问题》，载《南通大学学报（社会科学版）》2015 年第 1 期。

宋秀岩编：《新时期中国妇女社会地位调查研究》（上卷），中国妇女出版社 2013 年版。

谭琳、杨慧：《她们缘何要求与男性同龄退休？——基于第三期中国妇女社会地位调查数据的分析》，载《妇女研究论丛》2013 年第 2 期。

魏宁、苏群：《生育对农村已婚妇女非农就业的影响研究》，载《农业经济问题》2013年第7期。

杨慧、张子杨：《40年来中国行业性别构成变化趋势——平等还是隔离?》，载《人口与经济》2019年第4期。

杨慧：《“全面两孩”政策下促进妇女平等就业的路径探讨》，载《妇女研究论丛》2016年第2期。

杨菊华：《“单独两孩”政策对女性就业的潜在影响及应对思考》，载《妇女研究论丛》2014年第4期。

张韵：《“全面二孩”政策对女性职业发展的影响及其因应之策》，载《福建行政学院学报》2016年第4期。

张子杨、杨慧：《老年妇女收入双重劣势研究——以1926–1950年出生队列为例》，载《人口与发展》2019年第5期。

中华人民共和国国务院新闻办公室：“平等 发展 共享：新中国70年妇女事业的发展与进步”，访问地址：http://www.gov.cn/zhengce/2019-09/19/content_5431327.htm. 最后访问时间：2020年1月17日。

【本文是在《新中国成立以来我国促进妇女就业的法律政策进展》（杨慧，《中国妇运》2019年第8期）一文的基础上重新架构修改而成。】

新中国成立以来社会保障制度的回顾与展望：基于妇女发展的视角

聂真真　蔡可维　李　荟*

摘　要：社会保障是一项人权，是一整套旨在减少和预防整个生命周期中贫困和脆弱性的政策和制度。我国社会保障制度始建于20世纪50年代初期，在80年代中期伴随经济体制改革进入全面而深刻的制度变革时期。社会保障制度不仅关系到社会成员养老、医疗、教育、住房等切身利益，还涉及金融、财政和就业制度等国民经济运行机制问题。其变迁与当时的经济制度相适应，其性质取决于经济制度的选择与设计。本研究尝试梳理新中国成立以来中国保障制度究竟经历了一个怎样的变化，这样的变化如何受到经济制度的影响；重点关注在计划经济体制下和市场经济体制下如何保障妇女与男人一样在社会生产中平等参与发展，又如何维护妇女作为人口再生产重要责任承担者的特殊权益。

关键词：社会保障；计划经济；市场经济；妇女发展

一、计划经济体制下的社会保障体系（1949-1978年）

新中国成立之初，伴随着社会主义制度的确立，劳动人民逐步成为国家的主人。在工业化的进程中，我国的乡村劳动者占全体社会劳动者的比重由1952年的88%降到1978年的76%，城镇职工人数由7.3%升为23.7%（国家统计局资料）。在公有制条件下，生产资料归劳动人民群众所有，社会福利产品和服务也理应为人民群众服务，以解除劳动者对未来风险的后顾之忧，劳动人民的"主人翁"身份认同得以落实巩固。社会主义国家按照人民群众的长远利益来

* 作者简介：聂真真，中华女子学院女性学系教师，主要研究方向：妇女与社会保障、妇女发展宏观实务。蔡可维，中华女子学院社会工作专业研究生，主要研究方向：妇女社会工作。李荟，中华女子学院社会工作专业研究生，主要研究方向：妇女社会工作。

制定社会财富福利的分配，在计划经济体制下的社会保障中也发挥责任主体的作用。以公有制为前提的国家的“计划”职能，秉承社会主义本质要求，在国民经济短缺的特定历史时期曾经发挥过重要的积极作用，为当时的经济社会发展起到了重要的保障和后勤作用。

1954 年颁布的《中华人民共和国宪法》明确规定：“中华人民共和国妇女在政治的、经济的、文化的、社会的和家庭的生活各方面享有同男子平等的权利。婚姻、家庭、母亲和儿童受国家的保护。”在妇女解放与劳动解放密不可分的理念指导下，为劳动妇女建立起了一整套涉及生老病死的劳动保障机制。社会主义改造初步完成后，总计约有一亿一千三百万工农劳动妇女参加了各方面的生产劳动，其中不仅包括城镇公有制企业的女职工、农业生产合作社及手工业生产合作社女社员，还包括职工家属、社员家属等。

（一）城镇单位女（职）工及职工家属的福利保障

1. 女工福利和职工家属工作由工会女工部具体落实监督

新中国的妇女工作和党、团、工的工作密切结合。女工和职工家属是可见的社会身份，是国家承认的劳动主体和政治主体。城镇绝大多数居民的福利保障主要是通过各个机关、企事业单位提供职工福利的方式来获得。职工福利由职工所在单位举办，以职业为依托，以城镇职工为主体，只要凭本单位职工的身份即可享受，是消费基金分配的一种形式。执政后的中国共产党以宪法等法律形式保障妇女的就业权，自上而下地组织大量妇女参加劳动和就业。以全民所有制企业为例，女工比例直线上升：1949 年女工总数为 60 万人，占职工总数的 7.5%；1957 年女工总数为 328.9 万人，占职工总数的 13.4%。大跃进时期，由于计划管理权和基本建设项目的审批权下放，大量青壮年劳动力脱离农业生产第一线，成为企业中的“新工人”，城市人口和职工人数大幅度增加，1958 年一年间，全民所有制单位女职工人数由 328.6 万人增至 810.8 万人，其增长率高达 146.74%，高于同期全民所有制单位职工总数增长率 61.8%，其中女工人数的增速远高于男职工。除 1960-1962 年三年困难时期之外，全民所有制的女职工人数一直呈现出增长的态势，即使在“文革”时期，其年均增长率也达到了8%（表1）。

表1　1949-1978年全民所有制职工人数及女职工占比

年份	全民所有制单位职工数（万人）	全民所有制单位女职工数（万人）	全民所有制单位女职工比重（%）	女职工人数年增长率（%）	备注
1949		60.00			新中国成立初到第一个五年计划完成，年均增长率为23.68%
1953	1826.00	213.20	11.68	15.37	
1954	1881.00	243.50	12.95	14.21	
1955	1908.00	247.30	12.96	1.56	
1956	2423.00	326.60	13.48	32.07	
1957	2451.00	328.60	13.41	0.61	
1958	4532.00	810.80	17.89	146.74	“大跃进时期”女工比重猛增
1959	4561.00	848.80	18.61	4.69	
1960	5044.00	1008.70	20.00	18.84	三年困难时期，精简职工，女工人数也相应减少
1961	4171.00	886.80	21.26	-12.08	
1962	3309.00	673.80	20.36	-24.02	
1963	3293.00	656.60	19.94	-2.55	缺少1966-1976年女工统计资料，8.25%为1966-1977年年均增长率
1964	3465.00	703.50	20.30	7.14	
1965	3738.00	786.10	21.03	11.74	
1966-1977	7196.00	2036.00	28.29	8.25	
1978	7451.00	2126.30	28.54	4.44	

资料来源：中国妇女统计资料（1949-1989）。

各级工会是工人、职工享有社会保障、福利待遇的监督者和执行实施者。1950年6月颁布的《中华人民共和国工会法》第七条明确规定：“工会有保护工人、职员群众利益，监督行政方面或资方切实执行政府法令所规定之劳动保护、劳动保险、工资支付标准、工厂卫生与技术安全规则及其他有关之条例、指令等，并进行改善工人、职员群众的物质生活与文化生活的各种设施之责任。”1950年中华全国总工会召开的全国女工工作会议明确指出，各级工会组织必须设立女工部（在工会基层组织中设女工委员会）。女工部深入调查研究女工群众的要求和一切有关女工的问题，作好妇婴卫生、保育、家属等有关女工特殊要求的工作。① 城镇女工的福利工作和职工家属工作，具体由单位的女工部负责落实，女工代表会议成为最能联系群众的组织形式之一。

伴随着妇女就业，1951-1956年，建立了制度化的劳动保障机制，覆盖了所有就业的女工人、女职员以及机关女工作人员。② 从女工的权益出发，具体的劳动保护涉及内容包括生命周期的各个阶段，“四期”（孕期、产期、哺乳期、月经期）保护被正式提出来，以实现对“劳动的身体”的保护。覆盖范围涵盖国营企业、机关事业单位等实行劳动保险的企业内工作的工人职工，包括工资制、供给制以及学徒工、临时工、试用人员、季节工、小时工等灵活工作的男女职工及其供养直系亲属③均可享受不同程度的劳动保险待遇。

以生育待遇为例，女职工的生育保险待遇主要包括三个方面。一是产假及生育津贴。女工生育时产前产后都有一定时间的假期，且工资照发。二是生育补助费。劳动保险基金付给生育补助费。三是医疗服务费用。检查费与接生费由企业行政方面或资方负担，其他费用包括产假满而暂不能工作的按疾病医疗费用处理。机关事业单位女工作人员生育保险待遇与企业女职工相同，只是门诊、住院所需的诊疗费、手术费、住院费，门诊或住院中的药费，由公费医疗支出。临时工、季节工及试用工的怀孕检查费、接生费、生育补助费及生育假期与一般女职工相同，产假期间由用工单位发给产假工资。男职工配偶生育时

① 详细见《女工工作会议确定今后任务 组织女工参加生产竞赛 各级工会组织必须设立女工部》，载《人民日报》1950年9月4日 第2版。

② 相关内容可参考1951年颁布的《中华人民共和国劳动保险条例》（以下简称《劳动保险条例》），1952年6月27日《政务院关于全国各级人民政府、党派、团体及所属事业单位的国家工作人员实行公费医疗预防的指示》、8月24日的《国家工作人员公费医疗预防实施办法》，1953年颁布的《中华人民共和国劳动保险条例实施细则修正草案》，1955年颁布的《国务院关于女工作人员生产假期的通知》（以下简称《关于女工作人员生产假期的通知》），1956年颁布的《工厂安全卫生规程》等。

③ 供养直系亲属包括：祖父、父、夫年满六十岁或完全丧失劳动力者；祖母、母、妻未从事有报酬的工作者；子女（包括养子女，前妻或前夫所生子女，非婚生子女）、弟妹（包括同父异母或同母异父的弟妹）年未满十六岁；孙子女年未满十六岁，其父死亡或完全丧失劳动力，母未从事有报酬的工作者。

同样可获得劳动保险基金项下付给的生育补助费。

《劳动保险条例》还明确规定，凡在实行劳动保险的各企业内工作的工人与职员，均有享受集体劳动保险事业的权利。单位举办集体福利事业，为职工生活提供方便、减轻家务劳动。“各企业工会基层委员会得根据各该企业的经济情况及工人与职员的需要，与企业行政方面或资方共同办理疗养所、业余疗养所、托儿所等集体劳动保险事业。”尤其是单位提供福利性的托幼服务，大大减少了当时女职工参与劳动的机会成本、负面的社会压力以及儿童早期教育和照顾的费用。《中华人民共和国劳动保险条例实施细则修正草案》（以下简称《劳动保险条例实施细则修正草案》）第五十一条规定：“实行劳动保险的企业的女工人女职员，有四周岁以内的子女二十人以上，工会基层委员会与企业行政方面或资方协商单独或联合其他企业设立托儿所（如尚未具备设立托儿所条件，而有哺乳婴儿五个以上须设立哺乳室）。其房屋设备、工作人员的工资及一切经常费用，完全由企业行政方面或资方负担，托儿饮食费由托儿父母负担，如托儿父母经济确有困难者，得由劳动保险基金项下予以补助，但对每个儿童的补助不得超过托儿饮食费的三分之一。”

20 世纪 50 年代我国初步建成了以国家为责任主体，由单位具体执行，工会监督落实的劳动保险制度和集体福利事业，涵盖了不同所有制企业和不同工种的妇女及职工家属。劳动保障权益的实现不仅需要法律、政策规定，更需要具体的、体制承认的执行者和责任者，而这个执行者和责任者在双重治理结构①中就是单位，他们的生老病死都依赖单位的照料。到了 20 世纪六七十年代，即使在国家政治动荡的“文革”时期，基层单位的治理职能依然存在，单位制逐渐建立起来②，国家试图通过单位给予女工相关保障和福利，实现再生产为

① 张静认为在这种组织关系中，存在两个治理的角色：一是政府，主要职能是政策决定和资源再分配，具体的工作是制定计划，下发指令（文件），审批和调拨资源；二是单位，主要职能是执行政府的指令，按照指示，实施社会治理，并提供公共品，例如教育、就医、住房等。引自张静：《中国基层社会治理为何失效?》，载《文化纵横》2016 年第 10 期。

② 1969 年财政部颁发《关于国营企业财务工作中几项制度的改革意见（草案）》，规定国营企业一律停止提取劳保金，社会保险变成了“企业保险”。

劳动生产服务的目的。

（二）依托合作经济的农村妇女福利保障

新中国成立之初，农村的劳动者占全体的比例近90%。在土地改革基本完成以后，我国农村成为农民个体经济的“汪洋大海”。个体经济是分散的、落后的，有很大的局限性。经20世纪50年代社会主义改造，农村劳动者的占比降到80%左右，更为重要的是走上了互助合作的道路。其间历经了一个从临时互助组和常年互助组，发展到初级农业生产合作社，再发展到高级农业生产合作社的过渡形式。

在农村，集生产、保障、福利功能于一身的土地，是农民赖以安身立命的根本。中国共产党领导的土地改革，完成了全国范围内的对土地占有权的重新均配，实现了农民“耕者有其田”的要求，也为进一步推动社会主义改造和建设创造了前提。我国的农业合作化，实质是土地占有权派生的使用权和劳动力占有权的结合。计划经济时期，按照自愿和互利的原则，发展互助合作的农业生产合作社，为农村社会弱者从事生产、改善生活创造了有利条件。

政府将社会福利保障交给农业合作社去实施和落实，以一九五六到一九五七年全国农业发展纲要和1956年通过的《高级农业生产合作社示范章程》为依据，由合作社对本社队无劳动能力、无生活来源、无法定抚养义务人或虽有法定抚养义务人但义务人无抚养能力的老年人、残疾人和未成年人进行“五保”（保吃、保穿、保烧、保教、保葬）供养。集体经济组织还承担着对本社队贫困户的扶持照顾和救济等工作。到1958年，全国农村享受“五保”待遇的有413万户、519万人（崔乃夫，1994：105-106）。人民公社制度的确立与实施进一步刺激了“五保”制度和合作医疗制度覆盖面的扩大，为其提供经济支撑和实施主体（郑秉文、张笑丽，2019）。到1976年，全国90%的农民参加了合作医疗。

在农业生产合作社的基础上，建立了农村基础教育体系和农村合作医疗体系。农村合作医疗制度的确立肇始于1955年初山西省米山乡的实践，即农业生产合作社、农民和医生共同筹建保健站，通过缴纳少量报检费，农民可免费享受预防保健服务及免收挂号费和出诊费。其中以社队为基础进行筹资和组织的农村合作医疗制度（“赤脚医生”制度），堪称中国农村社会福利制度的创举（成海军，2008）。

农村妇女的生育保障还主要由家庭承担，但劳动妇女在生育期间，集体尽可能给予照顾。《农业生产合作社示范章程草案》规定，设立专项基金用于合作社的公共福利，建立农忙托儿所，帮扶照顾生育女社员。《高级农业生产合作社示范章程》提出，“合作社在规定每个社员应该做多少劳动日的时候，要注意社员的身体条件，按照女社员的生理特点和参加家务劳动的实际需要”。“不使孕妇、老年和少年担负重和过多的体力劳动，并且特别注意使女社员在产前产后得到适当的休息。”① 此外，为保障生育妇女的健康，在农村建立了县、乡、村三级医疗保健网，卫生院、卫生所、卫生室，还建立了三级妇幼保健网——妇幼保健站、接生站、接生组。接生员大多是农村劳动妇女，平时主要做农副业生产，由卫生所进行新法接生培训后，兼做接生员。

可见，在社会主义建设初期，国家财力十分有限的条件下，我国在计划经济体制下，通过“社会主义再分配过程”打破了传统的性别等级，使女性获得了前所未有的社会人的地位。不仅践行男女平等理念，即不论男女都应平等地享受在教育、医疗、住房补贴和退休金等方面的福利，还对于作为劳动者的妇女承担的生育和照料等一系列再生产给予极大的重视和较好的补偿与照顾。同时，我们还应注意到，这一时期依照“苏联模式”建立起来的初级公有制经济在妇女福利实践和理论上都出现了许多亟待解决的矛盾和问题。

新中国成立初期，中国共产党领导妇女在获得民族解放、阶级解放的基础上获得自身解放。妇女劳动者个体“归属于”组织，在城市，以单位为主干，附之以街道委员会系统；在农村，典型的形式是人民公社（先是农业生产合作社）。无论是农村的人民公社还是城市中的单位，都是集各种职能于一身的总体性组织。基层党的组织系统 、行政权力系统 、工青妇等群众团体，是在这种整

① 《中华人民共和国国务院公报》1956 年第 29 期，第 744-760 页。

合机制中起作用的三支重要力量（孙立平等，1994）。个人借由基层组织来获取政治地位、教育、收入、住房和福利，单位（城市）或合作社（乡村）也是妇女的劳动保障权益具体责任者和执行者。其中，依托合作经济建立的“五保”制度和合作医疗制度等，使农村妇女在制度上得到了社会福利保障，成为中国妇女福利的一个亮点。这既是中国共产党思考和寻找解决中国福利问题的组成部分，也是对马克思主义妇女解放理论的贡献和发展。

二、市场经济体制下中国妇女福利体系（1978 年至今）

市场化改革通过金融、财政和就业制度等国民经济运行机制方式和国有企业制度改革对社会福利体系产生影响。在计划经济体制向市场经济体制转轨的过程中，新旧体制之间的碰撞与摩擦在妇女福利领域中显现出来。

（一）市场经济体制对福利体系的影响

宏观经济运行方式层面，一是金融、财政制度改革加剧了资金的流动。资金由利润率低的行业和地区，流向利润率高的行业和地区，是市场机制配置资源的必然结果。在税收制度方面，1994 年实行国税地税分开之后，基础教育等经费开支要由地方财政负担；在金融体制改革方面，专业银行向商业银行过渡，银行在利润最大化的驱动下，倾向于把资金投向利润率高的行业和地区。二是劳动力市场的改革改变了人力资源的配置方式。随着自主择业原则取代原有国家统一分配专业人才的制度，人才的流动性大大提高，专业技术人员和高质量的劳动力大量流向收入较高的发达地区，大学生毕业后也倾向于留在条件较好的城市。同时，市场化过程中，教育和卫生服务的公共产品性质被淡化，逐步向产业化转型，高收入和城镇居民所享有的社会服务日趋完善，低收入人口的社会服务条件可能降低。原有的社保体系下，劳动者稳定的“单位”在很大程度上限制了劳动者的自由流动。

微观层面上，20 世纪 80 年代以来，为有效地进行现代化的经营管理，提高生产效率，掀起了对作为劳动公有制经济特殊形式的国有企业改革浪潮。首先集中于生产资料所有权与经营权的分离，即在不改变所有权归国家掌控的前提下，实行经营权的承包制。进而是国有企业的兼并、国有资产的租赁以及股份制、管理层的收购和破产、转让、与私有资本混合等各种改革。市场经济体制要求企业成为真正的市场主体，公平地参与竞争，实现自主经营、自负盈亏。这就要求改变旧有的社会保障福利制度。在经济转型时期，社会福利制度也属于转型时期，新的社会福利体系尚未完全确立，而旧的福利保险体制还未完全废除。80 年代往市场化过渡，由企业承担再生产职能的政策导向使女工多的企业负担较重，90 年代全面进入市场化后，企业不再“办社会”，生育及其衍生的儿童照料和家务劳动从单位、企业职能中逐步脱离出来。在农村，随着人民公社的取消，计划经济体制下的农村妇女也随之失去相关的福利保障。自 20 世纪 80 年代起，我国陆续开展了各项社保制度改革。

（二）市场经济体制下我国生育保障的新特点

20 世纪 80 年代末，南通、株洲等城市开始了生育费用社会统筹的改革试点，以期通过社会化分担和夫妻双方所在单位共同承担的方式调整企业的生育负担（范红霞，2010）。在试点的基础上，1994 年《试行办法》颁布实施以来，生育保险参保人数逐年增加。2000 年为 3002 万人，2005 年为 5409 万人，2010 年为 12336 万人，2015 年为 17771 万人，其中女性参加人数分别为 2005 年 2273 万人，2010 年 5367 万人，2015 年 7712 万人。

起初，城镇职工保障水平下降（依据基本工资提供收入保障），个人支付的比例越来越高。由于政策限制，生育保障总体覆盖率仍较低，大部分地区的企业只为有本市户籍的职工缴纳生育保险，因此，虽然参保人数逐年增加，但生育保险是“五项保险”参加人数最少的一项。2015 年参加城镇职工基本医疗保险的人数达到 28893 万人，生育保险参加人数仅为城镇职工基本医疗保险的一半。同样，参加生育保险的女性有 7712 万多人，而参加城镇职工基本医疗保险的女性人数达到 13512 万人。①

① 参见国家统计局社会科技和文化产业统计司：《中国妇女儿童状况统计资料》（2012、2016）。

就广大农村生育妇女的保障来说，截至 1989 年，农村合作医疗的参与率仅剩 4.8%，且大多数农村医疗卫生机构已经解体，依托农村合作医疗的农村生育保障也逐步消解。农村“三级所有、队为基础”的人民公社模式被“统分结合、双层经营”的家庭联产承包责任制模式代替。2003 年后，新型农村合作医疗建立，农村基层生育医疗服务随着农村基层医疗体系的加强而得到改善，农村妇女生育医疗纳入可报销范围。能在新农合中报销部分检查费和住院分娩费。有就业经历的失业女性也不能享受，因而待遇享受人群相对依然比较窄。

随着 2010 年《社会保险法》颁布，将生育保险单列一章，使我国的生育保障制度在一定程度上得到进一步完善，妇女生育权益有了真正的法律保障。

（三）市场经济体制下养老保障的新特点

城镇居民社会养老保险制度以及新型农村居民社会养老保险制度（新农保）的建立，补上了中国养老保障体系长期缺乏的内容——基于居民身份的养老保障，这两项制度极大地提高了养老保障的覆盖水平，尤其对于就业率较低的广大妇女来说，以居民身份为基础大大降低了她们进入养老保障的门槛。运行多年的统账结合的城镇职工基本养老保险制度，参保范围从国有、集体企业，逐步扩大到城镇各类企业组织以及城镇个体工商户、灵活就业人员，参保职工人数快速增加，覆盖率不断提高。截至 2016 年末，全国参加城镇职工基本养老保险人数 37862 万人，比上年末增加 2501 万人，参加城乡居民基本养老保险人数 50847 万人，增加 375 万人。[①]

养老保障理论上应该覆盖所有的老年人口。中国农村人口获取收入的能力低于城镇人口，养老保障参保率的城乡差异大于性别差异。在市场经济体制下，国家逐步放松了对价格体系的控制，使农产品价格有了较大幅度的提高，与此同时，农业生产资料和日用工业品的价格也呈上涨趋势。20 世纪 80 年代末期以后，农产品价格上涨幅度下降，而农业生产资料价格上涨幅度不断增加。1989 年农民收入首次下降，原因就在于当年农产品收购价格指数虽比上年提高

---

① 数据来源于《中华人民共和国 2016 年国民经济和社会发展统计公报》。

15%，但农村工业品零售指数上涨幅度更大，为 18.7%（朱风岐、高天虹，1996）。因此，农产品价格（包括原材料价格）偏低加剧了城乡地区的差异，使农民在市场交换中处于不平等地位。

从第一期中国妇女社会地位调查数据可以看出，1990 年的养老保障的城乡间存在明显差距。城镇劳动者养老保障参保率达到 87.0%，农村仅 8.2%。无论城乡，都存在一定性别差异。城市女性养老保障参保率为 83.9%，比男性低了 6 个百分点；农村女性 5.5%的养老保障参保率，也比男性低了 5.1 个百分点。第三期中国妇女社会地位调查数据显示，2010 年的城乡差距依旧不容忽视。城镇户口被调查者社会养老保障参保率 74.6%，其中女性为 73.3%，男性为 75.9%；农村人口的社会养老保障参保率仅为 31.9%，其中女性为 31.1%，男性为 32.7%。由此可见，无论是城市还是农村，两性间社会保障参保的差距并不大，但城乡间的差异则是很大的。

值得注意的是，历次调查统计口径存在差异。对于城镇户口被调查者来说，1990 年时，女性养老保障参保率达到 83.9%，甚至高于 2010 年的 73.3%，主要是 1990 年时户籍与就业地基本一致，流动人口较少，城市劳动者基本就是当地的就业人员，而且市场经济还没有很深入，单位在很大程度上承担着社会保障责任，所以有单位的劳动者可获得的保障较高。2010 年的调查则包括了所有人员。随着城乡社会保障体系的建立，城镇职工养老保障不断完善以及城乡居民养老保障的探索，养老保障覆盖了更多的人口。

（四）市场经济体制下其他社会福利领域的发展①

21 世纪以来，城镇职工基本医疗保险制度覆盖面和水平都有大幅提高。2003 年，灵活就业人员、混合所有制企业和非公有制经济组织从业人员以及农村进城务工人员都被纳入医疗保险范围。2006 年，劳动和社会保障部发布了《关于开展农民工参加医疗保险专项扩面行动的通知》，全面推进农民工参加医疗保险工作。基本医疗保险制度实施以来，覆盖范围和基金收支水平不断提高。

---

① 数据来源于国家统计局社会科技和文化产业统计司：《中国妇女儿童状况统计资料》（2016）。

2015年末，全国参加城镇职工基本医疗保险人数28893万人，其中女性13512万人。

新农保制度和城镇医保制度快速发展。2003年，国务院办公厅转发了《关于建立新型农村合作医疗制度的意见》，2006年，《卫生部、国家发展和改革委员会、民政部、财政部、农业部、国家食品药品监督局、国家中医药局关于加快推进新型农村合作医疗试点工作的通知》将我国城乡医疗保障体系进一步完善。2007年《国务院关于开展城镇居民基本医疗保险试点的指导意见》发布，中国开始了城镇居民医疗保险制度建设。截至2011年，新农合参保人数达8.3亿人，参合率达到98.8%，年度补偿支出受益13.2亿人次，参加城镇居民基本医疗保险人数达22116万人。2015年，新农合参保人数达6.7亿人，年度补偿支出受益16.5亿人次，参加城镇居民基本医疗保险人数达37689万人。医疗保障基本实现全覆盖。

1999年，国务院颁布了《失业保险条例》，标志着我国失业保险制度的发展进入一个新的阶段。通过设立失业保险和再就业培训机制，一方面努力保障失业者的基本生活，另一方面积极开展再就业工作，将消极的失业救济变为积极的提供就业机会和提高失业者的工作能力。2003年，国务院颁布了《工伤保险条例》，我国工伤保险改革进程开始加快。尤其是随着中国城市化进程的加快，农民工群体日益壮大，他们一般从事城市里最危险和最劳累的行业，发生工伤和职业病的概率较大，迫切需要工伤保险制度的保障。在这种形势下，国务院明确提出依法将农民工纳入工伤保险范围，工伤认定范围进一步扩大，并扩大了工伤保险基金的支付范围等。

针对经济体制改革引起的新问题，中国政府增加了对社会救济福利的供给，主要有：（1）实施适合中国国情的城镇居民最低生活保障制度的管理体制，社会救济制度实施主体到位及其功能明确到位；（2）扩大了城镇的救济对象，建立了城镇居民最低生活保障制度，提高了最低保障水平；（3）初步建立了农村最低生活保障制度。这些措施对于维护社会稳定，促进经济发展，有效地缓解贫困起到了积极的作用。

三、经济转型对社会福利领域性别平等的挑战与机遇

20世纪80年代以来，随着经济全球化的进程明显加快，国际垄断资本的势力显著增强。同时，由于信息技术革命改变了人与人之间和人与机构之间的相互作用的方式，从而为全球化的实践提供了强有力的物质与技术支持，直接推动了国际贸易、跨国投资和国际金融的迅速发展和高新科技的广泛传播，形成了市场经济向全球的大幅度扩展，使世界各国相互依存，世界经济紧密联系。

而正是全球化进程的加速和高度竞争的环境迫使企业不得不将效率置于首位。这就要求有简单的而且低廉的劳动力，高福利也意味着高昂的劳动力成本。新的社会福利制度试图要削减某些社会保护形式，其就业政策就是要让劳动力市场逐渐变得更加灵活，并能直接降低成本。实施灵活、弹性的劳动力就业政策虽然可以在创造新的就业岗位上取得成绩，但这一政策所创造的工作岗位大部分是临时性的、低报酬的和缺乏福利保障的非正规就业岗位，而这一劳动力市场政策适合开放经济条件下的竞争日益激烈的自由市场经济。

20世纪80–90年代，我国在社会保险、就业、医疗、住房、教育等方面进行了不同程度的市场化和社会化改革。在社会保险方面，将过去由国家和企业负责的劳动保险制度改为国家、企业和个人三方负责的社会保险制度；在就业政策上，将过去的政府分配就业改为以劳动力市场为主的就业模式；在医疗卫生政策上，大幅度引入了市场机制；在住房政策上，对过去的福利分房制度进行了“住房商品化”改革；在教育方面也增大了个人付费。从客观条件上看，中国在经济全球化进程中，当时劳动密集型外向型经济的竞争力对劳动力成本很敏感，不得不通过一定程度上降低社会福利水平而提升经济竞争力。当时，作为世界工厂的中国，伴随着市场改革的步伐，出现了大量非正规就业的人口。非正规就业（informal employment）是指雇员缺乏劳动合同、社会保险和带薪假期的雇佣状态（国际劳工组织，2013），包括兼职、临时、自雇、外包、家庭

工人、季节工等雇佣形式。女性更容易成为非正规就业的工人，在非正规部门中，女性也占据着低工资、高风险的职位。妇女之所以成为市场经济体制下的利益易受损害群体，主要是由于市场“经济理性”和国家保护相对弱化的双重冲击，市场以利润为目标将首先淘汰那些技能偏低的女性劳动者，而计划条件下行之有效的行政保障措施在市场条件下已失去原有的约束力。

进入21世纪后，我国及时调整了发展目标，为达到保障和改善民生的基本目标，各级财政的社会支出明显提高，在教育、医疗卫生、社会保障与就业、住房保障及扶贫等方面的财政支出水平占GDP的比例从2003年的5.23%上升到2015年的9.37%。[①] 当前，中国政府不再一味追求GDP增长，提出了“新发展理念”。新发展理念要求以“创新、协调、绿色、开放、共享”的发展理念推动发展实践。具体强调要靠创新，着力转变发展方式、优化经济结构、转换增长动力；重视社会生产过程的协调性可持续性，处理好产业间、城乡间、地区间的关系；把“共享”作为新发展理念，明确了发展的目的。

总体福利水平除了受经济发展水平影响之外，还明显受到一国不同经济发展方式的影响。“新发展理念”的实践迫切要求改变以往以出口和投资为主导的“三驾马车”的经济增长格局，推动经济发展方式向内需驱动型转变。在追求经济增速的同时，关注经济增长的合理性及收益分配的公正性；不仅注重经济的生产、消费领域，也将妇女的人口再生产的劳动价值纳入国民经济核算体系，将妇女社会福利作为人力资本投资的重要内容。较高水平的妇女福利未必会拖累经济发展，相反，可能成为经济发展的保障和动力。

参考文献

刘继同：《国家与妇女：中国妇女社会政策的历史转变与结构特征》，载《福建论坛（人文社会科学版）》2017年第10期。

① 根据相关年份财政部预算司《全国一般公共预算支出决算表》和国家统计局公布的GDP数据计算，详见财政部网站和国家统计局网站。

金一虹、保剑：《多学科视野下的女性社会保障研究》，中山大学出版社2011年版。

蒋永萍：《社会性别视角下的生育保险制度改革与完善——从〈生育保险办法（征求意见稿）〉谈起》，载《妇女研究论丛》2013年第1期。

王向贤：《承前启后：1929-1933年间劳动法对现代母职和父职的建构》，载《社会学研究》2017年第6期。

王向贤：《中国妇女劳动保护制度的百年演进》，载《中华女子学院学报》2018年第1期。

潘锦棠：《中国生育保险制度的历史与现状》，载《人口研究》2003年第2期。

潘锦棠：《中国女工劳动保护制度》，载《劳动保障通讯》2002年第3期。

崔乃夫：《当代中国的民政（下）》，当代中国出版社1994年版。

成海军：《计划经济时期中国福利制度的历史考察》，载《当代中国史研究》2008年第5期。

郑秉文、张笑丽：《中国社会保障70年：助推封闭型经济转向开放型经济》，载China Economist Vol. 14, No. 4, July-August, 2019。

孙立平等：《改革以来中国社会结构的变迁》，载《中国社会科学》1994年第2期。

范红霞：《20世纪80年代中国对妇女生育价值社会补偿的探索》，载《妇女研究论丛》2010年第5期。

吴莹：《生育的身体和劳动的身体：女工“四期”保护政策演变（1951年-至今）》，硕士论文，中国人民大学2018年。

管田欣：《社会主义生产体制中的小组自治：郝建秀小组的个案分析（1956-1966）》，硕士论文，中国人民大学2016年。

徐明强：《匮乏与等级：北京地区幼儿园建设（1953-1957）》，硕士论文，中国人民大学2014年。

董醉心：《我国生育保险制度的社会性别研究》，硕士论文，南京师范大学2012年。

孟丽媛：《新中国初期北京女工研究（1949-1966）》，硕士论文，首都师范大学2011年。

张雪萍：《我国社会保障制度的社会性别研究》，硕士论文，南京师范大学2012年。

何丽华：《论我国生育保险法律制度的完善》，硕士论文，西南政法大学2014年。

蔡昉、郑功成等：《中国经济改革与发展（1978-2018）》，社会科学文献出版社 2018 年版。

中华全国妇女联合会妇女研究所、陕西省妇女联合会研究室主编：《中国妇女统计资料 1949-1989》，中国统计出版社 1991 年版。

中华全国总工会女工部编：《女工工作手册》，工人出版社 1951 年版。

全国总工会办公厅编：《新中国成立以来中共中央关于工人运动文件选编（上、下）》，中国工人出版社 1989 年版。

全国妇联妇运室编：《中国妇女运动历史资料》，中国妇女出版社 1991 年版。

中国生育保障70年：回顾与前瞻

黄桂霞*

摘　要：中华人民共和国成立以来，生育保障制度不断改革、发展和完善。从生育保障制度70年的演变脉络可以发现：制度架构从多元分割到逐步整合，保障体系从分层到统一，保障对象从城镇职工到全民普惠，保障责任从个人缺位到多方负担，保障水平逐渐提高，管理体制从集体管理到社会化管理。纵观我国生育保障制度70年的历史演进，一方面，生育保障从职业福利定位到公民权利，不仅是对妇女劳动就业权的保障，更体现了对妇女儿童健康权的重视和对生育社会价值的认同；另一方面，生育保障的支持体系和保障力度与国家人口政策以及对女性劳动力的需求密切相关。

关键词：生育保障；演变路径；未来发展

新中国生育保障的发展大体上可以分为三个阶段：前面30年基本是与计划经济体制相适应、以劳动保险为主的劳动保障制度，主要覆盖城镇职工，包括城镇企业职工和机关事业单位员工，生育保障待遇基本相同；改革开放以来主要是按照社会主义市场经济体制要求改革生育保障制度的过程，以城镇职工生育保险为主进行改革探索，企业职工与机关事业单位员工的生育待遇在内容和水平方面存在一定差异；新时期，以城乡统筹为目标的全面发展和制度创新阶段，城乡居民的生育权益进入政策视野，生育保障覆盖面越来越广，待遇水平也有较大提高。本文的生育保障不仅包括医疗费用报销和生育津贴等生育保险待遇，还包括与生殖抚育相关的就业保障、孕产期间的劳动保护和产假/流产假，以及婴幼儿的托幼服务与补贴等。

* 作者简介：黄桂霞，全国妇联妇女研究所副研究员，主要研究方向：妇女就业与保障、性别平等。

一、生育保障70年历史回顾

（一）计划经济时期覆盖城镇劳动者的生育保障

广大劳动妇女在新民主主义革命中作为重要的革命力量发挥了积极能动性，在解放后的社会主义新中国，积极参与社会生产，为社会主义建设做出巨大贡献。让长期“主内”的女性劳动力进入公共领域参与社会建设，需要分担她们的家务劳动负担，解除家庭照顾的后顾之忧，比如普及托幼园所，建立公共食堂等，同时，制定法规政策为女性生育提供全面高水平的待遇。

企业职工的生育保险未作为单独的制度确立，《劳动保险条例》及其实施细则①对女工的劳动保护和生育待遇等进行了规定。覆盖范围包括：国营、公私合营、私营及合作社经营的工厂、矿场及其附属单位与业务管理机关，铁路、航运、邮电的各企业单位及附属单位，工、矿、交通事业的基本建设单位以及国家建筑公司等实行劳动保险的企业内工作的工人与职工，包括工资制、供给制以及学徒工、临时工、试用人员在内的女工人与女职员和男工人的妻子以及季节工、小时工等灵活工作的女工。保障内容主要包括：（1）时间保障：包括法定产假56天，难产或双生增加15天奖励假，流产假15-30天，哺乳假1年等。（2）经济保障：一是医疗费用报销，参加生育保险的女工人与女职员怀孕，在该企业医疗所、医院或特约医院检查或分娩时，其检查费与接生费由企业行政方面或资方负担；二是产假和流产假期间工资照发，哺乳时间算工作时间，保护怀孕或生育的女工不被无故开除或变相辞退；三是生育补助费，由劳动保险基金项下付给一次性生育补助费。（3）育儿设施和托育服务。产假休完后，可以带孩子到单位开办的保育院，有专人负责照看孩子，为女职工平衡工作和子女照料创造了条件。（4）减轻工作或缩短工时的特殊劳动保护。为怀孕6个月以上的女工调换或减轻工作，无轻便工作可调时，缩短工作时间，工资

① 如1951年颁布的《劳动保险条例》，1953年颁布的《劳动保险条例（修正案）》《劳动保险条例实施细则修正草案》，1956年颁布的《工厂安全卫生规程》等。

照发。怀孕 7 个月或产后未满 6 个月的女职工不得从事夜班工作，不得加班，减轻女性工作量，保障女性生育权和健康权。20 世纪 60 年代末，“国营企业一律停止提取工会经费和劳动保险金”，“企业的退休职工、长期病号工资和其他劳保开支，改在企业营业外列支”。① 生育保险由社会统筹变为单位负责。

各级人民政府、党派、团体及所属事业单位的国家工作人员的生育保障，除了在《劳动保险条例》中有相应的生育待遇外，主要内容在中直机关的相关政策中。② 生育待遇内容与水平与企业职工生育保险待遇基本一致，生育医疗费用由公费医疗解决，产假期间由单位照发工资，收入不变。

（二）改革开放以来社会统筹生育保险制度的探索与建立

从 20 世纪 80 年代到 21 世纪初，是我国改革开放和经济体制改革的重要历史时期，计划经济时期单位负责的生育保险制度难以适应新的经济发展形势并逐步凸显其弊端。一方面，随着市场经济的深入发展，企业更加注重经济效益，不再提供托幼服务，女性“工作-家庭”冲突严重，单位负责的生育保险造成女工多的企业负担较重。女性劳动力成本较高，面对生育带来的成本，企业不愿招用女工，一些企业为减轻负担给生育女工放长假，有单位宁可放弃进人也不要女生，有单位甚至将已经报到的女大学毕业生退回（人民日报，1985）。另一方面，女性受教育程度提高，人力资本提升，具有更好的竞争力，进入高薪领域的能力和意愿增强，需要更好的保障。企业基于经济效益招用高人力资本女性的意愿也增强，但用人成本在一定程度上掣肘了企业对女性的招录。劳资双方都有改革生育保障的需求。

在没有统一新政策的转型期，各地开始探索适合当地的生育保险制度。南通、株洲、昆明、宁波等几十个市县开始试行生育保险社会统筹。③ 1994 年 12

---

① 1969 年 2 月，财政部颁布的《关于国营企业财务工作中几项制度的改革意见（草案）》。

② 1952 年 6 月 27 日的《政务院关于全国各级人民政府、党派、团体及所属事业单位的国家工作人员实行公费医疗预防的指示》、8 月 24 日的《国家工作人员公费医疗预防实施办法》，1955 年颁布的《关于女工作人员生产假期的通知》等。

③ 比如，1988 年 9 月 1 日，江苏省南通市开始实行《南通市全民、大集体企业女职工生养基金统筹暂行办法》。

月，为解决女职工比例不同造成的企业生育负担畸轻畸重的问题，防止因生育导致的女性就业困难，劳动部颁布了社会统筹的《试行办法》。企业按照国家规定以职工工资总额为基数按比例缴纳生育保险费，个人不缴费，体现了用人单位的社会责任；缴费不分男女，也在一定程度上分担了女性员工较多企业的生育保险负担。参加了生育保险的女职工生育时享受生育医疗费用和生育津贴等待遇，由生育保险基金支付。之后北京等27个省（自治区、直辖市）颁布实施了生育保险规定、试行办法或实施意见，覆盖范围以本市城镇户籍职工为主，生育医疗费用的报销标准各地不尽相同，住院分娩费用支付标准与医院级别也相关，但基本都是定额。

改革开放后，机关事业单位女工的生育保障沿用计划经济时期的规定。生育医疗费用按相关规定继续由公费医疗支付。产假期间收入由单位照发工资，但机关事业单位工资制度改革①，部分地区以《女职工劳动保护规定》中“不得在女职工怀孕期、产期、哺乳期降低其基本工资”为准，只发放基本工资，女性产假期间收入与产前相比有了较大幅度的降低。机关事业单位产假时间有一定弹性，除法定产假外，可以享受一定时间的奖励假，比如独生子女政策期间，三年不领取独生子女费的家庭，生育妇女可以增加三个月的产假。

（三）新时期生育保障制度全民覆盖的探索

21世纪以来，我国开始进入从人口红利大国向人力资本红利强国转轨的阶段。随着女性受教育程度的不断升高，高人力资本的女性人力资源需要在劳动力市场上得到更充分的挖掘、发挥；同时，多年的少生优生计划生育政策极大地降低了我国人口出生率，而人口老龄化的不断深化，需要尽快提高生育率，促进妇女平等就业和保障妇婴健康又一同进入国家视野。党的十八大确定了社会保障全民覆盖的目标，新时期，全面生育保障的建立和推动，迫在眉睫。

21世纪以来，随着流动人口的不断增加，以及多种用工方式的出现，各地

---

① 《人事部关于机关、事业单位女职工产假期间工资计发问题的通知》（1993年10月1日实施）。

对生育保险政策进行了相应调整，逐渐将非本市城镇户籍从业人员、灵活就业人员、失业人员纳入保障范围。2010年《社会保险法》将有生育保险男职工的未就业配偶纳入生育保险范围。2017年全国12地试点生育保险和职工基本医疗保险合并实施，2019年底前全面开展两项保险合并实施，参加职工医疗保险的职工同步参加生育保险，生育医疗费和生育津贴资金用由职工基本医疗保险基金支付。

随着城镇职工生育保险的改革与完善以及公费医疗的改革，机关事业单位的生育保障也逐渐向职工生育保险并轨。2010年12月，广西百色市规定，财政供养的机关事业单位参加城镇职工生育保险，由用人单位缴纳生育保险费。2012年1月1日起，北京市行政区域内的所有用人单位和与之形成劳动关系的职工，包括机关、事业单位，均参加生育保险。从各地政策和相关调研发现，参加城镇职工基本医疗保险的机关事业单位都参加了生育保险，仍执行公费医疗的机关事业单位依然由公费医疗解决生育医疗费用，产假期间收入由单位按照规定照发工资。

未就业的城镇居民和农村居民的生育保障在很长一段时间内处于空白状态。21世纪以来，在城镇职工生育保险不断扩大覆盖面的基础上，政府日益重视城乡居民的生育保障。在农村，以新型农村合作医疗制度为基础，2002年，《中共中央、国务院关于进一步加强农村卫生工作的决定》颁布，提出建立大病统筹为主的新型农村合作医疗制度和医疗救助制度，解决农民的大额医疗费用或住院医疗费用，其中包括农村妇女住院分娩的医疗费。2003年《关于建立新型农村合作医疗制度的意见》明确农村妇女住院分娩费用由新农合报销。国家财政还设立专项资金，建立了涵盖全国31个省区市的农村妇女分娩补助项目①，项目覆盖范围内的所有农村户籍孕产妇住院分娩时都可以得到财政补助。在城镇，2009年，《人力资源和社会保障部办公厅关于妥善解决城镇居民生育医疗

① 2009年，卫生部、财政部印发了《关于进一步加强农村孕产妇住院分娩工作的指导意见》（卫妇社发〔2009〕12号），2010年，卫生部办公厅印发了《2010年农村孕产妇住院分娩补助项目管理方案》。

费用的通知》将城镇居民的住院分娩费用以及产前检查费用纳入城镇居民医保基金支付范围。生育保障实现制度全覆盖。

二、生育保障70年演变路径

70年来，生育保障制度架构从多元分割到逐步整合，保障体系从分层到统一，保障对象从城镇职工到全民普惠，保障责任从个人缺位到个人负责到多方负担，保障水平逐渐提高，管理体制也从集体管理转向社会化管理。

（一）从劳动权保障到生育社会价值认同，建设共建共享的生育保障制度

从制度建设来看，改革开放前，我国没有专门的生育保险法规政策，相关内容分散在劳动保险、女职工劳动保护以及中直机关相关政策中，其定位是保护女职工的健康，减少女职工因生理特点造成的特殊困难。主要面向城镇女职工，也覆盖了部分男职工配偶。改革开放后，建立了专门的城镇职工生育保险制度，确立了“促进公平就业”保障女性就业权的理念。城镇职工生育保险的社会统筹以及生育保险缴费的无性别差异，减少了用人单位的性别歧视，进一步保障了女性的劳动就业权。21世纪以来，城乡居民生育医疗费用通过城乡居民医疗保险来报销的政策，为城乡居民的生育提供了基本的保障，实现了从劳动权保障到体现居民基本权利的转变，同时城乡居民医疗保险由中央财政和地方财政进行补贴，体现了政府对女性基本权利保障的责任担当，也是对女性生育社会价值的尊重和认同。

从制度内容来看，带薪产假一部分是针对女性的劳动保护，保障女性恢复劳动力生产的基本产假，一部分是为了婴幼儿的抚养与照料的哺乳假等。从医学角度来讲，小产或者没有活产的42天休假时间是一般女性产后恢复劳动力需要的时间。法定产假从计划经济时期的56天（产前14天，产后42天）到改革开放后的90天，到21世纪的98天，目前多数地区是128天，部分地区延长到158天，增加了女性哺育、照料孩子的时间。生育多胎的每多一胎增加产假15天，主要是给予女性更多的时间照顾孩子。很多省市有不同长度的生育延长/奖

励假，也是为了更好地帮助女性平衡工作与孩子照料。改革开放后，部分省市给予生育女职工的配偶一定的陪护假，也叫陪产假或者护理假，可以保障男性更好地分担婴幼儿照料责任，与女性一样承担生育成本，在一定程度上减少就业歧视，保障女性就业，更好地分担生育责任。目前全国已有30个省区市有陪护假规定，时间从7天到30天不等。

（二）从多元分割到逐步整合，迈向公平统一的全民生育保障体系

首先，实现城镇职工生育保障的整合。计划经济时期的生育保障主要覆盖大型企业职工，由劳动保险项下列支相关费用，机关事业单位的生育保障由财政和公费医疗共担，医疗费用由公费医疗支付，产假期间收入由原渠道以工资形式发放；待遇水平存在一定差异，女工人、女职员产假期间工资照发，而女性临时工、季节工及试用工产假期间由企业行政方面或资方发给产假工资数额为本人工资的60%。[①] 改革开放后，为解决女职工比例不同造成的企业生育负担畸轻畸重的问题，建立了统一的社会统筹的城镇职工生育保险制度，但只覆盖本市城镇户籍职工。21世纪以来，因流动人口的大量增加所带来的社会保障需求，很多地方开始关注并逐步将非本市城镇户籍职工纳入城镇职工生育保险。各地劳动保障部门按照生育保险与医疗保险协同推进的思路，逐步将机关、事业单位、灵活就业人员以及农民工等纳入生育保险参保范围。2017年试点、2019年底前全面展开的生育保险与城镇职工基本医疗保险合并实施，将生育保险覆盖到所有参加基本医疗保险的在职职工，享受城镇职工生育保险待遇。部分执行公费医疗的单位，女性生育时依然按照机关事业单位生育保障享受相应待遇，但与城镇职工生育保险待遇逐渐趋同。

其次，逐步建立统一的城乡居民生育保障。新世纪以来，农村居民和城镇居民先后通过新农合和城镇居民医疗保险获得一定比例的生育医疗费用报销或者分娩补助。2016年，城镇居民基本医疗保险和新型农村合作医疗整合统一为城乡居民医疗保险，城乡居民的生育保障实现了政策上的统一。

---

① 《劳动保险条例实施细则修正草案》（劳动部1953年1月26日），第9章第36条。

（三）从个人缺位到责任分担，形成社会统筹为主的保障模式

生育保障的责任分担体现了对生育及生育价值的认识与选择。我国的城镇职工生育保险费用的承担经历了从国家统筹到企业自付再到社会统筹的过程，政府、企业与家庭共担责任；城乡居民生育医疗费用从居民缴费、财政补贴的城乡居民医疗保险中报销，体现了国家与家庭共担责任的原则。

计划经济时期，尤其新中国成立初期，生育保障主要采用雇主责任制模式，由企业按照国家规定给予职工以生育待遇，单位基本承担了所有医疗费用、产假期间的工资或津贴、一次性生育补助、育儿补助等。[①]由于企业基本是国有，所以生育责任相当于是政府承担。机关事业单位女工作人员的门诊、住院所需的诊疗费、手术费、住院费、药费等，由公费医疗支出，产假期间的收入由财政按原来工资渠道发放。无论是资方负担，还是公费医疗、财政补贴，个人不用支付任何生育费用。改革开放后，经济体制改革，企业走向市场，企业有了用人自主权，女性在劳动力市场的竞争中处于相对劣势，招工中开始出现排斥女性的现象。为缓解单位生育费用负担的畸轻畸重问题，建立了社会统筹的生育保险制度，职工生育保险从企业全面负责走向社会统筹，生育保险的费用由企业缴纳，个人不缴费，医疗费用由生育保险基金与个人承担，“女职工生育的检查费、接生费、手术费、住院费和药费由生育保险基金支付。超出规定的医疗服务费和药费（含自费药品和营养药品的药费）由职工个人负担”[②]。未参加生育保险的机关事业单位职工，依然由公费医疗承担大部分生育医疗费用，产前检查和住院分娩费用的报销范围和比例逐渐与城镇职工生育保险一致。政府定位也发生了变化，由作为国有单位代表间接承担社会保障的最终责任者，变为生育保障的管理者和部分责任承担者。新世纪以来，城乡居民可以在医疗保险中报销部分住院分娩费用和产前检查费，城乡居民医疗保险基金由财政补贴、

---

① 1951年《劳动保险条例》规定，参加生育保险的女工人与女职员怀孕，在该企业医疗所、医院或特约医院检查或分娩时，其检查费与接生费由企业行政方面或资方负担。

② 《职工生育保险试行办法》（1994年12月14日劳部发〔1994〕504号发布），《中华人民共和国劳动和社会保障法律法规全书（2017）》，中国法制出版社2017年版，第623页。

地方政府补贴与个人缴费组成，相当于政府与个人共担责任。

三、生育保障70年发展的经验

社会保障的制度理念变化直接反映到制度设计，制度政策规定直接影响受益人群范围和受益水平。生育保障的建设不仅与国家人口发展、对生育的定位有关，还与社会对妇女在社会发展中的地位、对女性劳动力的需求密不可分。

（一）生育保障覆盖面与社会发展程度密不可分

新民主主义革命虽然选择了农村包围城市的道路，但在国家建设上，在国家财力十分有限的条件下，很长一段时间内坚持的是城市优先发展的思路。随着城乡发展一体化的提出与落实以及共建共享发展理念的提出，生育保障由面向城镇职工的职业福利，逐渐拓展到城乡居民，实现了制度全覆盖，享受基本生育待遇成为公民的基本权利。

社会主义建设时期，国家采取了工农业剪刀差的方式积累工业化建设资金，通过集权的政治经济制度分配福利资源。生育保障建立之初是职业福利的一项，覆盖所有就业的女工人、女职员以及机关女工作人员，临时工、季节工都包括其中。待遇包括了产假及生育津贴、生育补助以及医疗服务费用报销，所有在职职工都能获得全面的保障，相对于当时的劳动收入来说，保障水平是相当高的。“文革”期间，以保护妇女特殊权益为主的劳动保护和生育保障制度难以继续推行，生育保障成为单位保障，在大部分单位效益不高甚至亏损的情况下，根本没有能力给女工提供保障。

改革开放初期，国家发展集中于经济和生产力水平提高上，同时国企改革，民营、私营及合营等企业在市场经济效率优先的环境下，大部分企业难以很好地执行女工劳动保护、生育保障政策。畸轻畸重的生育负担在一定程度上影响了企业发展，经多地试点，1994年建立了社会统筹的城镇职工生育保险，对本市城镇户籍在业职工的生育给予基本的保障。随着流动人口的增加以及经济的快速发展，较发达的城市，如厦门、广州、上海、北京等将非本市城镇户籍人员、灵活就业人员甚至失业人员纳入生育保险参保范围。2010 年《社会保险法》将参加生育保险的男职工的未就业配偶纳入生育保障。2019 年底，所有参加城镇职工基本医疗保险的在职职工同步参加生育保险。城镇职工基本医疗保险基本实现全覆盖，生育保险的覆盖面极大提高。

伴随国家经济实力的增加以及共建共享理念的提出，建立覆盖全民的社会保障成为大势所趋。21 世纪以来，城乡一体化得到越来越多的重视，城乡居民基本权益均等化是实现城乡一体化发展的前提，农村发展和农民的社会保障受到关注。在城镇职工生育保险快速发展基础上，注重居民的社会保障建设，包括农民的生育保障。城乡居民女性生育时的医疗费用借由城乡居民医疗保险得到了一定比例的报销。

（二）生育支持体系与女性劳动力需求协调发展

家庭照料责任是导致城镇幼儿母亲离开劳动力市场的主要原因。在劳动力市场领域，一些国家把儿童照顾问题视作解决经济发展对妇女劳动力需求的途径（Ferrarini，2006：32）。开办托幼园所、合理安置孩子等，既可以保障婴幼儿的健康成长，又可以解除女职工家庭照顾的后顾之忧，保障她们的生产情绪和积极性。

中华人民共和国成立初期，社会主义建设恢复和发展生产都需要大量的劳动力参与，城镇男性基本都投入到热火朝天的社会主义改造和建设中，解放和动员女性投入到社会主义建设中成为当时重要的工作内容之一。为了更好地发挥女性劳动力的作用，就要减轻她们家庭照料负担，帮助她们更好地平衡工作与家庭照料矛盾。新中国成立后，国家发布了一系列的法令、政策，通过单位建设托幼设施，安排专人提供托幼服务，帮助女性解除婴幼儿照料和喂养后顾之忧，保障她们安心从事革命、生产。少数所在单位不方便建托幼园所的职工，可以将子女送往个体托儿所或幼儿园，管理费由职工所在工作单位报销。为方便职工接送子女，除了在职工居住集中的地点和办公地点开办正规的托儿所、幼儿园外，还在工地开办了临时托儿所，极大地方便了职工，减少了送托子女往返路程的劳顿和时间。

改革开放后，城镇企业对女性劳动力的需求开始下降。市场经济的发展对劳动力市场的调节与计划经济时期存在明显不同，虽然为平衡企业生育保障的负担，建立了社会统筹的生育保险，但女性产假和哺乳假对于企业的工作安排会产生较大影响，对注重经济效益的企业来说，更倾向于男性。单位不再提供托幼服务，城镇公共托幼服务弱化。相反，农村对女性劳动力的需求增加。随着大量农村男性进城务工，女性成为农村发展的主力，为农村妇女提供保障开始纳入国家发展规划，生育保障是题中应有之义。改革开放以来很长一段时间，农村没有托幼园所，大部分学龄前孩子只上过学前班，21世纪以来，各地陆续出台政策，鼓励农村建立托幼园所，在很大程度上减轻了农村妇女的家庭照顾负担，适应农村妇女的生育保障制度逐步建立。

（三）生育保障力度与人口发展政策相适应

生育保障不仅可以保护女职工的身体健康，还是保障劳动力资源再生或延续的重要手段，所以其保障程度与人口政策也密切相关。

新中国成立初期，生产力水平较低，国家建设和各项事业发展都需要大规模使用劳动力，加之抗战时期的人力损失，亟须提高人口出生率，“世间一切事物中，人是第一个可宝贵的。在共产党领导下，只要有了人，什么人间奇迹也可以造出来”（毛泽东，1991：1512）。人口数量的不断增长被视为支持社会主义建设的客观需要。女职工免费医疗和直系亲属免费医疗保险制度的建立，使得个体及家庭基本不用承担生育的医疗费用，城市家庭夫妻间只要有一个人就业，无论生育多少子女都可以按照规定享受相应的生育保障待遇，女职工产假期间工资照发。同时，为生育家庭提供育儿津贴、一次性生育补助等，为家庭抚养婴幼儿提供最大的支持。为了加快人口增长，国家对多子女母亲给予“英雄母亲”的光荣称号，并给予福利补贴。

随着人口快速增长，20世纪60年代末，国家开始试行控制人口的政策，70年代，计划生育工作在全国城乡全面展开，生育保险政策也随之改变，从鼓励人口增长转向控制人口数量、提高人口质量。城镇职工生育孩子需要按照计划生育政策办理相关审批手续，而且要手续齐全才能享受生育待遇，多生子女家庭不仅无法享受生育保障，还有可能被惩罚，缴纳巨额社会抚养费。为更好地执行计划生育政策，1999 年对城镇职工的计划生育费用专门作了规定，由生育保险基金、医疗保险基金或者单位负责，保证所有城镇职工的计划生育手术费有解决渠道。①随着国家控制人口政策的实施，对育儿的支持也减少，单位建托幼园所关停并转，各种补贴也在企业市场化后逐渐取消，公共托育服务下降。

多年来“独生子女”生育政策的实施以及城市化的快速发展，使得我国生育水平不断下降。21 世纪以来，国家逐渐转变人口政策，从“单独二胎”到“全面二孩”，更加重视女性在人口再生产中的作用，生育保障制度也配合生育政策进行了调整，覆盖面扩大的同时，也加大了保障力度。21 世纪以来，建立了面向城乡居民的生育保障，实现了制度全覆盖，大部分地区实现定点医疗服务机构生育医疗费用的实时结算。2008 年，为了保障生育职工待遇落实，《财政部、国家税务局关于生育津贴和生育医疗费有关个人所得税政策的通知》明确“生育津贴、生育医疗费或其他属于生育保险性质的津贴、补贴，免征个人所得税”，也就是说，职工在领取生育津贴期间不缴纳税费，相当于生育期间待遇相应提高，女性生育得到更好的保障。全面二孩政策后，各地计划生育条例都给予生育女职工不同时长的奖励假，以便更好地照顾婴幼儿。2018 年，国务院出台学前教育发展意见，指出要在 2020 年实现学前三年 85%以上的儿童可上幼儿园，普惠性幼儿园占比达 80%，② 让乡村的幼儿上得起幼儿园，解决了农村幼儿学前教育问题，分担农村家庭养育子女的成本。2019 年 4 月 17 日发布

① 1999 年 9 月，《劳动和社会保障部、国家计划生育局委员会、财政部、卫生部关于妥善解决城镇职工计划生育手术费用问题的通知》规定，在建立企业职工生育保险的地区，参保单位职工的计划生育手术费用由生育保险基金支付；没有建立生育保险的地区，在建立职工基本医疗保险制度时，可以将符合基本医疗保险有关规定的参保单位职工计划生育手术费用纳入基本医疗统筹基金支付；对没有参加生育保险和基本医疗保险的单位，职工计划生育手术费用仍由原渠道解决。

② 《中共中央、国务院关于学前教育深化改革规范发展的若干意见》（2018 年 11 月 7 日实施）规定，到 2020 年，全国学前三年毛入园率达到 85%，普惠性幼儿园覆盖率（公办园和普惠性民办园在园幼儿占比）达到 80%。

《国务院办公厅关于促进3岁以下婴幼儿照护服务发展的指导意见》。随后，各地纷纷出台相应的照护服务指导意见，为家庭婴幼儿的照护提供指导与服务。上海市探索出3+1托幼模式，在幼儿园设立托育班，或者政府支持企业运营，依托社区及大型企事业单位的托育点等，提供普惠型、公益性的托育服务。

四、生育保障发展面临的挑战与未来展望

随着生育水平下降以及城乡生育人口变化的趋势，国家和社会更为关注人口质量问题，生育保障制度面临新的机遇和挑战。家庭生育意愿降低，人口出生率降低，需要政府分担更多的责任，建立全面的生育保障，保障女性生育后的权益，包括经济收入权益和劳动就业权益，不能让愿意生育的女性因为生育失去工作，承认女性在人口再生产中的特殊贡献，更好地体现生育的社会价值。而城乡育龄妇女发生变化，城市育龄妇女比例增加，农村育龄妇女比例下降，进一步导致生育率的下降，也为统筹城乡生育保障政策提出新要求。

（一）生育保障发展面临的挑战

1. 城镇职工生育保障制度设计存在缺陷

城镇职工生育保险和女职工劳动保护为女性工作人员的生育提供了较好的保障，但是临时工、季节工以及灵活就业人员的保障水平相对较差，甚至不在保障范围之内。计划经济时期，女性临时工、季节工等产假工资只有产前工资的60%。改革开放后较长一段时间内非本市城镇就业人员无法参加生育保险，游离于制度保障之外。21世纪以来，我国城镇职工生育保险的覆盖面不断扩大，基本覆盖了参加城镇职工医疗保险的在职职工，但生育保险由单位缴费的设计仍使得大量灵活就业人员、失业人员等没有单位的就业人员陷入制度困境。因没有用人单位，使其没有权利和资格参加职工生育保险，也就无法享受职工生育待遇。生育妇女自己代缴单位部分参加城镇职工医疗保险，也不能跟城乡居民一样通过参加城乡居民医疗保险报销生育费用。生育保险的单位缴费设计充分体现了单位的社会责任，但因未能及时调整适应社会经济发展出现的新的

就业方式，使得部分生育妇女处于制度的夹缝中。

2. 城乡居民生育保障待遇水平较低，与社会发展不相适应

城乡居民女性生育时在很长一段时间内没有任何的保障，直到 21 世纪以来，借由城乡居民医疗保险在制度上实现了生育医疗费用的报销，但是报销范围和报销比例都较低，对于越来越高的生育费用来说是杯水车薪，聊胜于无。相对于城镇企业职工和机关事业单位公职人员比较完善的生育保障，城乡居民的生育待遇水平较低。城乡居民医疗费用的报销水平低，也没有任何的补贴，大部分地区按照病种给予一次性的住院分娩报销。城乡经济一体化以及城乡统筹生育保障制度的建立，需要提高城乡居民的生育保障水平，也需要转变城乡居民生育保障的理念。住院分娩不是疾病的治疗，而是对安全生育的保障，对母婴健康的保障，对国家人口发展的保障。生育的社会性，需要国家和社会分担责任，不能因女性身份造成待遇水平的巨大差距。

3. 公共托幼服务短缺，不能满足需求

公共托幼服务供给不能满足家庭托幼需求和女性“工作-家庭”平衡需要，不仅影响了妇女权益，也影响了人口政策的转变。改革开放以来，随着公共托幼服务逐渐退出以及过度市场化、工作场所与居住场所的分散化、人力资本提高的育儿精细化，公共服务供给与家庭托幼需求差距越来越大，越来越多的家庭让生育女性退出劳动力市场来完成家庭的养育。但是婚姻的不稳定、婚姻法对女性权益保障的不利，以及女性自我意识和自我实现的提高，导致很多家庭选择少生甚至不生，这也是人口政策的调整未能有效提高生育率的一个原因。

（二）生育保障发展的未来展望

1. 基本理念：政府主导、社会支持

生育为社会发展、民族延续做出贡献，对促进人口增长、提高人口素质有积极作用。生育不是一个家庭的私事，而是事关人类社会发展的大事，国家有责任分担人口再生产的费用和责任。政府承担生育责任，不仅是对女性生育社会价值的认同，还是对劳动力扩大再生产的保障，而且保障女性就业体现了对

女性人力资本的重视，为我国从人口红利大国转向人力资本强国提供了根本保障。因此，要转变生育保障为女性劳动力提供保障的理念，将人口再生产作为社会发展必需的社会生产的一部分，将享受生育保障作为公民的基本权利。一是将生育保障作为社会公共服务和社会福利，所有生育女性都可以享受，财政负责基本的孕期医学保健服务，实现常规生育免费。二是通过财政支持的方式，为雇用一定比例女性的企业以优惠税收，或者采用补贴女性的形式，给予女性个税优惠，从而降低用人单位雇用女性的成本，为女性平等就业提供保障。三是为所有生育家庭提供一定的育儿津贴或者照顾津贴，减轻家庭的照顾负担。

2. 制度目标：全民覆盖、城乡统筹

党的十八大明确提出建立“社会保障全民覆盖”，生育保障全民覆盖是题中应有之义。党的十九大进一步提出“ 全面实施全民参保计划”。建立全面覆盖、统筹城乡的生育保障制度是大势所趋，提高待遇水平是人心所向。一是统筹机关、事业单位、企业等城镇各类用人单位的生育保障制度，建立以社会统筹为核心的社会保险制度。二是统筹城乡生育保障制度，综合考虑城镇职工生育保险、城乡居民生育保障制度的现状，做好城乡生育保障制度的衔接，满足城乡居民不同层次的生育保障需求。积极探索解决城乡流动人口的生育保障问题，解决城乡人口跨区域流动生育保障制度的对接，将生育保障作为基本权利，保障所有人都可以享受基本一致的待遇（保障水平与当地消费水平一致）。三是建立生活津贴制度，提高城乡居民生育保障水平。目前，城乡居民只可从医疗保险中报销部分生育医疗费用，个人承担的生育成本较高，应建立财政和地方政府补贴的生育补贴或儿童津贴，减轻城乡居民家庭尤其是农村家庭的生育压力。

3. 政策取向：家庭友好、平衡工作

计划经济时期，政府、单位和社会共建托幼园所，为职工提供免费的公共托幼服务，为女性积极参与公共劳动提供了全面的支持。新时期，劳动力市场的发展和育儿精细化的需求，照搬照抄原来的托幼服务体系已不可行，探索制定能更好平衡工作家庭、减轻家庭照顾责任的政策是最好的选择。一是增加政府支持，建立多元化覆盖城乡的照顾服务体系。推动公共托幼机构的发展，尤其是3岁以下托幼机构的建立健全，提供普惠型、公益性的托育服务。二是加大对社区婴幼儿照护服务的支持力度。鼓励地方政府补贴或者提供场地、减免租金等方式，支持和引导社会力量依托社区提供婴幼儿照护服务，借助基层社区组织和新型工作模式，采取公办民营、民办公助或者互助式育儿模式，充分利用全职妈妈、失业女性等人力资源，既可满足婴幼儿托管照顾需求，又可以解决部分妇女的就业。三是制定更多的家庭友好型政策，保障职工能更好地兼顾工作家庭，化解工作家庭矛盾和冲突，鼓励用人单位采取灵活工作时间，支持脱产照护婴幼儿的父母重返工作岗位，并为其提供信息服务、就业指导和职业技能培训等。①

4. 实践路径：男性参与、责任共担

家庭是育儿和儿童社会化的基地和重要场所，父母都有养育子女的责任，也都有照顾、陪伴子女的权利。女性在就业市场所遭遇的歧视主要源于女性的生育行为，以及由此带来的一系列养育负担。男性的照顾责任虽然减少了，但现有政策忽视了男性有陪伴孩子的需求，导致了男性在获得亲职权利上的不平等。男性应该分担更多养育责任，享有更多亲职权利。一是转变男性在生育中的配角定位，将带薪陪护假改为育儿假，地方政府可以探索试行与婴幼儿照护服务配套衔接的育儿假。二是给男性更多的时间保障。延长男性育儿假期，保障他们的休假权利，可以限定父亲育儿假的配额，强制休假，不可转让给女性，也可以鼓励休假，比如借鉴德国给足额休育儿假的男性家庭奖励4个月的育儿津贴。三是给男性承担照顾责任提供社会支持，家庭友好政策、弹性工作时间和模式作为职业福利面向有需要的男女职工，而不是仅仅局限于女职工。

---

① 《国务院办公厅关于促进3岁以下婴幼儿照护服务发展的指导意见》（国办发〔2019〕15号）。

参考文献

人民日报：《一些用人单位不看德才只问性别 拒收女大学毕业生是何道理》，载《人民日报》1985年2月28日。

Ferrarini, Tommy, Famiy, States and Labour Markets: Institutions, Causes and Consequences of Family Policy in Post-war Welfare States [M]. Edward Elgar Publishing Limitede, Cheltenham, UK, 2006。

《毛泽东选集》（第4卷），人民出版社1991年版。

（本文原刊发于《中华女子学院学报》2020年第1期）

生育保险制度的改革与完善

——关于“生育保险办法”的讨论及启示

蒋永萍*

摘　要：作为《中华人民共和国社会保险法》（以下简称《社会保险法》）第六章“生育保险”的配套法规，《生育保险办法（征求意见稿）》（以下简称《征求意见稿》）曾于2012年向社会公开征求意见，虽然受多种因素影响并未正式颁布，但它引发了各界的热议，将多年来对生育保障制度改革的讨论推向高潮。本文从社会性别视角梳理《社会保险法》颁布后学界对生育保险制度改革完善的分析和讨论，同时立足实施三孩生育政策及配套支持措施的时代背景，系统深入地阐述社会生育保险制度改革的设想与基本要求。

关键词：生育保险；制度改革与完善；社会性别视角

2011年开始实施的《社会保险法》首次以国家基本法的形式对生育保险作了总括性规定，为生育职工特别是女职工依法享有生育保险权益提供了有力的法律保障。2012年4月，作为中国生育保险法律制度重要组成部分的《女职工劳动保护特别规定》正式颁布，该法的亮点之一就是提高了女职工生育待遇中的产假标准，将产假由原来的90天增至98天，但男性陪护假的缺失也让众多劳动者感到遗憾，更令多年倡导疾呼“男性责任”的专家学者扼腕。2012年岁末，几经修改的《征求意见稿》向社会公开征求意见，该办法作为《社会保险法》第六章“生育保险”的配套法规，承载着中国生育保险制度改革与完善的重要功能，也是对自20世纪80年代以来中国生育保障领域理论研究与探索实

* 作者简介：蒋永萍，全国妇联妇女研究所研究员，主要研究方向：社会性别与公共政策、妇女与经济、性别平等与妇女地位的测量与评估、婚姻家庭与妇女发展。

践的总结和提升，因而再一次引发学界和社会各界的热议，并将多年来对生育保障制度改革的讨论推向高潮。尽管受多种因素影响（如生育保险与职工基本医疗保险合并实施的设想在管理决策层初步形成等），《征求意见稿》最终未能正式颁布，但伴随征求意见稿向社会公开征求意见引发的社会热议和学界讨论，对于系统、深入地审视生育保险制度改革，促进相关政策的发展完善具有非常积极的意义。本文从社会性别视角梳理《征求意见稿》公开征求意见前后，学界对生育保险制度改革完善的分析和讨论；同时立足实施三孩生育政策及配套支持措施的时代背景，进一步阐述完善与新时期“人口长期均衡发展”目标相适应的生育保险制度的基本要求和关键点。

一、中国生育保险制度的演变、问题与探索

1. 中国生育保险制度的演变及性别影响

中国生育保险制度的演变与经济体制变迁密切相关，其过程大致可分为三个阶段，即新中国初期的生育保险、“计划经济”和“文化大革命”时期的生育保险以及经济体制转轨时期的生育保险①。总的来看，中国的生育保险基本上是一种职工生育保险，其覆盖对象主要是城镇就业女职工，保险待遇也主要是生育医疗费用和生育津贴/产假工资两大项。但由于生育保险实施的经济制度背景差异，不同阶段生育保险的覆盖范围、责任主体以及对女性就业和性别平等的影响也随之发生变化。

新中国初期的生育保险实行国家统筹模式，由企业缴付，中华全国总工会管理，个人不负担任何费用。保险的覆盖面不仅包括机关事业和城镇企业的正式女职工，还包括女性临时工、季节工和试用工。生育保险制度的建立对于形成1958年前后中国妇女就业的第一个高潮具有不可或缺的积极影响。

20世纪60年代初，随着计划经济体制的确立，单一的公有制经济和劳动

① 关于中国生育保险发展阶段的划分，笔者比较赞成潘锦棠教授2003年的提法，但更愿意将第二阶段归结为“计划经济”和“文化大革命”时期，而非“社会主义改造”和“文化大革命”时期。

者的“单位制”形成，生育保险制度发生了显著的变化，由国家统筹变为企业保障，保障的对象也由于多种用工形式的取消而变为只覆盖机关企事业单位的正式女职工。但是这一变化并没有影响城镇女职工生育保险的待遇水平和覆盖范围。由于计划经济时期公有制企业不是独立的经济实体，只是国家经济的一个组成部分和实现形式，因此，不能算作真正意义上的生育保险的责任主体。这种“国家—单位”生育保险模式和当时的保障性就业政策对保障城镇女性的就业权益发挥了极大的作用。根据1990年第一期中国妇女社会地位调查①数据，1990年18-64岁城镇女性中76.7%处于就业状况，其中88.5%的人能够享受产假工资待遇。可以推断，这一时期，中国生育保险的覆盖范围和产假工资的替代水平（政策规定产假期间享受原工资收入的100%）是历史上最高的。

随着20世纪80年代末期计划经济向市场经济的转变，中国的企业逐渐成为自主经营、自负盈亏的经济主体，由企业承担生育保险责任的弊端也日益显现，不同企业的生育成本因女职工比例的高低而畸轻畸重。为追求利润的最大化，企业或者减少使用女工，或者在落实企业生育保险规定时“打折扣”，妇女公平就业的权利因此受到损害（潘锦棠，2003）。“生育歧视”成为20世纪80年代以来女性就业的突出问题。变“企业生育保险”为“社会生育保险”，促进生育保险社会统筹，实现生育保险均衡企业负担、促进妇女平等就业的功能，首次成为学界、妇女组织、企业和政府的共识。1994年，在鞍山、南通、株洲等地试点的基础上，劳动部发布《企业职工生育保险试行办法》（以下简称《试行办法》），生育保险社会统筹开始在全国推行。到2012年，全国已有30个省（区、市）出台了生育保险法规或规范性文件。

《试行办法》的实施，为维护女职工的合法权益、促进企业公平竞争、推动男女平等发挥了积极的作用。但是，随着时间的推移和改革的深入，《试行办法》逐渐表现出制度设计理念的相对滞后和不完善，已经不能适应经济社会发展的现实和性别平等促进的需要。2012年末，意图替代《试行办法》的《征求

① 中国妇女社会地位调查由全国妇联和国家统计局联合开展。

意见稿》在《社会保险法》颁布实施的背景下，向社会公开征求意见，征求意见稿的提出将此前学界对生育保险制度的研究讨论进一步推向高潮，全国妇联邀请相关部门官员、专家学者和民间妇女组织的代表召开专题座谈会，讨论如何在党的十八大提出“社会保障全民覆盖”目标并首次将“男女平等基本国策”写入报告的背景下完善生育保险制度，《妇女研究论丛》《中国妇女报》《中国社会保障》《中华女子学院学报》等报刊连篇登载相关讨论文章。这次讨论对于系统、深入地审视生育保险制度改革，促进相关政策的发展完善具有非常积极的意义。

2. 从社会性别视角对生育保险制度突出问题的梳理

从社会性别视角审视，专家们认为，由于制度理念相对滞后导致现行生育保险存在三个方面的突出问题：

第一，生育保险中政府责任的履行尚不充分。一方面，生育保险的推进力度和监管力度远低于其他险种，以致生育保险的缴费率一直是五大险种中最低的。2005 年生育保险全国参保人数为 5408 万人，仅为当年城镇职工养老保险全国参保人数的 30. 9%①。此后，在各方力量特别是实现中国妇女发展纲要生育保险覆盖率 90%的目标要求的推动下，生育保险参保人数快速增长，到 2010 年达到 12336 万人，但仍只占城镇职工养老保险参保人数的 62. 3%（国家统计局，2011），占城镇职工医疗保险参保人数的比例仅为 57. 2%。这种状况与生育保险“一手托两命”的重险地位很不相称。另一方面，生育保险的财政责任正在逐步扩大，但仍然以用人单位为主体筹措生育保险资金，使得生育保险难以脱离企业职工福利的束缚，向生育保障的应然目标——社会福利型和公民权利性保障发展。

第二，对男性的生育责任缺乏足够的重视。从企业自保过渡到社会统筹的生育保险仍然是以女性生育保护为中心，通过给女性补偿其承担生育责任导致的经济损失和生育健康保护，保障女性劳动者的权益。但是，仅仅对女性的生

① 从制度设计的覆盖范围看，生育保险与职工养老保险基本一致，都是企业职工。

育责任给予价值补偿有可能造成对妇女就业中生育权的“过度”保护，如过为严苛的劳动禁忌和过多的休假造成的低劳动供给，反而会加重劳动力市场对女性的排斥，产生歧视性的后果，不能达到男女平等就业的目的。与此同时，对男性生育责任和权利的忽视不仅会加重用人单位和公众“生育是女性责任”的刻板印象，不利于消除就业性别歧视，而且降低了男职工对生育保险的关注，不利于职工对企业生育保险费用上缴情况的监督。

第三，生育保障的职工福利性质导致生育保险待遇的享有率更低，有悖社会公平。未缴纳生育保险的非公企业、中小企业职工，大中企业、事业单位、甚至党政机关不在编女职工以及进城务工的数千万女农民工的生育保险成为制度真空。据人力资源和社会保障部（以下简称人社部）统计，2010 年共有 211 万人次享受了生育保险待遇，仅占当年 1600 万出生人口的 12%左右。由于受益面过小（生育保险受益群体只是在岗的城镇户口女职工），导致了多年来中国生育保险基金累计结余逐年增加。2010 年全国生育保险基金收入 160 亿元，支出 110 亿元，累计结余达到 261 亿元，超过当年基金收入（国家统计局，2011）。如此高的基金结余率，并非生育保险缴费水平超出需要，而是由于制度设计缺陷和就业歧视（生育津贴只补偿产假工资，由企业支出的计划生育奖励假、替补人员的费用等得不到补偿，一些企业觉得雇用生育高峰期女性仍得不偿失）致使很多覆盖范围内的生育女职工怀孕前后被迫离开工作岗位，而不能享受生育保险待遇。

3. 对生育保险制度改革积极探索的审视

针对生育保险发展中存在的问题和改革的方向，政府主管部门和各地区在推进生育保险工作的基础上，积极进行制度创新，探索完善生育保险有效途径。截止到 2012 年，全国有 15 个省份将机关、事业单位、社会团体、民办非企业、个体工商户等纳入生育保险覆盖范围。广东、上海等地则将灵活就业人员、失业人员也纳入保障范围。各地在实践中还扩大了生育保险待遇支付项目，有的地区将新生儿医疗费等项目纳入支付范围。在推进全民医保的大形势下，2009

年人社部发布了《关于妥善解决城镇居民生育医疗费用的通知》，明确提出，将城镇居民基本医疗保险参保人员住院分娩发生的符合规定的医疗费纳入城镇居民医保基金支付范围。为了统筹解决城乡居民生育保障问题，人社部还选择了长春市等7个城市进行试点，开始对城乡非就业妇女生育保障模式进行探索（孙丽平，2011）。在农村新型合作医疗的发展过程中，农村妇女的生育医疗费用通过定额补助、按比例报销等方式也逐步得到解决。而降消项目（降低孕产妇死亡率、消除新生儿破伤风）、贫困孕产妇救助项目等政府妇女健康项目的实施使众多中西部地区妇女和家庭真正做到了“生孩子不花钱”。

特别值得一提的是，2008年发布的《广东省职工生育保险规定》在中国生育保险制度发展史上开创了父亲陪护假津贴的先河，其第十五条规定，生育保险待遇包括男职工生育假期津贴，即已参保的男职工按规定享受的看护假假期津贴（10天）。

这些生育保险制度的有益探索和创新为中国生育保险制度的改革和完善奠定了良好的实践基础，也促成了《征求意见稿》的形成。

二、改革和完善中国生育保险制度的重点问题

以党的十八大报告提出的“坚持全覆盖、保基本、多层次、可持续方针，以增强公平性、适应流动性、保证可持续性为重点，全面建成覆盖城乡居民的社会保障体系”的要求审视《征求意见稿》，可以发现《征求意见稿》在明确并扩大生育保险的覆盖范围、加强用人单位缴纳生育保险费用的强制性、细化生育保险的管理、增加法规的操作性等方面有了很大的突破。征求意见稿将生育保险的适用范围确定为，国家机关、企业、事业单位、有雇工的个体经济组织以及其他社会组织等各类用人单位及其职工。其一旦生效，将使多数地方立法中仅适用于“本地常住人口”或者“本地户籍”的规定成为历史，其蕴含的消除户籍歧视、追求公平正义的理念，也将满足被边缘化的外来务工女在生育保险方面的平等诉求。“外地分娩也可报销费用”的规定弥补了《社会保险法》

的不足，纠正了地方立法中对医疗服务机构的地域限制，便于外来女性选择回乡接受生育医疗服务（刘明辉，2012）。“因用人单位不依法为职工缴纳生育保险费，造成职工不能享受生育保险待遇的，由用人单位支付其生育保险待遇”的规定，不仅增强了生育保险的强制性，而且强化了违法者的民事责任。

专家认为，《生育保险办法》是《社会保险法》的配套法规，对于在社会保障领域贯彻落实党的十八大提出的“坚持男女平等基本国策，保障妇女儿童合法权益”的目标任务，解决“生育”这一影响当代妇女发展和性别平等的关键问题具有重要的里程碑意义，因此，应该审时度势，努力制定一部适应全面建成小康社会要求，体现性别平等与性别公正的价值取向和国际发展趋势，满足男女两性平等参与共同发展需求的良法。

专家学者建议，在《征求意见稿》的修订中统筹考虑以下重点问题。

1. 强化细化生育保险制度建设中的政府责任

生育保险是对人类再生产劳动的社会补偿，与其他险种相比，具有更加明显的社会性，更应该强化政府在生育保险中的责任。建议明确规定：生育保险基金由用人单位缴费和政府补贴组成；生育保险基金出现支付不足时，由政府同级财政给予补助等，以切实减轻用人单位负担，减少生育保险基金的运行困难，保证符合国家规定条件的生育者能够及时按规定获得生育保险待遇。

要加强政府对生育保险的监管和执行力度，切实提高生育保险的法律效力和强制力，确保生育保险的缴费人数和比例有较大的增长并保持较高的水平。

2. 进一步扩大生育保险的覆盖面和受益面

生育保险的保障对象是“生育行为的承担者”。从这一认识出发，生育保险的长期目标应是“普惠制”。但考虑到经济发展水平、生育承担者的社会贡献和生育保险促进妇女就业的价值取向等因素，现阶段中国生育保险的制度设计应遵循“广覆盖、保基本、多层次”的指导方针，根据生育保险的不同项目和不同人群设计分别体现国家福利和职工社会保险的生育保险内容。

建议在已有政策和试点的基础上，将生育医疗保险设计为普惠性的生育保险项目，只要是符合国家规定的中国常住居民和生育承担者（无论城乡和男女）都可以享受免费或少量付费的基本生育医疗服务。一些专家提出，在管理上，可考虑将生育医疗保险纳入社会医疗保险合并实施（梁艳华、李菲菲、王传华，2012），以简化管理并确保“广覆盖”。也有学者提醒，在实施中应区分“生”与“病”的不同，坚持生育医疗服务的“免费和低收费”原则，以确保母亲、儿童以及计划生育手术男性的身心健康（蒋永萍，2013）。

为扩大生育津贴受益面和发挥生育保险促进妇女就业的作用，专家建议，在《征求意见稿》已覆盖农民工的基础上，着重解决维护失业职工生育保险权益的问题，明确将失业职工纳入享受生育保险待遇的范围。生育高峰期失业是女性就业中的一个突出问题。2010 年第三期中国妇女社会地位调查数据显示，32%的职业女性有过职业中断，其中 49%的人职业中断的原因为结婚生育或照顾孩子。专家建议，参照上海、河南等地的做法，在《生育保险办法》中规定：已经缴纳各项社会保险一年以上并继续缴纳基本养老、基本医疗保险的失业职工，享受生育保险待遇。以保证因承担生育责任而受到就业歧视的职工在面临生育事宜时可以平等获得国家和社会的支持。

3. 将男性生育陪护假及其津贴纳入生育保险待遇

专家认为，通过鼓励性政策强化男性在生育中的责任对于引导男性承担育儿责任，提高男性比较集中的企业缴纳生育保险的积极性，消除对女性的就业歧视具有积极作用。在最早推行“父母育儿假”并严格要求父亲的 60 天假期只能独享不可转让①的瑞典，与生育相关的一系列政策的制定与实施被认为是促进妇女就业的最有效的措施。在这一过程中，政府并没有过多地干预劳动力市场，但随着相关政策的推行，由传统性别分工赋予女性的儿童养育责任主要承担者的标签逐渐淡化，就业中的性别歧视也日趋减少。2003 年瑞典 20-64 岁女性的就业率为 76%，男女就业率之比为 1：0.95（蒋永萍，2007）。尽管 2013

① 经过 30 余年的发展和政策的多次调整，目前瑞典的育儿假假期已由最初的 30 天延长到 480 天，同时，政策明确要求其中各 60 天由父亲或母亲独享且不能互相转让。

年之前，中国已有29个省出台包括男性陪护假/护理假的地方性计划生育法规，但由于未能有效解决假期工资支付问题，假期的执行存在一定障碍。专家建议，在生育保险待遇中增加“生育陪护假”一项，即将男性生育陪护假纳入生育保险津贴补贴的内容，并统一将补贴生育陪护假的假期规范为14-20天，并不再以“晚育”和“独生子女”为条件，从而实现男性生育陪护假从奖励到权利的转变（唐芳，2012）。

4. 确保生育津贴的水平足以维持产妇和婴儿的生活和健康

孕产妇的保健和婴儿孕育会大大增加家庭的开支，需要有更多的经济支持。国际劳工组织通过的有关保护生育的国际公约和建议书中，都明确要求生育津贴应当足以维持产妇和婴儿的生活和健康，在可行的情况下，生育津贴可达产前收入的100%。计划经济时期，中国城镇女职工的产假工资已经做到按休假前工资的100%计发。《征求意见稿》规定，生育津贴“按照职工所在用人单位上年度职工月平均工资的标准计发”。考虑到大多数女性的生育年龄低于职工平均年龄，按照这一标准，女职工获得的生育津贴会高于个人上年度的平均工资。但需要注意，中国职工的工资收入中基本工资仅占收入的一半左右，即使女职工在生育期间按工资的100%领取生育津贴，由于缺少奖金和各种津贴，其收入水平也下降许多（邹艳晖，2012）。而且目前女性生育年龄的差异较大，其中不乏高龄高职高薪者，如此，高职高薪女职工的“生育津贴”与产前工资的差距会更大。为确保生育女职工在产假期间生活水平不降低，建议生育津贴按照职工所在单位上年度职工平均工资计发给用人单位，职工个人生育津贴则按“补高不扣低”的原则发放（蒋永萍，2013）。

5. 采取积极措施，激励企业参与生育保险，积极聘用女职工

企业作为生育保险的主要责任主体，其参与生育保险的积极性和行为方式非常重要，是关系这一保险制度能否有效达成政策目标的关键所在。因此，在《生育保险办法》中，应通过积极的手段，激励企业参与生育保险并积极雇用女职工。专家建议，在《生育保险办法》中规定，对雇用女性就业人员达到一定比例，以及继续雇用产后女性从业人员的用人单位，按一定比例补偿产后女职工培训费用和产假期间替换工人费用，以充分发挥生育保险制度减少女性就业障碍、促进女性就业的制度功能（蒋永萍，2013）。

6. 做好生育保险法规与相关法律法规的衔接

生育保险作为一项社会保险制度，既与妇女类的相关法律制度有不可分割的关系，同时又与生育类法律法规相关。在制定生育保险法规时，要立足于社会主义法治建设的全局，深入研究新的形势对生育保险制度提出的新要求；要着眼长远，加强统筹规划，充分考虑与相关法律法规和制度的衔接问题，加强与《中华人民共和国妇女权益保障法》（以下简称《妇女权益保障法》）、《中华人民共和国母婴保健法》、《中华人民共和国人口与计划生育法》（以下简称《人口与计划生育法》）以及《女职工劳动保护特别规定》等法律法规的衔接和呼应，使《生育保险办法》的有关内容与相关法律法规的精神一致。当前要特别注意与计划生育法规中的“晚婚晚育奖励假”规定的衔接，避免造成生育职工的误解和困惑，以全面保障生育职工的合法权益（蒋永萍，2013）。

三、生育政策调整背景下生育保险制度的进一步完善

尽管十年前学界以生育保险法规优化完善为目标的政策讨论因《生育保险办法》出台的搁置未能取得实质性成效，但其在中国生育保险制度发展改革进程中的重要意义值得肯定，其对生育保险政策变革的积极影响也不断显现。

1. 对生育保险与职工基本医疗保险合并实施的积极影响

早在21世纪初，原劳动保障部就提出“协同推进生育保险与医疗保险”的理念，并于2016年开始了“将生育保险纳入医疗保险基金征缴和管理”的试点工作。2017年1月，《国务院办公厅关于印发生育保险和职工基本医疗保险合并实施试点方案的通知》，将河北邯郸等12个城市作为生育保险与职工基本医疗保险合并实施试点城市。试点的核心内容主要包括“四统一、一不变”，“四统一”即统一参保登记、统一基金征缴和管理、统一医疗服务管理、统一经办

和信息服务，“一不变”为职工生育期间生育保险待遇不变。方案明确规定，职工生育期间的生育保险待遇（生育医疗费用与生育津贴）不变，所需资金从职工基本医疗保险基金中支付。生育津贴支付期限按照《女职工劳动保护特别规定》等法律法规规定的产假期限执行。试点一年后，两险合并实施逐步在全国推开。2019 年 3 月，《国务院办公厅关于全面推进生育保险和职工基本医疗保险合并实施的意见》，要求各地在 2019 年底之前实现生育保险与医疗保险合并。尽管两险合并实施的主要目的是通过整合两项保险基金及管理资源，强化基金共济能力，提升管理综合效能，降低管理运行成本，并不涉及生育保险待遇政策的实质调整，但历经《生育保险办法》修订中对生育保险制度理念与问题的检视，两险合并实施的方案设计与实施推进，在增强生育保险的保障功能，切实保障参保人员的生育待遇，推进更加公平更可持续的生育保险制度，促进性别平等与妇女发展等方面，具有十分重要的现实意义和战略意义。其积极作用主要体现在以下三个方面：

一是，两险合并大大提高了生育保险的覆盖面与缴费人数，保障了农民工和失业人员能够享受生育保险。两险合并前，不少企业为了降低用人成本，削减社保费用支出，只给职工缴纳三险（养老、医疗和失业保险），员工无法享受到生育保险待遇。两险合并后，生育保险被纳入医疗保险范围，用人单位缴纳的新医疗保险费用必须为此前医疗保险和生育保险缴费比例之和，职工只要缴纳医疗保险，就能同步参加生育保险，享受各项生育保险待遇。据《中华人民共和国 2021 年国民经济和社会发展统计公报》，2021 年末参加生育保险的人数为 23851 万人，比正式合并实施试点前的 2016 年增加了 5400 万人，增幅达 29. 3%。增加的人群中有相当多的人是以往只能享受三险待遇的农民工和中小型企业的底层劳动者与灵活就业人员。

二是，两险合并促进了城乡生育医疗待遇平等。此前，只有城镇职工医保的参保人群由所在单位缴纳生育保险，自行缴费的城乡居民医保和新农合参保人员无法单独参与生育保险。在生育医疗费用报销上，只有极个别地区将生育费用纳入城乡居民医保，按住院比例进行报销，新农保中也只包含了很少的生育医疗报销额度。也就是说，两险合并前，只有城镇职工医保的参保人群可以享受生育保险的相关待遇，城乡居民医保和新农合的参保人员不一定能够享受到生育保险的相关待遇。两险合并后，只要参保了医疗保险，就同时参保了生育保险，可以享受生育保险中生育费用报销的相关待遇。这一举措保障了城乡居民公平、平等地享有生育医疗服务，提高了生育保险的普惠性，使我国的生育保险制度向惠及“所有生育行为承担者”的应然目标又进了一步。

三是，两险合并在生育保险制度改革完善上做了有益的探索。尽管两险合并实施未涉及生育保险待遇政策的调整，但在推行实施中仍然注意弥补纠正1994年颁布实施的《试行办法》不适应时代发展和理念相对落后的问题，不少地方两险合并实施后生育保险待遇政策的执行某种程度上参照了《征求意见稿》的规定和专家讨论的意见。为确保生育津贴的水平足以维持产妇和婴儿的生活和健康，各地生育保险和职工基本医疗保险合并实施方案明确规定，女职工产假期间的生育津贴，按照用人单位上年度职工月平均工资的标准由生育保险基金支付。如《北京市医疗保障局关于规范生育保险津贴待遇支付有关问题的通知》规定，生育津贴以参保职工本人终止妊娠之月所在用人单位月缴费平均工资除以30再乘以产假天数计算，并强调，生育津贴高于本人产假工资标准的，用人单位不得克扣，生育津贴低于本人产假工资标准的，差额部分由用人单位补足。为强化男性在生育中的责任，引导男性承担育儿责任，两险合并实施后广东以外的更多省（区、市）将男性陪产假工资纳入生育保险基金支付范围。

2. 对三孩生育政策配套支持措施的积极影响与落地困境

2014年我国全面开启生育政策的优化调整，从单独二孩，到全面二孩，再到2021年的一对夫妻可以生育三个子女。为促进人口长期均衡发展，推进三孩政策顺利落地实施，2021年6月《中共中央、国务院关于优化生育政策促进人口长期均衡发展的决定》发布，要求配套实施积极生育支持措施。该决定将

“完善生育休假与生育保险制度”作为实施三孩生育政策及配套支持措施的一项重要举措。该决定出台以来，各地各部门积极行动，推进优化生育政策任务落实。目前25个省份完成了三孩相关条例的修订，部分省份已制订实施方案。与生育保险相关的措施主要有三。一是延长女性生育假/产假。许多省份将女性生育假/产假在2012年《女职工劳动保护特别规定》确定的98天基础上，由“全面二孩”时期30天左右的奖励产假延长60天，共158天，也有的省份延长90天，共188天。河北、浙江等地还对产假期限分类做出规定。如河北明确，生育第一、二个子女的延长产假60天，生育第三个以上子女的延长产假90天。浙江则规定，一孩延长产假60天，二孩、三孩延长产假90天。二是普遍增设父母育儿假。新修改的《人口与计划生育法》规定，国家支持有条件的地方设立父母育儿假。根据这一规定，多个省份设立育儿假，假期天数集中在每年5至15天。湖南等省区市规定子女3周岁前夫妻双方每年均可休育儿假，重庆、安徽更是将子女年龄放宽到6周岁前。三是明确设置7天以上的男方的陪产假或护理假。天津、辽宁等地还对原先的假期进行了延长，天津将7日护理假改为15日陪产假，辽宁将护理假由15日延长至20日，江西增设男性护理假为30天。延长产假、增设育儿假，有利于更好保障生育妇女的身心康复。明确育儿假和护理假，更是传达了一种价值取向——育儿不仅仅是女性的责任，男性也应该更多地参与其中，一起承担育儿的重任（法制日报，2022）。

然而，相较于发展普惠托育服务、教育“双减”等强力推行、快速落地且争议不大的生育支持措施，“假期红包”不仅落地艰难，而且存在一定的争议与质疑。

落地艰难的关键在于：谁来为增加的假期买单？根据2019年《国务院办公厅关于全面推进生育保险和职工基本医疗保险合并实施的意见》，生育保险待遇包括《社会保险法》规定的生育医疗费用和生育津贴，所需资金从职工基本医疗保险基金中支付。生育津贴支付期限按照《女职工劳动保护特别规定》等法律法规规定的产假期限。这意味着从职工基本医疗保险基金支付的生育津贴为国家规定的98天产假。而在“谁支付多出来的生育奖励假期间生育津贴”上，国家并未明确规定。这导致各地做法不一，也没有统一的标准。据中国劳动和社会保障科学研究院的一份研究报告，各地的政策规定有三种情形：由生育保险基金支付，由企业支付及未明确规定支付主体。前两种情况会加重企业和基金的支付负担与压力，导致企业和基金各“叫难”（工人日报，2021）。为推动延长产假、增设育儿假的规定更好落地，多地在法规中明确，休假期间工资、奖金、福利与在岗职工同等待遇。如北京市卫健委回应称，如果单位不落实条例规定的奖励、假期、优待等规定，侵害职工合法权益，公众可以拨打12345，由12345转至相关职能部门督促落实。但是，如果法律政策不明确规定支付主体，抑或支付主体的规定未考虑到执行的可能性和效果，政府“假期红包”的美好承诺就难以真正落实落地并取得好的效果。

争议与质疑的焦点在于：不断延长的生育奖励假对女性就业的影响和男女生育假期期限差距对性别平等的影响。女职工产假的延长虽然在一定程度上缓解了家庭和女性的育儿压力，但对用人单位的负面影响相对更大，包括生育津贴的支付、替岗人员的招聘与报酬支出、生育后返岗的培训等，这些都会影响到用人单位的利益，降低用人单位招用女性的积极性。其直接的结果就是劳动力市场性别歧视的加重和女性就业的困难。考虑到这一点，湖南省在修法中依然保持了2016年“增加产假60天”的规定，并未对产假天数再作延长，原因就在于“总体来说产假期限适中（158天），且近年来的实施效果比较理想。假期过长有可能影响女性就业，从长远看不利于维护和发展女性权益”（法治日报，2021）。在竞相延长奖励假引发的社会热议中，多位专家直言，产假的延长具有“双刃剑”效应，女性的职场竞争力可能被恶化（李井奎，2021）。要不就得不到工作的机会，要不就得接受更低的薪酬，这种可能最终要由女性承担的“假期红包”成本也是广大育龄女性不愿看到和不可承受的。

另一争议较大的焦点是，差异较大的男女两性生育假期规定对促进性别平等的影响。普遍设立父亲陪产假或护理假是三孩政策背景下生育支持措施的一大亮点。这一举措强化了男性履行丈夫与父亲责任，推进了家务劳动和婴幼儿抚育责任分担的性别平等。但巨大的假期期限差异对于减少职场上的“母职惩罚”，促进劳动力市场和职业发展中的性别平等作用甚微。从现有政策规定来看，在与生育相关的假期时长上，男性与女性的差异无疑是巨大的。以北京市为例，修订后的《北京市人口与计划生育条例》明确，女方除享受国家规定的98天正常产假外，享受的延长生育假由30天调整为60天。同时女方经所在机关、企业、事业单位、社会团体和其他组织同意，可再增加1到3个月的假期。也就是说，在北京，女性生育最少可休假158天。而与之相对应地，男性仅有15天的陪产假。与旨在推进家庭养育责任平等分担、促进劳动力市场性别平等的瑞典等北欧等国设立父母育儿假（不单设产假）并规定父亲必须享有天数，甚至为了提高父亲的休假率在经济补贴上对休假父亲采取更加优厚的政策（法制日报，2021）相比，我国生育支持措施中10–30天不等的男性假所体现的理念和发挥的作用就像假期的名称，更多是围产期的陪产和护理，很难撼动基于婴幼儿照料以母亲为主的劳动力市场统计性性别歧视。

3. 新形势下生育保险制度的进一步完善

三孩政策背景下，社会各界对与生育保险制度相关的生育支持措施的普遍关注与多角度讨论表明，生育保险制度的进一步完善迫在眉睫，至关重要。完善生育保险制度立法不仅有助于保障女性就业、健康权益，促进就业性别平等和工作家庭平衡，而且对推动三孩生育政策有效落地、促进人口长期均衡发展都具有重要意义（张永英，2021年）。与此同时，打破生育率持续下降的“宿命”（蔡昉，2022）、提振家庭特别是妇女生育意愿的迫切性也为生育保险理念的变革与制度的创新提供了契机，开启了通道。基于《社会保险法》颁布后学界对生育保险制度改革完善的分析和讨论，立足实施三孩生育政策及配套支持措施的时代背景，提出新形势下进一步完善社会生育保险制度设想与基本要求。

首先，要创新完善生育保险制度，并将其作为新形势下生育支持政策措施的重要一环统筹谋划。要尽快重启修订颁布新的生育保险实施办法。目前生育保险的覆盖范围、生育保险待遇标准等执行的还是1994年劳动部颁布的《企业职工生育保险试行办法》，早已不适应形势的发展，制度理念也亟须更新。生育保险与基本医疗保险的合并实施在国家层面并不涉及生育保险待遇政策的实质调整，虽然各地在推进与实施进行了一些有益的探索和调整，但由于缺乏顶层设计，就总体而言，覆盖范围不足、支付内容与标准不统一的问题未能得到很好的解决，三孩政策下对生育配套支持措施的需求又使上述问题进一步放大。要加强统筹规划，强化生育保险与其他各项生育支持措施的衔接和呼应，形成同向发力的组合拳。生育保险是生育支持措施的重要组成部分，职工延长产假、陪产假及育儿假的落地、生育津贴的给付等都与生育保险密切相关，应统筹考虑，否则就只能是“看起来很美的纸上承诺”。要立足长远，从配套实施的积极生育支持措施过渡到一整套完整有序的国家生育社会保障制度。

其次，要强化生育保险的社会性和普惠性，落实生育保险中的政府责任。生育保险是与其他保险内容不同的特殊社会保险。它不是对劳动能力或岗位丧失导致的收入损失的补偿，而是对另一种社会必要劳动价值的肯定；它不仅仅是满足劳动者个人特殊时期生存发展的需求，而且是对人类自身再生产活动的社会保障。生育保险的特殊性质决定其应该具有更强的普惠性和国家福利性。从国际上看，随着社会性别主流化在全球发展中的推进，大部分国家逐渐把非正规就业、未就业的妇女纳入生育保险保障范围，逐渐使生育保险成为覆盖所有本国居民的普遍福利（张永英，2022）。如前所述，两险合并后，多数省区市非正规就业人员已在参保医疗保险的同时参保生育保险，部分地区未就业城乡居民的生育医疗费用也被纳入医疗保险基金报销范围，实现了生育保险覆盖的突破性进展。但无论是地区还是人群都并非全部覆盖，待遇也不统一。专家建议，从国家层面立法将生育保险覆盖至所有生育主体，逐步做到应保尽保，同民同保。一是将无固定雇主的灵活就业群体、个体从业人员等纳入生育保险覆盖范围，二是正式将城乡居民生育保险与城乡居民基本医疗保险合并实施，实现城乡居民生育保险的全面覆盖。为解决三孩政策后可能出现的基金支付不足的问题，要确立并建立生育保险基金筹集的分担机制，改变目前仅由用人单位缴费的做法，探索建立政府、用人单位、个人三方共同负担缴费责任的筹资模式。为体现政府分担生育成本的主体责任，政府不仅要分担生育保险基金的一定比例，同时还要承担生育保险基金的兜底责任。而对于用人单位，既要强调限制雇主责任，还要明确建立财政专项补贴、税收减免等优惠政策，提高用人单位参保和雇用女性的积极性，从而推动形成长期的生育友好的良性机制。

最后，要将性别平等作为生育保险制度完善与政策创新的基本理念。全面二孩政策推行以来，众多有关生育意愿的研究和生育数量变化监测结果显示，女性过重的家务劳动负担、工作与育儿双重责任的冲突是目前中国家庭生育意愿过低，并且实际总和生育率极低的重要原因。而从国际经验看，足够高的人类发展指数与性别平等程度的结合——一方面确保家庭作为一个整体资源预算的充足性，另一方面不造成家庭内部的职业与“三育”取舍权衡中对女性的歧视——构成生育率回升的关键驱动力（蔡昉，2022）。推动夫妇双方共同承担照料孩子和家庭责任的政策，已经成为大多数国家和地区的立法选择（唐芳，2012）。从我国目前的实践看，生育支持措施中男性陪产假/护理假与父母育儿假的顺利设置、对职场性别歧视的关注与重视已表明维护女性权益、促进性别平等正在成为生育保障政策设计的共识，但男女生育假期的巨大差异也体现出“母亲是婴幼儿照料的最佳人选”的刻板认识对政策设计者的深层影响。也许改变很难一蹴而就，但应强化生育保险政策设计性别视角，从增加男性陪产假/护理假和年度父母育儿假开始，逐步过渡到倡导父母共同育儿、包括产假和育儿假在内的“父母育儿假”，同时采取强制规定和经济激励等措施鼓励父亲承担育儿责任，保障女性发展权益，促进性别平等。

参考文献

潘锦棠：《中国生育保险制度的历史与现状》，载《人口研究》2003年第2期。

吕学静：《生育保险他山石》，载《中国社会保障》2010年第8期。

刘咏芳：《生育保险制度构建理念之基本取向探索》，载《东岳论丛》2012年第3期。

国际劳工组织网站，http：//www. ilo. org/global/lang-en/index. htm。

美国社会保障总署：《全球社会保障制度》，华夏出版社2004年版。

唐芳：《从奖励到权利——生育护理假的正当性论证》，载《中华女子学院学报》2012年第1期。

金孝善：《家庭亲和政策推动韩国女性经济参与》，载《中国妇女报》2012年8月14日。

全国妇联妇女研究所编译：《日本的女性和男性——男女共同参与统计》，当代中国出版社2007年版。

国家统计局：《2011年中国劳动统计年鉴》，中国统计出版社2011年版。

孙丽平：《生育保险面临的机遇和挑战》，载《中国社会保障》2011年第4期。

刘明辉：《对〈征求意见稿〉的性别意识检视》，载《中国妇女报》2012年12月11日。

梁艳华、李菲菲、王传华：《将生育保险纳入医疗保险之中的可行性分析》，载《劳动保障世界》2012年第9期。

蒋永萍：《性别社会视角的生育保险制度改革与完善》，载《妇女研究论丛》2013年第1期。

蒋永萍：《重建妇女就业的社会支持体系》，载《浙江学刊》2007年第2期。

邹艳晖：《国外生育保险制度对中国的启示》，载《济南大学学报（社会科学版）》2012年第6期。

新京报：《人口为何持续下降？三孩政策合适奏效？国家卫健委回应》，载《新京报》2022年1月20日。

工人日报：《三孩来了，生育奖励假的待遇该由谁支付?》，载《工人日报》2021年9月6日。

法治日报：《如何让生育红利落实落细》，载《法治日报》2021年12月14日。

李井奎：《性别惩罚：为什么延长生育假，会让女性的处境更加恶化?》，载《风声》2021年12月7日。

法治日报：《抬高女性就业“隐形门槛”？延长生育假举措引发热议》，载《法治日报》2021年12月14日。

张永英："我国生育保险制度立法现状、问题与建议"，载微信公众号"性别研究视界"2022年1月26日。

蔡昉：《打破"生育率悖论"》，载《经济学动态》2022年第1期。

【本文前两部分是在《社会性别视角下的生育保险制度改革与完善——从〈生育保险办法（征求意见稿）〉谈起》（蒋永萍，《妇女研究论丛》2013）一文的基础上重新架构修改而成，最后一部分内容为新增。】

新中国成立以来中国托育政策的回顾与展望

戴 莉*

摘 要：新中国托育政策的发展经历了新中国成立至1995年计划经济条件下托育政策的逐步建立与完善，以及1995年至今市场经济条件下托育政策的断层与复兴两大阶段。1949年至1995年期间是托育政策奠基与基本完备的阶段，托育工作具有民主性、必要性、福利性与保护性，政策落实具有动员性与合作性，形成了制度化、规范化的管理体制，成为妇女解放的重要保证。从20世纪90年代中期至今，托育政策进入断层与复兴阶段，托育政策有其时代特色，也出现妇女解放与健康权益的保护功能被削弱，3岁前托育政策稀缺，社会福利性被弱化等问题。今后中国托育政策的发展方向是：强化托育服务对妇女解放与身心健康保护的功能；建立以家庭为单位的福利保障制度，实现托育服务的普惠性与福利性；出台完备的托育服务相关政策；动员社会力量，加强有关部门的合作；制定托育服务的标准，加强质量的监控与督导。

关键词：托幼；政策；回顾；展望

一、研究的背景

（一）托育政策、学前教育政策及妇女解放的概念

学前儿童是指0-6岁入学前的儿童，针对这个阶段的儿童所实施的教育称为学前教育。广义的学前教育包括社会、机构与家庭的教育；狭义的学前教育则是指包括托儿所（0-3岁）和幼儿园（3-6岁）在内的学前教育机构，按照

---

* 作者简介：戴莉，中华女子学院儿童发展与教育学院副教授，主要研究方向：中外学前教育史、学前比较教育。

国家所规定的教育目标和任务开展的教育活动。本文的“学前教育”采用其狭义的概念。

学前教育政策即托儿所和幼儿园的保育与教育政策，是为实现 0-6 岁儿童的保育与教育的发展目标，促进托儿所和幼儿园的发展，由政府颁布的包括条例、方针、计划、准则、方案、标准、细则等一系列文件所构成的法律法规体系，旨在协调学前教育机构内部与外部的各种利益关系，规定并规划学前教育改革发展的方向、速度和质量，指导学前教育实践活动，促进学前教育事业的发展。

托育政策也称托幼政策，是政府针对托儿所的保育和看护所颁布的法律法规，属于学前教育政策中的一部分。由于幼儿园招收 2 岁半至 3 岁的儿童，本文的托育政策包括幼儿园教育政策。

妇女解放（女性解放）又称男女平等主义，是指促进性别平等而创立和发起的社会理论与政治运动，其目的是结束性别主义（sexism）、性剥削（sexual exploitation）、性歧视和性压迫（sexual oppression），实现男女在政治经济各方面的平等。

（二）相关研究概述

新中国成立 70 多年来，我国学前儿童的保育与教育事业得到了政府的关注与重视，建立起了覆盖城乡的学前教育机构。但是在新形势下，学前教育的发展面临着新的挑战。一是 2016 年全面放开二胎政策后，我国每年有 300 万-500 万新增人口①，叠加了入托难问题；二是脑科学的研究证明，3 岁前是大脑发育的关键时期，家长们意识到 3 岁前儿童教育的重要性，对正规的、高质量的托育服务有强烈的需求；三是中国妇女就业率较高，占全社会就业人员的 43.5%（人民日报海外版，2018），18-64 岁女性的在业率达到 71.1%（全国妇联第三期中国妇女社会地位调查课题组，2011），而我国招收 3 岁前儿童的托儿所的数

① “全面开放二胎后我国人口增长特点”，访问地址：http：//www.360kuai.com/pc/918fdc9ec00698481？cota=3&kuai_ so=1&tj_ url=wd&sign=360_ 57c3bbd1&refer_ scene=so_ 1，2018-01-25，最后访问时间：2019 年 10 月 21 日。

量严重不足，城市 3 岁以下乳婴儿在各类托育机构的入托率仅为 4.1%（周渊，2019）。由于托幼园所不能满足家长的需要，妇女生育后托育问题非常棘手，迫使部分妇女重返家庭，导致妇女的生育愿望降低。为此，2019 年 5 月《国务院办公厅关于促进 3 岁以下婴幼儿照护服务发展的指导意见》发布，提出了“强化政策引导和统筹引领”，“优先支持普惠性婴幼儿照护服务机构”的发展策略。

综观中国学前教育政策的研究文献，我们发现这些研究大多集中于 3-6 岁幼儿园教育政策的发展变化。何晓夏的《简明中国学前教育史》，唐淑、钟韶华的《中国学前教育史》以及孙爱月的《当代中国幼儿教育》都论及了从古至改革开放各时期的中国学前教育史和清末至改革开放时期重要的学前教育政策，田景正等学者的《新中国 70 年我国学前教育政策发展考察》和宋立会的《学前教育政策从清末到民国时期的根本性转型》均研究了中国一百多年来不同时期的学前教育政策，吕武的《我国当前学前教育政策工具选择偏向及其影响——基于〈国家长中期教育改革和发展规划纲要（2010~2020）〉以来的主要政策文本的分析》剖析了学前教育政策的价值取向与文本内容。在托育政策的研究中，和建花的《中国 3 岁以下儿童托幼政策与事业发展回顾》对新中国成立以来的相关政策加以回顾和总结，宋健的《托幼服务相关政策：中国现实与国际经验》梳理了目前托育政策及其实施过程中的问题和国际经验借鉴，刘彩云、高向东的《完善上海公共托育服务体系对策建议》和厉佳塄等的《“二孩政策”背景下宁波市 0-3 岁婴幼儿托育服务现状与对策》研究了个别地区托育服务的现状与对策，只是他们对托育政策变化与实现男女平等之间关系的分析研究略欠清晰，对新中国成立后 0-3 岁儿童的保育与教育政策的全面梳理总结则更是凤毛麟角。

为此，本文试图一方面在理论上较为详尽地梳理新中国的托育政策，厘清托育政策的变化特点及其与妇女解放之间的内在联系，分析其变化的政治经济背景，归纳政策制定与实施过程中的经验，弥补托育政策方面研究的不足，为后人的研究提供参考与借鉴；另一方面在实践中助推政府制定并完善更有利于托育工作发展的托育政策，采取切实可行的措施推动托育工作的发展。

二、新中国托育政策的回顾

（一）新中国成立后至 1995 年托育政策的主要特点

新中国成立初期的五六十年代是托育政策的创立与奠基时期，80 年代是政策完备的时期。我国政府为因应社会发展的强烈需要非常重视托幼工作，颁布了一系列的政策法规，对托儿看护的性质、任务、特点和发展途径等方面作出了规定与要求，建立了较完备的托育体系，对妇女解放起到了重要的作用。其间托育政策呈现出以下主要特点：

1. 民主性——为人民大众服务

新中国成立后我国政府进行了全面的教育改革，建立起了为人民大众服务的新教育体系。基于新中国成立前的教育为统治阶级和有钱人服务的特点，有明显的阶级性，新中国成立初，为去除教育为有钱人服务的思想，《中国人民政治协商会议共同纲领》（1994 年，以下简称《共同纲领》）明确规定了新中国的教育性质是“民族的、科学的、大众的文化教育”，教育任务除了“提高人民文化水平，国家为培养建设人才，肃清封建的、买办的、法西斯主义的思想”外，还要“发展为人民服务的思想”。1949 年第一次全国教育工作会议进一步重申“学校必须向工农开门”，提出了教育工作的方针是普及与提高相结合。

为贯彻《共同纲领》的精神，政府采取了一系列的改革措施。一是由城市向农村逐步推进，把发展托幼工作的重点首先放在工业地区的企业部门，其次是机关、学校以及郊区农村，鼓励在政府领导下的私人办园，重视依靠群众团体来推动和开展幼儿教育。二是优先录取参加工作而家中无人照顾的劳动人民的子女，将幼儿园从半日制逐步改为整日制，取消寒暑假，延长服务时间，适应家长工作和学习的需要。三是对家庭经济困难的幼儿实行减免费用的优待。四是把新中国成立前外国宗教团体所办的以及为有钱人服务的私立幼儿园转制成为工农大众服务的幼儿园。五是把为干部子弟所办的幼儿园改为平民幼儿园，增加平民子弟进入托幼园的机会（中国学前教育研究会，1999）。

进入大跃进时期，托幼园所进一步向农村普及。为配合人民公社的大发展，1958 年中央政府要求“积极指导社会舆论，使整个社会和整个公社办好公共食堂、托儿所、幼儿园和其他集体生活福利事业，作好服务性工作”①，1960 年提出要使托幼园所广泛普及，形成“星罗棋布、成网成套”的状态（人民日报，1960）。大跃进时期实行全社会总动员，从政治高度重视托儿工作，托幼园所快速发展，实现了在乡村普及的目标。但是由于受“冒进”思想的影响，大跃进时期托幼园所的发展出现了只重数量不重质量的问题，发展速度超越了经济发展水平。这是中国在今后政策制定中所应吸取的教训。

2. 必要性——促进妇女解放，确保妇女安心工作

新中国成立后 40 年，中国教育的工具性价值色彩比较浓厚，强调教育要为政治经济服务。托育政策规定托幼园所除了保障入学前儿童身心全面健康发展之外，还承担着为妇女解放的任务。在此方针指引下，托育事业发展快速，保证了妇女安心参加生产建设运动。

1949 年《共同纲领》和 1954 年《宪法》都规定了妇女在政治、经济、文化、社会和家庭生活等方面享有同男子平等的权利，婚姻、家庭、母亲和儿童应该受到国家的保护。在 20 世纪 70 年代之前中国妇女的解放路径首先是从“社会性解放”入手，通过走出家庭参与社会生活，实现经济独立从而走向真正的解放。

政府除了动员妇女由“家庭中人”成为“社会中人”外，还采取托育社会化的方式保证妇女走出家门。为使妇女能从繁重的家庭事务中解放出来，《幼儿园工作规程》（1952 年，以下简称《规程》）规定幼儿园的任务是使儿童身心在入小学前获得健全的发育，同时减轻母亲对幼儿的负担，以便母亲有时间参

① 中共中央《关于人民公社若干问题的决议》（1958 年 12 月），访问地址：https：//max.book118.com/html/2018/0407/160387939.shtm，最后访问时间：2019 年 10 月 21 日。

加政治生活、生产劳动、文化教育活动。这是新中国成立后政府在正式的法规中规定的幼儿园的双重任务。1960 年 5 月《人民日报》社论《大力普及和提高保育工作》更是把托育工作上升为彻底解放妇女劳动力的地位，直接关系到共产主义建设。为便于母亲安心工作，《规程》要求托幼机构实行整日制，每日以 8-12 小时为准，有实际需要的地方可以开办寄宿制托幼机构，农村实行季节性的托幼服务。企事业单位的托儿所还承担了家长的很多责任，免去了女职工请假缺勤的烦恼。托幼园所的发展顺应了妇女解放运动，对妇女就业起到了不可替代的作用。事实证明，没有举办托幼机构的企事业可能造成妇女工作的分心，从而对生产效率产生不良影响，如一家纸厂因为工厂领导不重视开办托儿所，造成女工因哺乳缺勤高达百分之三十多（中华全国总工会女工部，1955）。

改革开放初期，针对“文化大革命”时期托育工作遭到严重破坏的现象，《全国托幼工作会议纪要》（1979 年，以下简称《会议纪要》）重申了搞好托育工作是彻底解放妇女的一个必要条件。《城市托儿所工作条例（试行草案）》（1980 年）也明确规定，托儿所负有教养 3 岁前婴幼儿及解放妇女劳动力的任务，要分担家长教育孩子的责任，使家长能够安心地参加到社会主义建设事业中去。

总之，新中国成立后托幼园所的大力发展为妇女走出家庭，全身心投入社会主义革命和建设起了很大的作用，成为妇女解放的重要保证。1949 年，全国只有 0.13 万所托幼园所，1989 年达到 17.26 万所，与其相对应地，1949 年以前全国女职工仅占职工总数的 7.5%，1992 年则上升到 43.5%，女性就业率高达 72.33%，妇女在生育期内的就业率高达 88%（李冠生，1994），妇女在社会主义建设事业中能够顶起半边天，托育服务的普及性与便利性功不可没。

3. 保护性——确保女职工与婴儿的健康成长

妇女不仅拥有与男性在政治经济教育等方面平等的权利，还有在劳动中和身体受到保护的权利。对妇女的保护首先体现在产假的延长，其次体现在特殊机构的设立上。

《共同纲领》要求保护母亲、婴儿和儿童的健康，妇女在工作和劳动时受到安全和健康保护，并在经期、孕期、产期、哺乳期受到特殊保护。1951 年的《女工保护条例（草案）》《劳动保险条例》和 1955 年《关于女工作人员生产假期的通知》都明文规定了女工或女职工应该享有生育休假 56 天的权利。为进一步保护女职工的产后和哺乳健康，1988 年的《女职工劳动保护规定》将产假延长到 90 天，2012 年延长到 98 天。

除了延长产假外，多项法规还要求企事业单位设立哺乳室和托儿所。两三个月产假休完，婴儿的哺乳与养育问题凸显。为了帮助妇女既能安心上班又能兼顾哺育婴儿，1953 年《劳动保险条例实施细则修正草案》要求实行劳动保险的企业，女工人女职员有四周岁以内的子女二十人以上，工会基层委员会与企业行政方面或资方协商单独或联合其他企业设立托儿所，尚未具备设立托儿所条件而需要哺乳五个以上的婴儿，必须设立哺乳室。1979 年《工业企业设计卫生标准》明确要求有女职工 100 名以上的企业应设托儿所，并规定“其床位应按最大班女工人数 10~15%计算”。该标准还对哺乳室托儿所的结构与位置作出了具体的规定，乳儿托儿所应由乳儿生活室、哺乳室、厨房（配乳室）、盥洗室、隔离观察室及工作人员办公室等房间组成。乳儿托儿所的位置，应在女工较多的车间附近，但不得设在放置有害物质车间的下风侧，建筑物应保持有充足的日照和良好的通风，并应有户外活动场地。1988 年《女职工劳动保护规定》进一步强调女职工比较多的单位应当按照国家有关规定，以自办或者联办的形式，逐步建立女职工卫生室、孕妇休息室、哺乳室、托儿所、幼儿园等设施，并妥善解决女职工在生理卫生、哺乳、照料婴儿方面的困难。

为保障妇女与儿童的健康权利切实加强托儿所和哺乳室的建设。《女职工劳动保护规定》（1988 年）和《女职工保健工作规定》（1993 年）在 1956 年相关规定的基础上提高了女工保护的要求，进一步增强了对妇女婴儿的保护，哺乳时间由 20 分钟提升到 30 分钟，对哺乳女工的保护从“哺乳未满六个月婴儿的女工”扩大到“在哺乳期内”的女工，建立哺乳室的条件由“在同一时间上班工作的女工人数在五十名以上”，又改回到1953年的“有哺乳婴儿5名以上”。为保护女职工，相关文件还规定企事业单位要保证女职工每天哺乳一到二次，就近开办托儿所或哺乳室，充分保证女职工的哺乳权益。

4. 福利性——由政府和企业包揽的职工福利

福利性即福利分配，是指社会（机构或企事业单位）在给予职工工资、社会救济以外，额外为其成员提供的各种福利性补贴以及托育等各项福利性服务。

新中国成立后，由于政府鼓励妇女参加生产劳动，强调家庭教养责任的社会化，因而通过大量开办托儿所和保育院或哺乳室、托儿站的方式给职工提供福利。1955年《中华全国总工会关于加强工会各级组织监督和协助厂矿企事业办好托儿所的通知》就明确指出，举办托儿所是一种新兴的社会福利事业，是职工集体福利事业之一。1979年《全国教育工作会议纪要》更是把托幼工作的重要性提升到了新高度，指出它“是社会主义制度优越性的体现”。1980年到1997年之间，政府又在多个文件中强调托育服务的福利性。1987年《国务院办公厅转发国家教育委员会等部门关于明确幼儿教育事业领导管理职责分工的请示的通知》中写道：“幼儿教育是社会主义教育事业的重要组成部分，是我国学校教育的预备阶段，同时又是一项社会公共福利事业”。1988年《城市幼儿园建筑面积定额（试行）编制说明》和《国家教委、国家计委、财政部、人事部、劳动部、建设部、卫生部、物价局关于加强幼儿教育工作的意见》重申学前教育的社会公共福利性质。1997年《教育部关于全国幼儿教育事业“九五”发展目标实施意见》指出“幼儿教育既是教育事业，又具有福利性和公益性的特点”。政府担负推动托幼服务发展、充分体现其社会公共福利性的重要角色。1997年，教育部门和其他部门以及集体街道所办的托幼园所占到总数的86.5%，民办托幼园所只占13.5%。

托育服务的福利性主要体现在：一是职工免交或少交托儿费。《劳动保险条例实施细则修正草案》规定，企业设立的托儿所或哺乳室，其房屋设备、工作人员的工资及一切经常费用，完全由企业行政方面或资方负担，托儿饮食费由托儿父母负担，如托儿父母经济确有困难者，得由劳动保险基金项下予以补助。据1955年的统计，国家每月平均为每位入托儿童支付十五元的费用，为全托的儿童支付二十多至三十元（中华全国总工会女工部，1955）。二是承担家庭事务。厂矿企业单位的托幼园把为生产服务、为职工服务作为工作的第一要务，除了看护儿童外，还要负责幼儿的衣、食、住、行、疾病治疗和护理等工作，接替了很多家庭事务。例如天津国棉三厂的托儿所开展了孩子、妈妈、生产的“三关心”活动，对孩子实行了理发、洗澡、洗衣、制衣等“四包”，对车间实行了紧急任务、苦战、公休日上班、燎铜、参观等“五包”，对妈妈实行开会、学习、生病住院、有病疗养、吃饭、夜班睡眠等“六包”，保证了妈妈们全身心投入生产建设和学习活动中（天津国棉三厂，1960）。为了培养社会主义建设者，解放妇女生产力，政府过度承担了家庭教育责任，而家庭事务社会化确实保证了妇女儿童的福利，实现了国家的发展目标。只是托幼机构对家庭事务的过度大包大揽削弱了家长教育孩子的责任。

由政府或企事业单位提供托育服务的福利制度，受惠者限于城市全民所有制的企业、机关、部队等单位的工作人员，农村和小城镇街道的居民则受惠有限，形成了农村和城市二元化财政资助政策，导致城乡托育事业发展的均衡性受损。

5. 规范性——托幼园所实施教养并重的准则

要让孩子愿意上、家长愿意送孩子到托儿所，保教质量至关重要。在大力推进托幼园所发展的同时，政府还制定了一系列文件规范托幼园所的教育教学工作。

1956年在参考前苏联的托儿园建筑标准后，我国制定了《托儿所幼儿园标准设计Ⅰ Ⅱ Ⅲ区》，对托儿所的建设环境、配套房间、游戏场地、班级规模、光照条件等方面作出了详细的规定。

师生比例是衡量学前教育质量的重要标准之一，由此，政府对托儿所和幼儿园的师生比有具体的要求。《全国各级人民政府一九五零年度暂行供给标准草案》规定保育员与婴儿之比为1∶2.5，勤杂人员与婴儿之比为1∶7。各地工作人员配备可根据具体情况制定相应的文件，如重庆市卫生局规定私立托儿所的师生比日托是1∶8-12，全托是1∶3-5。

在大量举办托幼园所之时，为保证儿童身心健全发展，1952年《幼儿园暂行规程》和《幼儿园暂行教育纲要（草案）》对幼儿园教育任务、教养目标、教养原则、教养活动的项目以及幼儿园组织和编制作出了规定，拟订了各项活动的教学大纲。为进一步规范幼儿园一日生活制度，1956年教育部颁发了《关于幼儿园幼儿的作息制度和各项活动的规定》，要求各地应根据所在地气候的变化以及本园的具体情况拟订合理的作息时间表，并要切实遵守。文件还对各科作业及其在各年龄班每周活动次数作出了规定。

为进一步提高幼儿园的教育质量，1956年1月《十二年国民教育事业规划纲要（草案）》提出，每个县或市区举办示范性幼儿园，做好示范带头作用，此外，幼儿园每一两年要总结实施全面发展教育的各方面经验。为了加强对幼儿教育质量的监督，1956年《教育部关于组织幼儿教育义务视导员进行视导工作的办法》对幼儿园义务视导员的职责、工作方法、视导方法做出了说明。

高素质的教师是保证托育工作质量的关键要素。1959年《中共中央关于印发教育工作的十个文件的通知》要求托幼园所发展既要注重普及，又要保证重点提高。1960年《关于女工劳动保护工作的报告》进一步指出，在发动群众大办托儿事业时，“应该努力提高托儿事业的质量，加强卫生保健工作，对保教人员应该加强政治思想教育和业务训练，提高保教人员的政治觉悟和业务水平”，卫生部和教育部要有计划地培训保育人员和具有幼儿师范毕业水平的教养员，采取的方式是正规与非正规培训相结合，以便解决师资力量不足的问题（人民日报，1960）。正规师范学校培养合格教师（幼儿师范学校和初级幼儿师范学校，学制3-4年），非正规短期培训班培养教养员（学制1-2年）（中国学前教育研究会，1999）。

为了规范幼儿教师的培训工作，1956年2月，教育部《关于颁发师范学院教育系幼儿教育专业暂行教学计划及其说明的通知》对高等师范学院幼儿教育专业应该开设的课程、课程的目的与内容详细地作了规定，随后又颁布了《关于幼儿师范学校教学计划》，对幼儿师范学校的一学期教学时间分配、各科目课时作出了定量规定。

“文革”前，中国托儿所主要借鉴苏联模式实施保育，一些实验托儿所的保教人员在长期的工作中结合中国实际积累了一定的实践经验，开展了相互交流与学习。可是，“文革”中断了对婴幼儿保教质量提升的研究与质量标准的制定，导致3岁前儿童保育没有形成全国统一的标准，保教质量参差不齐。1980年卫生部顺应时代要求制定了《城市托儿所工作条例（试行草案）》，对托儿所的任务、招收年龄、保教原则、管理制度、工作职责等作出了具体的规定，接着在《三岁前小儿教养大纲》（1981年）中对3岁前儿童的教养原则、任务、内容和要求作出了详细的说明。1985年《托儿所、幼儿园卫生保健制度》要求托幼园所应建立合理的生活制度，各年龄班应配备适当的教玩具。

到20世纪80年代，我国形成了比较完备的托育政策，制订并逐步完善了托儿所的环境设计、师生比例配置、教师培训、保育内容等原则体系，保证了托儿所各方面的工作有章可循。

6. 合作性——多部门合作参与托幼事业发展

在教育经费有限的条件下，托育事业的发展需要依靠社会多种力量。新中国成立后政府从实际出发，提出了多种渠道办园、“两条腿走路”的方针，除了卫生部门、教育部门办示范性托儿所和幼儿园外，提倡机关、部队、学校、工矿、企事业等建立哺乳室、托儿所、幼儿园。鼓励工矿企事业单位办的托儿所、幼儿园向社会开放，多收孩子入园。

在“两条腿走路”的方针指引下，多部门积极响应中央政府的号召，相互配合推动托育事业发展。1950年底全国总工会和全国妇联共同提出了“因地制宜、因陋就简、依靠群众力量，创办多种多样形式托儿组织”的方针，各地的厂矿企业、机关单位积极响应号召开办托儿所，但也存在有些企业办园不积极或不注重保教质量的问题。为此，全国总工会强调要与工业部门、卫生部门、妇联等有关方面密切配合，交流托儿所工作、保育人员训练等经验，以全面提高托儿所业务水平。在推动托幼园所发展的过程中，妇联发挥了积极的带头作用，50 年代的三次妇女儿童福利工作会议把促进托幼事业发展作为妇联工作的重要任务，积极组织保育员的培训，仅 1951 年就培训了 7800 名保育员（全国妇联妇女研究所，2017）。1981 年，中共中央要求全国妇联"应把抚育、培养、教育三亿以上的儿童和少年，作为自己的工作重点"，全国妇联按照中央的指示对包括托幼在内的儿童少年工作加以全面部署。1979 年，为了恢复"文革"时期遭到严重破坏的托育事业，教育部、卫生部等 13 个单位联合召开了全国托幼工作会议，提议由教育部、卫生部、全国总工会、全国妇联等单位的负责司组成国务院托幼工作领导小组统筹全国的托幼事业发展，相关部门按照《全国托幼工作会议纪要》（1979 年）规定的职责范围各司其职。1980 年，国务院托幼工作领导小组正式成立，发挥统一领导的作用。

政府在发动社会各种力量开办托儿所时，要求因地制宜，使类型多样化，可以是正规的托儿所，也可以是小型、联合、职工宿舍托儿所、街道托儿站、寄托户等形式。招收年龄灵活多样，有从初生至 1 岁半的，有从初生至 3 岁的，有从初生至 7 岁的。多种形式的托儿所顺应了当时女工生育率高、孩子多、正规托儿所少的形势。

全国动员、多部门合作有利于不同渠道开办的托幼机构得到有效管理，有些厂矿企业托幼机构成为当地的示范教育园（所）。

7. 制度化——形成托育事业"统一领导、分级管理"的体制

新中国成立初期，托幼工作的管理呈现多元管理的局面：卫生部设妇幼卫生局分管妇女健康与托儿所的业务指导，教育部及各地教育部门负责幼儿园的设立与业务指导，工会女工委员会负责监督协调企业单位托儿所的开办运作，妇联协助培育保育人员。1952 年《幼儿园暂行规程》明确了幼儿园的管理职责：由市、县人民政府开办的幼儿园统一由教育部门管理，企事业单位开办的

幼儿园则由出资方管理，私立和群众团体开办幼儿园在教育部门备案，但对托儿所的管理权责则未明确划分。随着托幼园所的数量增长，特别是厂矿企业所属托幼园所的快速增长，必须解决管理问题才能避免管理混乱所带来的保教质量参差不齐的问题。1956 年原教育部、卫生部、内务部联合发布《关于托儿所、幼儿园几个问题的联合通知》，明确划分了托幼机构行政上归所属权：业务上，教育部门分管幼儿园，卫生部门分管托儿所，幼儿园由各县负责组织开办，组织领导上由县教育局管理，厂矿企事业的托儿所的组织领导由企业行政负责，并受到工会的劳动保险与女工工作委员会共同监督。自此明确了托幼园所管理从中央到地方的自上而下、各司其职、分级管理的体制，理顺了管理职责，但幼儿园与托儿所在保教方面的要求以及监督的协调性上仍然存在问题。

为理顺管理上的重叠推诿问题，1979 年《全国托幼工作会议纪要》明确提出实行“统一领导、分工合作”的管理体制是发展托育事业的制度保障，由国务院托幼工作领导小组负责全国的托育工作统一规划与管理，各部委各司其职。1987 年《国务院办公厅转发国家教委等部门关于明确幼儿教育事业领导管理职责分工的请示的通知》要求重视托幼工作，指出“幼儿工作对提高我国人口素质有重要意义，对此也要予以重视和加强”，在管理上要采取“政府统一领导”下的“地方负责、分级管理”和有关部门分工负责的原则。但是，随着国家机构改革，全国托幼领导小组及其办事机构在 1982 年被撤销，托幼领导机制的建立健全受到影响，统一领导难以体现。

综上所述，从新中国成立之初到 20 世纪 90 年代初，中国托育政策从 50 年代的奠基到 80 年代的完善，基本形成了一套适应计划经济的托育管理体系。多渠道的开办途径、多部门的合作协调、全社会动员促进了托育工作快速发展。托育服务具有民主性、保护性、福利性，是妇女解放的重要保证和必要条件。妇女整体社会化的解放之路与全民动员参与托育事业，使家庭事务社会化的进程同步并行。托育事业发展的主要动因有三个：一是妇女解放的需要，二是鼓励生育（五六十年代）和人口素质提高（70 年代的独生子女政策）的需要，三是生产建设的需要。托育政策与制度建立的思想基础来源于恩格斯和列宁关于妇女解放必须依靠家务劳动社会化的观点。新中国成立后我国积极借鉴苏联经验，邀请专家来华讲学，培训教师，开办试点园，翻译教材与著作，建立了一整套与社会主义计划经济相适应的自上而下分级管理的托育政策体系。

自新中国成立伊始到20世纪90年代中期，我国制订的托育政策取得了长足的进步，也有值得吸取的教训：一是对学前儿童的权力意识比较薄弱，政策制定过程中更多考虑了经济发展、妇女解放等社会功能，培养儿童的自我认识、遵循个性差异因材施教则考虑欠缺。二是忽视托育服务自身的特点，受政治运动的影响较大，托育工作的发展几经曲折，甚至遭到极大的破坏，大跃进时期盲目发展导致的托育质量严重下滑，“文革”冲击更导致托育事业的全面倒退。

（二）1995年至今我国托育政策的主要特点

从20世纪90年代中期起，中国经济由计划体制转向市场体制，在教育市场化的潮流中托育政策也随之发生了较大转变，出现空档期或断层期（1995年至2010年）和近年来的复兴期（2010年至今），呈现出托育事业发展明显的波浪起伏，托育政策体现出以下主要特点：

1. 初步法制化

完善的法制体系是市场经济正常发展的有力保证。为顺应市场经济条件下的教育发展的要求，加强对全国教育的监管，实现以法治教，1993年《中华人民共和国教师法》规定了教师的权利与义务、任用资格与培训；1995年《中华人民共和国教育法》明确了教育的性质与目的，指出公民享有平等的受教育的权利和义务，要求在教育改革中建立和完善终身教育体系，各级人民政府要采取措施为适龄儿童接受学前教育提供条件和支持。1994年《母婴保健法》对婚前保健、孕产期保健、技术鉴定、行政管理、法律责任等方面提出了要求。在经济发展的同时，民办学校似雨后春笋般兴起，在高速发展的过程中出现了收费较高、管理较乱、质量较差等问题，引起了社会的较大关注。2002年《中华人民共和国民办教育促进法》明确了民办学校的设立、组织与活动、教师与受教育者、学校资产与财务管理、管理与监督、扶持与奖励、变更与终止等管理细则，对民办托幼园所的正规化发展起到了积极的引导作用。

2. 政策的针对性

随着我国经济改革的不断深入，学前教育在改革过程中也出现了新问题。为解决这些问题，政府出台了相关的政策法规，有效解决了学前教育在发展中的主要问题。

（1）学前班混乱办学问题的整治。与经济发展中的城乡差异相对应，托幼事业发展中也存在二元差异。在实行“统一领导、分级管理”的体制下，各地托幼园所的开办经费由承办者负担，农村托幼园所与城市地区相比，缺乏开办经费，发展相对落后。从20世纪80年代开始，为使农村儿童能够接受到学前一年的教育，为入小学作好准备，各地纷纷开办学前班。由于合格师资缺乏，学前班质量整体欠佳。针对这种现象，国家教育委员会在1986年《关于进一步办好幼儿学前班的意见》和1991年《关于改进和加强学前班管理的意见》中明确指出学前班是幼儿园数量不足的一种辅助形式，强调要遵循5-6、7岁幼儿的身心发展特点实施教育，教育活动应以游戏为主。文件提出要加强师资培训与管理，改善办班条件，加强领导和管理。然而，受小学入学考试的影响和“不要输在起跑线”观念的误导，学前班中不按幼儿心理特点进行教育的现状并未得到改进，幼托“小学化”教育有愈演愈烈的趋势。2011年《教育部关于规范幼儿园保育教育工作　防止和纠正“小学化”现象的通知》发布，严禁幼儿园提前教授小学教育内容。各地严查纠正小学化教育，公立幼儿园中教授小学内容的现象得到有效制止。

（2）鼓励民间投资托育，加强民办托幼机构的管理服务。20世纪90年代末至21世纪初，民办学校快速发展，但有些学校办学条件较差，质量难以得到保证。为加强对民办学校的管理，2004年《中华人民共和国民办教育促进法实施条例》明确规定了民办学校的设立条件、组织与活动、资产与财务管理、奖励与扶持制度、法律责任。但由于缺乏有效监管，民办园出现了无证办学、收费高、“小学化”教学，甚至发生儿童严重伤害事故等乱象。为进一步加强对社会力量开办的托幼机构的管理，同年9月教育部强调对民办园要“严格审批程序，明确监管责任”，要坚持“谁审批、谁管理、谁负责”的原则（教育部，2007）。为落实《国家中长期教育改革和发展规划纲要（2010-2020年）》中设立的到2020年基本普及学前教育的目标，政府提出“大力发展公办幼儿园，积极扶持民办幼儿园”的发展方针，鼓励和引导民间资金进入学前教育领域，重点扶持民办幼儿园特别是面向大众、收费较低的普惠性幼儿园（教育部，2012），对民办托幼园所的管理从放任走向引导。

（3）推动农村学前教育发展。20世纪50年代我国采取的财政拨款的二元制政策导致多年来农村学前教育落后于城市发展水平，鉴于此，在“十二五”期间，中央财政安排500亿元，重点支持中西部地区发展农村学前教育，支持中西部农村扩大学前教育资源，鼓励社会参与、多渠道多形式举办幼儿园，实施幼儿教师国家级培训计划，以地方为主建立学前教育资助制度（财政部，2011），同时启动四大类七个重点项目的农村托育改革。

3. 政策的规划性

在20世纪90年代以前，我国托育事业的发展规划性较弱，某一时期在政府的特别重视下迅速发展的运动性特点较为突出。近年来，国家开始重视托育事业发展的规划性，托育事业得到健康稳步发展。1997年《教育部关于全国幼儿教育事业“九五”发展目标实施意见》出台，2011年国家在未来十年学前教育的发展目标中首次提出要重视0至3岁婴幼儿教育，促进0-3岁儿童早期综合发展（国务院，2011）。2011年至2017年间，教育部相继颁发了三期学前教育的行动计划，重点扩大普惠性资源，着力破解公办园少、民办园贵等问题。2012年，国务院《国家基本公共服务体系“十二五”规划》将普惠性学前教育纳入国家基本公共教育制度，显示出托育服务发展方向的转变，即由鼓励民办为主，转变到公立与民办园共同发展，再转向加大对民办园的资助以扩充普惠性托幼园所，凸显政府重振学前教育的信心。

这一时期，我国的托育事业发展虽然开始由低谷转向复苏，但由于受到教育市场化观念的强烈冲击，托育政策明显存在不足：

首先，缺乏3岁前儿童托育服务的政策。

从1995年至今20多年的经济转制过程中，政府所颁发的一系列学前教育政策中，针对3至6岁的幼儿教育的政策较全面，从管理方针、发展的方向与途径到质量的提高等各方面都有较完整的规定，但针对3岁前儿童的政策极其匮乏。虽然《国家中长期教育改革和发展规划纲要（2010-2020）》中提到要重视0至3岁婴幼儿教育，但没有具体的目标与要求。涉及3岁儿童服务的文件仅有2012年4月《教育部办公厅关于开展0-3岁婴幼儿早期教育试点工作有关事项的通知》和2019年4月《国务院办公厅关于促进3岁以下婴幼儿照护服务发展的指导意见》，以及卫生健康委员会于2019年10月8日颁布的《托育机构设置标准（试行）》和《托育机构管理规范（试行）》。由于多年来对托育服务的忽视，托育行业缺少相关政策指导、行业标准和有效机制，使企业、社会组织、个人难以形成合力。

其次，托育政策效力式微。

在经济转型过程中，企业托育服务属于非义务教育，首当其冲成为教育市场化的试验品。政府在新形势下应对市场化的能力较弱，政策前后矛盾。1995年5月国家教委、财政部等部门联合发布的《关于若干城市分离企业办社会职能分流富余人员的意见》提出将企业自办的托儿所、幼儿园、中小学等福利型社会机构分离出去，实现彻底的市场化，而同年9月《国家教育委员会　国家计划委员会　民政部　建设部　国家经济贸易委员会　全国总工会　全国妇联关于企业办幼儿园的若干意见》又显示出试图纠正过度市场化的趋向，指出仍然要坚持依靠社会力量发展幼儿教育的方针，有条件的企事业应继续办好幼儿园，同时又要求“积极稳妥地”推进幼儿教育走向社会化。另外，政府缺少应对市场化的有效政策。1997年正是企事业单位托幼园所关、停、并、转问题突出之年，教育部在《全国幼儿教育事业“九五”发展目标实施意见》中再次重申“在社会保障制度尚未健全，社区服务体系尚不配套的地区，主办单位不能将幼儿园一步推向社会”，“有条件的企、事业单位还应继续办好所属幼儿园，不得随意关、停、并、转”，但关于怎样在保障制度未健全的条件下让企事业单位继续办好托幼园所，政府并未出台具体的措施，企事业单位纷纷关停托幼机构成为难以阻挡的潮流。虽然从2010年起，政府开始关注托育服务，出台文件推动托育工作的展开，但企事业单位和社区的积极性并不高，究其原因，一是企事业单位没有专项经费开办托儿所或哺乳室，二是有些人认为照顾婴儿是家庭的责任，与单位无关，三是开办托育机构要求高，婴儿保健与安全问题需要有安全的场地与高素质的保育员。目前社会上的托育机构基本上是高收费的婴儿培训机构，并不考虑为家长安心工作服务，根本不能担负起与托儿所相同的职责。

再次，托育工作为妇女解放服务、保护妇女健康以及为职工提供福利的功能削弱。

经济体制转轨前，我国多项托育政策明确规定托育工作具有为妇女解放服务的功能。1989年《幼儿园工作规程（试行）》将为妇女解放服务的任务改写成“为幼儿家长安心参加社会主义建设提供便利条件”，显示出弱化为妇女服务的趋向，2016年新修订的《幼儿园工作规程》将幼儿园的任务之一规定为“面向幼儿家长提供科学育儿指导”，彻底改变了托幼园所为妇女解放、为经济建设服务、减轻家长育儿负担的功能，儿童保育是妇女发展的最基本的社会保障作用未得到凸显。

在计划经济时代，托育服务的福利性是社会主义制度优越性的表现，开办托幼机构的事业经费由财政部统一下拨到企事业单位。在20世纪80年代初的经济改革初期，托幼园所社会化已初见端倪，企业托幼园所面临撤转并停的命运，影响到女职工的工作和劳动保护问题。国家有关部门注意到了这些问题，1983年《劳动人事部、全国总工会、财政部关于在经济改革中要注意保障企业职工的劳动保险、福利待遇的意见》指出，职工食堂、托儿所、幼儿园等集体福利事业在还未做到社会化的情况下，“各企业应继续办好现有的集体福利事业，以减轻职工的困难，方便职工的生活”。这个文件有效阻止了托幼园所的社会化。然而，随着经济体制改革的深入，大量国营和集体厂矿企业转制或倒闭，托幼园所成为不良资产纷纷被剥离，虽然1997年《教育部关于全国幼儿教育事业“九五”发展目标实施意见》重申“幼儿教育既是教育事业，又具有福利性和公益性的特点”，但由于政府缺少保证福利性与公益性的具体措施，各企事业单位缺少办园（所）的积极性，单位福利制度随之瓦解，政府和企事业单位大幅减少了对生育和家庭照料的支持，原有的城市托幼服务体系受到巨大冲击，3岁以下的托幼机构几乎绝迹，职工的这项福利被取消。

同时，教育市场化中催生了大量的民办托幼机构以填补学位的严重不足，而追求经济效益的托幼市场，迫使家长支付较高的托儿费或保育费，“入托贵”成为一种社会普遍现象。政府购买托育服务转为家庭购买，政府承担的为民众提供质优价廉的托育服务的责任转嫁由个人承担。由于入托难，迫使一部分妇女回归家庭，中国女性的就业率从1990年的73%降至2014年的64%（杨菊华，2017）；同时，女性生育愿望降低，全国妇联2016年的一项调查显示，53.3%的家庭没有生育意愿，其中“无人照看孩子”为排列第二位的原因（吴淑君，2018）。

新中国成立后，我国政府非常重视妇女权益的保护，在相继出台的多个女工或女职工保护的条例或文件中要求为女职工开办哺乳室和托儿所。2012年《女职工劳动保护特别规定》重申了用人单位应当根据女职工的需要，建立女职工卫生室、孕妇休息室、哺乳室等设施，但并未要求建立托儿所。实际上，建立孕妇休息室、哺乳室等设施的企事业单位屈指可数。

最后，部门协同性弱化。

20世纪90年代之前，我国托幼事业迅速发展的主要推动力在于各级政府、各部门密切合作，各个单位都重视托幼服务，把这项工作作为单位的一项重要内容来抓。教育部、妇联、工会、卫生部、财政部等联合发布了多个托幼事业发展的文件，工会、妇联、卫生部经常召开托幼工作会议，或进行保育工作人员培训。20世纪90年代之后，这种部门间协同合作制定政策的情况非常少见。鉴于此，1997年《教育部关于全国幼儿教育事业“九五”发展目标实施意见》特别强调“各级政府应充分发挥主管作用，重大问题及时协调有关部门研究解决，各有关部门应各司其职，互相配合、密切合作。同时还要积极争取各级妇联、工会组织及其它群众组织的大力支持”。与90年代以前的“统一领导、分级管理”不同，这个文件明确指出我国幼儿教育实行“地方负责、分级管理和有关部门分工负责”的原则，强调由地方政府负责出资办园的管理方式，这与当时扩大地方自主权相适应。这种地方负责的管理原则加大了地区间、城乡间的发展差异。由于近年来地方政府和其他部门追求经济效益，争取各部门配合成为教育部门的一厢情愿。

托育政策产生以上问题的主要原因有三：

其一，对妇女彻底解放或进一步发展的意识薄弱。新中国成立后在政府大力鼓励下，我国妇女就业率逐步提高，经济独立意识愈加强烈。然而，部分政策制定者对妇女解放或进一步发展的认识极为有限，认为妇女就业就是解放了。他们只看到了妇女就业层面的发展，并没有意识到妇女在自主意识和精神上的更高追求。甚至在就业形势严峻的形势下，有人还提出让妇女回家养孩子的口号。也有人认为养育婴儿就是女性的责任，政府没有必要承担托儿服务的责任。还有些政策制定者并未持有托儿服务能促进妇女发展的清晰意识。虽然政府在宣传中提倡男女平等承担家务劳动，但在现实中，妇女依然是家务劳动的主要承担者，特别是孩子越小的，抚养责任越大。在社会竞争异常激烈的状况下，妇女承担着工作和养育孩子的双重责任，身心压力极大，阻碍了妇女自我意识的提高，更无法追求更高的精神享受和自我发展。在这种形势下更应强调托儿服务对妇女发展（身体保健和更高精神追求）的重要保障作用，并将其明确写入托儿服务的法律法规中。

其二，在经济快速转型中，我国托育服务的“顶层设计”缺失。邓小平同志“南方谈话”后，中国集体企业进入了转制期，作为“包袱”的托幼园所首先成为关停并转的对象，一瞬间集体托幼园所纷纷关停。面对这样的趋势，相关部门束手无策，主要原因在于政府制定中只破不立，在没有建立起全社会的比较全面的养老、失业、教育等福利体制下，让各企事业单位快速关停托幼园所。这种只讲究经济效益、忽视社会福利的价值观导致托幼园所发展严重下滑，1997 年全国有 18.2485 万所托幼园所，2004 年只有 11.7899 万所（教育部，2005），直到 2017 年，托幼园所才逐步恢复到高峰时期的数量。

其三，教育市场化的偏执政策导向。20 世纪 90 年代，在经济市场化的潮流中教育市场化随之兴起。在教育经费极其有限的条件下，国家只承担义务教育的普及，学前教育属非义务教育，首当其冲成为市场化的试验品。民办托幼园所高收费以追求高收益，公立园也以办课外班、收赞助费变相提高收费标准，以补充教师的过低收入。以家庭为单位的社会福利制度未建立，高价托儿费用转嫁给家长。

三、我国托育政策的发展展望

第一，托育政策强化托育服务对妇女解放和健康保护的功能。

托育服务是一项对社会发展有重要促进作用的事业，不仅涉及儿童的教育、国家人口素质的提高，也是男女平等、家庭和谐生活、社会福利、母婴健康与保健实现的必要保证。我国《宪法》规定男女在政治、经济、教育等方面都享有平等的权利，党的十八大首次将男女平等作为中国的基本国策。经过 70 年的社会发展，妇女的社会地位有极大的提高，但不可否认的是，现实中妇女承受着工作与家庭事务的双重压力。从形式上看，妇女从经济独立中获得了解放，而精神与心理上并未获得全面的解放。减轻妇女育儿的负担，让妇女有更多的空间、时间与精力实现自我，是托育政策制定中应关注的重点，为妇女解放或两性平等服务仍然是托育服务的重要任务之一，所以今后的托育政策应该将“为减轻妇女负担”，“让妇女安心工作”写入托育工作的条例或规划之中。

婴儿的哺乳与喂养是妇女天然的职责，妇女儿童健康的权益应该得到充分的保护。哺乳期的妇女在工作八小时内中断哺乳对自身的身体健康有一定的伤害，所以保证女职工正常哺乳也是各企事业单位应尽的责任。

第二，托育政策建立在以家庭为单位的福利保障制度之上，实现托育服务的普惠性与福利性。

“老有所养，幼有所育”是人类社会进步的标志。托育服务作为全体儿童福利的一部分，需要政府宏观调控为导向，提供资金支持与服务，动员各种社会力量参与，才能实现托育事业的稳步发展。近几年的学前教育政策中明确指出学前教育具有普惠性与公益性，2019 年《托育机构设置标准（试行）》提出要优先发展普惠性托育机构，但并未突出福利性。托育服务不仅涉及婴幼儿的保育教育的问题，也为家庭福利的一部分，许多发达国家通过设立公立托儿所或保育院解决婴儿托育问题，或通过托育补贴让婴儿进入私立日托中心或保育学校。今后在 3 岁前儿童托育政策中，还应着重强调托育服务的福利性。在过去计划经济条件下的由单位大包大揽的经费保障体系已不复存在的情况下，政府应该建立起一套有效的适应市场经济的以家庭为单位补贴育儿费用的政策，如生育补贴、入托补贴，形成政府与个人分担的托育服务支付方式，以减轻家庭托儿费用的负担。个人与政府的分担比例需要通过调查研究和科学计算来确定，使家长的负担在较合理的范围内。

就近哺乳喂养是托育工作福利性的体现。应当通过补贴或减免税收等方式鼓励企事业单位、社区开办哺乳室、托儿所，方便妇女就近哺乳、托管婴儿，真正体现托育工作为妇女健康，为母婴保健提供保障的作用。

第三，托育政策以推动托育服务发展为宗旨，出台并完善相关的政策体系。

新中国成立后 40 年，我国托育政策从管理到课程形成了一个较完整的制度体系，而从 20 世纪 90 年代至今，专门针对 3 岁前托育服务的政策寥寥可数地仅有两项。要发展托育事业，我国还需要重新建立一套与市场经济相适应的政策体系。可参照 20 世纪 90 年代以前的政策以及近年来上海、南京等地的相关政策，制定较全面的法律法规。一是将 0-3 岁儿童托育服务纳入学前教育整体发展规划中，使“托-幼”政策一体化；二是加紧出台相关政策法规或指导性意见，如企事业单位和个人申报办理托育服务的程序与流程，托育机构的性质与任务，发展托育服务的方针与原则，托育服务的主管部门与各部门的分工等规定；三是出台促进社会力量开办托幼服务的具体奖励办法与措施；四是制定保障普惠性福利性托育服务的财政资助的法律法规。

第四，托育政策旨在动员社会力量并加强有关部门的合作。

我国实施的“两条腿走路”发展托育事业的方针，经过多年实践证明是一项行之有效的措施，动员社会各种力量，合作参与到托育事业中是保证托育事业发展的有效途径。近年来，有关学前教育发展的政策制定中鲜有多部门的参与，致使教育部或国务院颁布的政策难以贯彻。要使全社会力量动员起来，积极参与到托育事业的发展中，还需要中央牵头，设立由各级政府的卫健、教育、民政等部门参与的 0-3 岁托育工作协调小组或联席审查制度，共同研究细化配套政策，制订推进措施，落实任务分工。

第五，托育政策的实施需要制定托育服务的标准，加强托育的质量监控与督导。

新中国托育政策的变化可以划分为两大阶段：新中国成立后至 1995 年计划经济条件下的托育政策的建立与完善，以及 1995 年至今市场经济条件下的托育政策的断层与复兴。在第一个阶段，政府非常关心重视托育工作的发展，明确指出托育工作是为妇女解放服务，为家长安心工作服务，具有民主性、福利性、保护性等特点，确立了“两条腿走路”、动员各社会力量办学的方针，规定了托幼机构的管理职责、保育的内容与原则，托育政策推动了妇女就业，保护了女职工与婴儿的身体健康，使托育服务发挥了为妇女解放提供必要条件的积极作用，家庭事务社会化（托育事业的发展）与妇女整体社会化相互促进共同进步，建立起了紧密的共进关系。而在经济社会转型过程中，托育政策出现断层，政策实施的有效性退化，“入托难”“入托贵”成为社会民生问题，许多妇女被迫返回家庭，隔代教育成为婴儿保育的一大特色，妇女自主意识觉醒的需要与托育事业的下滑形成了明显的相反走向。

近年来，为了规范学前教育，政府对幼儿园教育制定了较全面的政策，包括在《幼儿园工作规程》基础上相继出台了《幼儿园教育指导纲要（试行）》《幼儿园教师专业标准（试行）》《学前教育督导评估暂行办法》《3-6 岁儿童学习与发展指南》《幼儿园教职工配备标准（暂行）》等，对幼儿教育正规化科学化的管理与发展提供有力的政策保证。而对 3 岁前儿童的托育服务，除了 1956 年《关于托儿所幼儿园几个问题的联合通知》、1980 年《城市托儿所工作条例（试行草案）》和 1981 年《三岁前小儿教养大纲（草案）》对托儿所的任务、招收年龄、保教原则、管理制度、工作职责以及 3 岁前儿童教养的原则、内容和要求作出了具体的规定外，迄今为止，国家还缺乏托育机构的任务、性质、保育原则、保教内容等方面的规定与要求。2019 年，国家卫生健康委发布了《托育机构设置标准（试行）》《托育机构管理规范（试行）》，对托育机构的发展方针、招生对象、设置环境与配套设施、工作人员的职责与学历要求、保育原则、健康安全等作出了规定，使托育服务的管理有法可依。为使托幼质量进一步得到保证，有必要制定 0-3 岁儿童的发展标准，修订教养大纲，设定保教人员的专业标准与培养方案，出台监督管理托幼机构的具体原则与方法，形成一套完备的托育工作管理体系。另外，还要加强对各种类托育机构的监管，保证婴儿在托育机构的健康与安全，防止托育机构追逐利益而降低对保育员的专业要求，忽视对保育质量的管理。由于 3 岁以下孩子不能用语言表达自己的情感与想法，有效的监管尤其重要。在新中国经济社会取得了长足进步的今天，我们有必要吸收过去托育政策中的有益经验，纠正近年来托育政策的偏失，加快出台有利于促进托育服务发展的具体的方针政策，满足人民群众对婴幼儿照护服务的需求，实现 2019 年《国务院办公厅关于促进 3 岁以下婴幼儿照护服务发展的指导意见》提出的，到 2025 年基本形成多元化、多样化、覆盖城乡的婴幼儿照护服务体系的目标。

参考文献

人民日报海外版：《统计局：女性就业占全社会逾四成》，访问地址：http：//www. gov. cn/xinwen/2018-11/21/content_ 5342140. htm2018-11-21，最后访问时间：2019 年 10 月 21 日。

全国妇联第三期中国妇女社会地位调查课题组：《第三期中国妇女社会地位调查全国主要数据报告》，载《妇女研究论丛》2011 年第 6 期。

周渊：《0-3 岁孩子托育没人管？卫健委称正抓紧研究 3 岁以下婴幼儿照护政策》，访问地址：http：//www. whb. cn/zhuzhan/2019qglh/20190304/244892. html，最后访问时间：2019 年 10 月 21 日。

中国学前教育研究会编：《国务院关于北京市干部子女小学、幼儿园逐步改变为一般性质的小学、幼儿园问题的批复》，载《中华人民共和国幼儿教育重要文献汇编》，北京师范大学出版社 1999 年版。

人民日报社论：《大力普及和提高保育工作》，载《中级医刊》1960 年第 3 期。

中华全国总工会女工部：《努力办好职工托儿所》，工人出版社 1955 年版。

李冠生：《中国妇女劳动与就业》，载《中国妇运》1994 年第 5 期

天津国棉三厂：《我厂的托儿所工作》，载《护理杂志》1960 年第 3 期 。

全国妇联妇女研究所：《当代中国妇女运动简史（1949～2000）》，中国妇女出版社 2017 年版。

教育部："教育部关于加强民办学前教育机构管理工作的通知"（2007），访问地址：http：//www. moe. gov. cn/srcsite/A06/s3325/200709/t20070920_ 77674. html，最后访问时间：2019 年 10 月 21 日。

教育部："关于鼓励和引导民间资金进入教育领域促进民办教育健康发展的实施意见"（2012），访问地址：http：//www. gov. cn/zwgk/2012-06/28/content_ 2172286. htm，最后访问时间：2019 年 10 月 21 日。

财政部："关于加大财政投入支持学前教育发展的通知"（2011），访问地址：http：//jkw. mof. gov. cn/zhengcefabu/201109/t20110928_ 597060. htm，最后访问时间：2019 年 10 月 21 日。

国务院："国务院关于印发中国妇女发展纲要和中国儿童发展纲要的通知"（2011），访

问地址：http：//www.gov.cn/gongbao/content/2011/content_ 1927200.htm，最后访问时间：2019年10月21日。

杨菊华：《三岁以下托育服务的现状与对策》，载《福建日报》2017年8月21日第010版。

吴淑君：《二孩职业女性的育儿压力调查及对策研究》，载《湖北职业技术学院学报》2018年第3期。

教育部："2004年全国教育事业发展统计公报"（2005-07-27），访问地址：http：//www.moe.gov.cn/s78/A03/moe_ 560/，最后访问时间：2019年10月21日。

我国倡导父亲育儿假的困境探讨*

李慧英　刘　澄**

摘　要：父亲育儿假指的是在家庭养育子女时，国家政策支持和鼓励父亲承担育儿责任而给予的假期，这已经成为国际社会推进男女平等的重要举措。我国从 2006 年开始倡导父亲育儿假，时至今日尚未纳入公共政策。通过分析我国影响性别平等政策的三种力量，提出将妇女组织包括妇联组织视为父亲育儿假的倡导主体，将社会公众视为支持力量，将政府主管部门视为公共政策的决定力量，并用事实和数据揭示我国父亲育儿假迟迟未能出台的原因。

关键词：父亲育儿假；妇女组织；公众参与；政府决策

父亲育儿假，指的是当母亲生育儿女的时候，国家给予父亲承担育儿责任的法定假期。最早给予父亲育儿假的国家是瑞典。1974 年，瑞典第一次颁布父母育儿假，从法定责任上明确了父母育儿的责任，但是对于父亲育儿的效果不大。20 年后，为了倡导父亲休育儿假，瑞典政府明确规定父亲休育儿假至少一个月，母亲不得顶替代用，否则这一个月假期将取消。在公共政策的推动下，一代年轻的父亲开始承担育儿责任。这一政策已经在全球传播，截止到 2018 年，已有 103 个国家实施父亲育儿假（世界政策分析中心，2018）。从 2006 年开始，我国的妇女组织就致力于倡导父亲育儿假，遗憾的是，至今我国没有父亲育儿假的国家立法规定。

---

* 编者注：2021 年 8 月 20 日，新修改的《人口与计划生育法》已经明确了父亲育儿假制度的地方立法权，全国多地据此陆续出台了父亲育儿假的相关规定。本文撰写于修法之前，旨在为我国立法司法建言献策，时至今日，在立意和论述上仍具有一定价值，因此收录。

** 作者简介：李慧英，中央党校社会学教授，主要研究方向：社会性别与公共政策。刘澄，江苏扬州市委党校教授，主要研究方向：公共管理、社会性别与公共政策。

父亲育儿假政策倡导的困境何在？成功的性别平等公共政策需要三种要素的相互支持。一是妇女组织。由于对传统性别分工的切身感受，往往期望对传统性别分工进行调整，其通常会成为性别平等政策倡导的主体。二是公众参与。即政策倡导需要得到公众的支持与认可，因而形成不容低估的社会力量，从而促进决策层下决心。三是相关部门的决策层态度。只有决策层采取积极的态度，才会使得社会议题转变为政策议题，最终成为公共政策。本文从政策倡导的结构入手，探讨父亲育儿假陷入困境的深层原因。

一、妇女组织是父亲育儿假政策倡导的主体

我国最先提出父亲育儿假政策建议的妇女组织是中央党校妇女研究中心。2005 年，中央党校妇女研究中心一行四人到瑞典进行考察。研究中心人员第一次接触到父母育儿假和父亲育儿假，感受到公共政策可以成为家庭性别分工调整的助推器，可使过去“男主外，女主内”的分工模式，走向男女共同参与社会，共同分担家务。考察结束回国后，研究中心人员萌生了向国家人力资源和社会保障部提交父亲育儿假政策建议的想法，当时名称是男性护理假。在研究与论证两年后，从四个方面提出父亲育儿假 15 天的必要性。

第一，男性在配偶生育期间护理其配偶和照顾新生儿，可以称作父亲育儿假。这既是男性公民应当享有的权利，又可以保障妇女儿童的身心健康。中央党校妇女研究中心男性护理假课题组于 2006 年 2-7 月在北京、江苏、西安、郑州等地，就父亲育儿假展开了一项涉及 840 人的专项调查。调查数据显示：83.2%的被调查者认为，生育是夫妻双方共同的事情，愿意及能够承担生育事务的男性高达 96.7%；对于“休生育护理假也是男性的权利”的观点，60.4%的人表示非常同意，31.8%的人表示基本同意，两项相加，有 92.2%的人对此表示了肯定态度（刘澄，2006）。可以说，给予父亲育儿假是公众的共同需求，获得了包括男性在内的广泛认同。

第二，父亲育儿假政策具有国内外政策的基础。截止到 2006 年，我国至少

已有26个省、自治区或直辖市出台了地方性法规或者政府文件确立了男性享受生育护理假和相关津贴的规定。[①] 与此同时，世界上至少超过40个国家或地区通过立法规定了此项公共政策（世界政策分析中心，2006）。全国人大常委会以法律形式规定了此项制度，不仅是对地方的创造性立法或者政策的回应和肯定，还是顺应世界立法潮流的必要之举。

2005年，我国修订的《妇女权益保障法》第二十九条第一款规定："国家推行生育保险制度，建立健全与生育相关的其他保障制度。"对于这一条款，全国人大常委会法工委解释："与生育有关的社会保障除了生育保险外，还包括：生育休假、生育补助、独生子女生育假奖励、独生子女的父亲护理假、独生子女费等。根据本条规定，我国不仅要建立与生育有关的社会保障制度，还要健全这些保障制度。"（全国人大常委会法工委行政法室，2005）可见，通过立法确立男性生育护理假制度等，已经纳入我国国家立法机关及其工作人员的视野范围之内。

在国家还没有出台统一的有关男性生育护理假及津贴的情况之下，各地纷纷开始了地方立法和实践。我国已经有26个省、市、自治区在地方性法规或政策中，规定了"男方照顾假""配偶护理假""男方看护假"等。虽然名称各异，但实质相同，都是给予男性在其配偶生育期间以生育护理假。根据调查，在假期时间方面，各地一般规定在5-15天之间，以7天和10天较多，最少的是上海市，只有3天；最长的是河南省，为期1个月。在具体待遇方面，各地也不相同，但都有相对明确的经济和职业保障，如规定视为全勤，工资、奖金、福利待遇不变，不影响评奖和晋升等。

第三，确立男性生育护理假及相关津贴制度，是贯彻实施计划生育和男女平等基本国策的必要举措。计划生育是我国的基本国策，两性共同承担生育责任是计划生育基本国策的基本理念和重要内容之一，应当在相关法律和政策中

① 资料来源：根据中央党校妇女研究中心男性护理假课题组对于全国各国省市及直辖市的相关法规及文件进行数据统计。

予以体现和贯彻。男性在生育中的作用无可替代，计划生育不仅仅是女性的义务，同时也是男性的义务，计划生育应该由两性共同承担。2001 年，《人口与计划生育法》规定，“公民有生育的权利，也有依法实行计划生育的义务，夫妻双方在实行计划生育中负有共同的责任”。确立男性享受生育护理假及相关津贴制度，不仅有助于保障公民婚姻家庭生活的正常秩序，保护妇女儿童的身心健康，更有助于强化男性履行计划生育的职责，为夫妻双方履行计划生育义务和培育子女创造基础性条件，是贯彻落实计划生育基本国策的必要举措。2015 年计生政策做出重大调整，由一孩政策调整为全面二孩政策，2021 年 8 月 20 日，全国人大常委会通过了修改《人口与计划生育法》的决定，二孩政策调整为三孩政策。随之而来，已婚妇女的生育责任也再加重，甚至影响到女性就业。男女共同分担育儿责任，会有利于男女工作与家务劳动之间的平衡。

男女平等是我国的一项基本国策。我国《宪法》第四十八条第一款规定：“中华人民共和国妇女在政治的、经济的、文化的、社会和家庭的生活等方面享有同男子平等的权利。”1995 年，在北京召开的第四次妇女大会上，中国政府对国际社会承诺：“把男女平等作为促进社会发展的一项基本国策。”2005 年《妇女权益保障法》第二条第二款规定：“实行男女平等是国家的基本国策……”在生育和婚姻家庭生活领域落实男女平等，就要充分强化男性的家庭责任和义务，矫正养儿育女主要是女性和母亲的责任的传统观念，在制度措施上给予女性更充分的保障和帮助。确立男性享受生育护理假和相关津贴的制度，不仅在法律上明确男性休假的目的在于护理其配偶和所育子女，还为男性履行为夫、为父的家庭责任提供有力的制度保障，是落实男女平等基本国策的重要措施。

第四，给予男职工享受生育护理假津贴，不会加重企业和政府的负担，因为我国的生育保险基金完全能够承担此项支出。目前，我国大部分省份均陆续出台了地方生育保险法规或者规章，筹措了生育保险基金。根据 1994 年劳动部颁发的《试行办法》，我国生育保险费最高不得超过工资总额的百分之一。在如此低的缴费率下，我国的生育保险基金仍有较多结余。2011 年，全国生育保险基金收入220亿元，支出139亿元，年末生育保险基金累计结存343亿元（人力资源和社会保障部，2012）。目前，我国生育保险基金大量积余，而且缴费基数在计算时不分男女，而受益的只有女职工，这种状况不利于调动企业缴付的积极性。增加男性享受生育护理假津贴的规定，既有的生育保险基金可以承受，而且可以提高基金的使用效率，还有助于提高企业的生育保险缴费积极性，增加生育保险基金的积累，并抵消支付该津贴对生育保险基金的影响。法律将男职工享受生育护理假津贴纳入生育津贴的范围之内，从生育保险基金中支付，不会造成资金支付上的困难，且具有经济上的现实可行性。

父亲育儿假的政策建议稿首先递交给社保部，2009年递交给全国人大常委会。当时，全国人大正在审议《社会保险法》，不过该建议递交后，石沉大海，没有回音。2012年，《女职工劳动保护特别规定》在网上征求意见，妇女组织形成联合态势。全国妇联妇女研究所、高校妇女研究中心、社会科学院的性别研究机构等，借鉴中央党校妇女研究中心的论证报告，纷纷在网上递交父亲育儿假的建议。2012年4月28日颁布《女职工劳动保护特别规定》时，这一建议仍然没有被采纳。2010-2012年，深圳正在酝酿《性别平等促进条例》草案，这一条例由深圳妇联、深圳大学和深圳人大机构共同起草，在草案中加入了父亲育儿假30天的条款。此次，妇女研究机构和妇联组织成为父亲育儿假的倡导主体，在政策倡导中发挥了参政议政的先锋作用。

二、公众成为父亲育儿假政策倡导的支持力量

公众成为父亲育儿假的参与者和支持者，是第二个突出特点。可以从两个方面加以论证。

第一方面，中央党校妇女研究中心关于男性护理假课题组进行了四个城市的调查问卷约840份，对父亲育儿假的支持率高达92%。调查对象中，男性占59.1%，女性占40.9%，男性多于女性18.2个百分点。问卷调查对象的年龄主要集中于23-40岁，占总数的81.5%，其中23-35岁处于生育密集年龄段的人

占66.9%。调查对象的职业分布情况为：企业人员占52.1%，政府部门人员占19%，事业单位人员占16.5%，其他人员占12.4%。问卷调查涉及的企业类型包括大型国有企业、股份制企业、外资企业、合资企业、民营企业、其他等六种类型。事业单位包括全民事业、公有民营事业、民营事业、其他等四种类型。并涵盖不同类型的部门和单位，以保证调查具有较大的覆盖面。在进行问卷调查的同时，课题组还访谈了企业雇主、雇员以及政府官员，以便进行定性分析，访谈对象约50人，做了详细的记录和整理。

其中，66.9%的调查对象处于23-35岁生育密集年龄段。这一年龄段的人绝大多数执行了独生子女生育政策。独生子女政策改变了人们的生育观念，人们已经比较自觉地认同“只生一个好”。与此同时，生育给家庭带来的完美和快乐感因为生育的稀少而大大强化，人们普遍对生育独生子女表现出更加强烈的关心和重视。

产前定期检查、生产医院的选择为大部分家庭所重视，像农村家庭也往往选择到城市大医院分娩。在生产过程中，男性尤其是城市男性，已经自觉地接近生育现场，与女性共同体验生育过程。调查显示，大部分丈夫在妻子生产时守候在旁边，有21.7%的人进入产房守候在产妇身边，60.8%的人守候在产房外。

生育护理事务主要指护理产妇和新生儿，通常集中在产后一个月的阶段。根据习惯和可能，承担护理事务的主要是夫妻双方或一方的父母、丈夫、保姆、亲友以及产妇自己。调查显示，目前产妇和新生儿的护理，主要由父母辈承担，占64.1%，其中又以产妇的母亲和婆母为护理的主力军。她们或者因为提前退休，或者本来就没有工作，在子女生育时，自然而然地承担起护理工作。一方面，出于传统习惯，生育不仅是夫妻双方的事，也是家族的事，护理被认为是女性长辈当然的责任；另一方面，年轻的父亲如果参加护理就要离开工作，而现有的工作制度并没有给他们这样的合法机会。访谈中，不少男性表示主要是没有机会，并非不愿意参加护理。即使这样，相较而言，由丈夫请假承担护理工作的比例还是高于产妇自我护理的比例，达到18.5%，由产妇自己护理的占10.5%。

在没有法定父亲生育假的情况下，护理事务主要由双方父母，特别是女性长辈承担，但这并不表明男性不参与。实际上很少有男性认为护理事务与自己无关，只不过由于个体情况不同，男性参与的形式和参与程度有所不同。从调查和访谈中了解到，男性参与护理事务主要有三类：

第一类是陪伴产妇。产妇住院期间，绝大多数男性都会到医院陪伴，即使没有假期的男性，也会抽时间参加陪伴。他们认为，陪伴是双方的情感和心理需要。受访者金先生就认为："从感情上讲，我觉得在旁边要踏实些。"相比较而言，女性对陪伴的心理需求更强烈些。

第二类是照顾产妇的饮食起居。由于产后恢复和哺乳的需要，产妇的饮食比较特殊，需要用心采购、料理，住院期间还需要送饭，这些事务男性承担较多。产妇饮食是客观需要，目前一般医院还不能提供满意的产妇饮食服务，人们也普遍认为家庭提供的饮食更能满足产妇需要。在没有长辈照顾的情况下，产妇的饮食起居基本由男性一手操持。在这种情况下，边工作、边护理给双方带来的困扰在所难免。

第三类是护理新生儿。新生儿在给家庭带来喜悦的同时，也增加了忙乱。护理婴儿被认为是女性天生的能力，其实对于年轻夫妻来说，都是从头学起的过程，而男性这方面的能力并不比女性差，以下访谈记录就是例证：

我先生很细心，月嫂做事的时候他就在旁边学，包括给宝宝洗澡，给宝宝换尿布，都是我先生先学的，然后由他来再慢慢地教给我，他实在有事不在身边的时候我只好自己来。现在如果有一个不满月的宝宝交给我，我还是不敢弄。所以我觉得有这么一个先生，真的蛮幸福的。（访谈者24）

那时候都快过年了，保姆难请呢，只有家里人，我们姑子来帮忙的，还有我老公。护理新生儿主要就是我自己来。别人弄一是不放心，第二个还不满意，自己弄最好，这方面的书我看过不少。另外我老公也做得比较多，晚上清洗、换尿布等，他做得不少。（访谈者35）

李一从老婆生养开始，一直到小孩打包、护理，全套的都会！我们都说，李一那么粗，

他怎么什么都会。（访谈者25）

尽管目前生育护理事务主要由长辈承担，男性作为主要护理者仍是少数现象，但绝大多数男性都在不同程度上参与了护理，承担了许多护理事务，而且男性参与的程度还在不断提高，参与愿望也在不断增加。调查问及“是否同意父母或保姆能代替丈夫的护理”时，25.5%的人表示根本不同意，35%的人表示不太同意，两项相加共有60.5%的人表示了否定性意见。持肯定性意见的人中，只有9.3%的人表示非常同意。而在问及“男性是否愿意在家伺候产妇和新生儿”时，54.6%的人表示愿意，41.6%的人表示不太愿意但还是会做，只有3.7%的人表示根本不愿意。有意思的是，在表示愿意的人中，男性占62.1%，远高于女性37.9%的比例。这说明，多数男性是有护理愿望和内心需求的，至少是理解和承认男性的护理责任，并不像人们想象的那样不情愿（表1）。

表1　男性是否愿意侍候产妇和新生儿

			愿意	不太愿意但还是会做	根本不愿意	合计
性别	男	数量	259	176	15	450
		占比	34.0%	23.1%	2.0%	59.1%
	女	数量	158	140	13	312
		占比	20.7%	18.4%	1.7%	40.9%
合计		数量	417	316	28	762
		占比	54.7%	41.5%	3.7%	100.0%

资料来源：中央党校妇女研究中心关于男性护理假课题组关于男性护理假的调查报告，2006年。

第二方面，媒体对于父亲育儿假的高度关注。2009年6月18日，中央党校妇女研究中心召开理论研讨会，建议把父亲生育假作为一项公民权利和义务，在即将出台的《社会保险法》中加以明确规定，给予法律保障。新华社、人民网及《法制日报》《光明日报》《工人日报》《北京晚报》《新京报》等媒体报道了此次研讨会的主张。在随后几天，全国许多报纸、网站、电视台纷纷转载，使该主张成为一个重要的社会热点话题，在报纸和互联网上引起了广泛的讨论，主要观点有：

其一，支持设立父亲生育假，并从不同角度加以论述。让男人休产假，这不仅是男人的权利，也意味着男人的责任。女性生孩子是最痛苦的事情之一，这个时刻最需要丈夫的关怀，给男性陪护假是人性化的举措。这一举措还可以减缓对女性就业的排斥，平衡男女就业的机会，打破古老的性别分工习惯，促进男女共同分担育儿责任是百年来促进男女平等的又一大进步。

其二，督促国家早日立法保障父亲育儿假权利的实现。不少 80 后的年轻人表达了支持态度。在他们看来，设置父亲育儿假不是一个经济上的考虑，而是性别文化上的改变。已经进入 21 世纪了，不存在女人应该做什么，男人应该做什么。被调查者强烈支持将此入法，盼望尽快实施。还有的年轻人介绍了国际上的父亲育儿假在企业中的实施，年轻的父亲可以陪伴在母亲身边，看到小宝宝出生特别开心。我国如果能够尽快出台父亲育儿假，很多人会举双手赞成。

其三，反思女性产假保障的不足。在一些地方，女职工的生育津贴并不是由社保基金支付，而是由企业支出的，并且很多企业难以支付到位。如果随着男性护理假的出现和完善，改为由社保基金支付，就可以弥补女职工生育保障的缺失。社会在不断进步，我们因而有可能对现有的一些机制进行反思并调整。对于男性产假是否必要的调查揭开了大多数人的心中所想，如此人性化的倡议若能够列入《社会保险法》，不仅能给家庭中的父母带来便利，同时还能够让整体民众感受到温暖的社会关怀。

其四，男性产假的权利责任双重属性，都要求传统性别文化的改变。生孩子不只是女人的事情，男人应该也需要参与和生育相关的事务。无论是政府、用人单位还是男人女人，都需要对传统的家庭分工和性别角色进行反思，这是男性产假制度最终能够确立并有效发挥作用的文化基础（吕頻，2009）。

这一信息发布的效应，还引发了一些媒体对父亲育儿假的持续关注。人民网、新华网、凤凰网三个网站就此话题自发进行了公众调查。新华网设置了立法保障男性产假投票，共有1239人投票，支持票数1181票，支持率95%。人民网对“男性也该休产假吗”展开辩论，投票时间是2009年6月19日至26日，总票数2512票，赞成方2007票，占80%，反对方505票，占20%。凤凰网则做了更为详细的网友调查，主题是：“你赞同国家立法设立男性产假吗?”调查时间从2009年6月19日至7月19日。截止到2009年7月5日，参与调查人数16877人，赞同“以法律形式确立男性假期”的15866票，占总票数94%，比问卷调查还要高出2-3个百分点，反对的750票①，如此高的支持率在我国的立法建议中并不多见。

可见，公众的传统性别观念发生了极大改变。他们已经成为父亲育儿假的支持者和拥护者，为这些公共政策的出台提供了有力的思想基础和社会基础。

三、主管政府部门对于父亲育儿假的态度

在父亲育儿假的倡导中，主管政府部门的态度至关重要。只有得到决策者的认可、妇女组织的建议和公众的参与，育儿假才可能转化为性别平等政策。遗憾的是，主管部门的态度消极。表现在以下三个方面：

一是主管政府部门对于父亲育儿假不予回应。妇女组织多次提交政策建议，却没有得到积极回应。

二是主管政府部门坚持以支定收调节生育保险的缴费率。我国2000年以来的生育保险缴费率是有富余的，如何对待多余资金有两种意见。一种意见是缴费率1%不变，让男职工也可以享受父亲育儿假，并可以获得生育津贴，这一建议得到原卫生与人口计生委家庭司的支持，即2015年“全面二孩”政策开始实

① 资料来源：中央党校妇女研究中心男性护理假课题组于2006年7月根据新华网、人民网、凤凰网的公开调查数据进行的统计。

施，要解决妇女生育与就业的矛盾冲突，最好的办法就是让父亲也能休育儿假，同时得到保险津贴。另一种意见是以支定收，各地根据当地情况确定生育保险缴费率，父亲育儿假不能成为制定政策必须考虑的选项。政府主管部门坚持后一种意见。

三是主管政府部门不支持地方的相关立法条款。2012 年，深圳是我国第一个制定性别平等促进法的地区。在这部法律当中有不少的创新点，比如第一次界定了性别歧视，提出了性别平等的政府机构，明确了具体的罚则，与此同时，还提出了一个月的父亲育儿假。倘若深圳将父亲育儿假列入地方立法，就打开了父亲育儿假的“口子”，会形成意想不到的连锁反应。但是，政府主管部门认为条件还不成熟，最终地方政府和人大，在最后一轮的审议中没有通过父亲育儿假。

四、结论

在我国，妇女组织一直充当父亲育儿假的倡导者和推动者，与国际社会发展趋势一致。1970 年到 1990 年的三代人成为父亲育儿假的拥护者和支持者，男女共同分担育儿责任已经成为这些年轻人的共识。应当看到的是，以上两种力量都处于制定公共政策的外围，尚未被公共政策核心的决策者接受和认同。“民间热、政府冷”，这就导致父亲育儿假陷入了困境。

要走出倡导父亲育儿假的困境，重心是要强化政府改变传统性别分工的意识。一是妇女组织，特别是妇联组织对于决策层进行持续不断的倡导，要从传统的、单一的母亲育儿转向父母共同育儿。二是抓住实施全面二孩以及三孩政策的契机。需要指出的是，“全面二孩”政策已经颁布五年多了，二孩的实际数量比预期低很多，这和女性的生育与就业的冲突有关。倘若引入父亲分担育儿的责任，就会缓解女性的压力，促进人口结构与社会的协调发展，促进性别平等与社会的协调发展，可谓一举多得。

参考文献

世界政策分析中心：关于父亲育儿假的相关政策数据表（2006、2018）[EB/OL]，访问地址：https：//www. worldpolicycenter. org/data-tables/policy/is-paid-leave-available-for-fathers-of-infants。

刘澄："我国男性护理假的调查研究报告"（2006），尚未公开发表。

全国人大常委会法工委行政法室：《妇女权益保障法释义》，国家行政学院出版社 2005 年版。

人力资源和社会保障部："2011 年度人力资源和社会保障事业发展统计公报"。

吕频：《男人休产假，权利还是责任》，载《新京报》2006 年 06 月 22 日。

（原稿在《中华女子学院学报》2020 年第 3 期发表，

作者对部分政策内容做了修订）

“父育假”正名*

潘锦棠**

摘　要：生育保险中有育儿休假这项福利，育儿休假主要有三种形式，即母育假（产假）、父育假和亲子假。父育假在我国的名称有陪护假或护理假等，本文认为陪护假或护理假并不准确，会令人误以为陪护妻子，其实应该是护育孩子。还是称为父亲育儿假（“父育假”）为好，有利于培育父亲亲自照料孩子的理念，在育儿理念上向男女平等迈出“一小步”。培育父亲育儿理念的措施有正名顺言、国家立法、政策鼓励、名人示范和同事影响等。

关键词：父育假；陪护假（护理假）

一、概念：母育假、父育假和亲子假

生育保险中有育儿休假这项福利，育儿休假主要有三种形式，即母育假（产假）、父育假和亲子假。

（一）母育假（产假）

母育假即产假（maternity leave），大多数国家法律规定，母亲产前产后有一定时间休假，专属于母亲，除了极少数国家如美国，大多数国家是有补偿的（有偿产假①），并且，大多数国家和地区都有强制性的产前产后最低休假天数

* 编者注：2021年8月20日，新修改的《人口与计划生育法》已经明确了父亲育儿假制度的地方立法权，全国多地据此陆续出台了父亲育儿假的相关规定。本文撰写于修法之前，旨在为我国立法司法建言献策，时至今日，在立意和论述上仍具有一定价值，因此收录。

** 作者简介：潘锦棠，中国人民大学教授，主要研究方向：社会保障，女性就业与福利。

① 中国法规习惯上使用的“带薪产假”“产假期间工资照发”等说法是不严谨的，这里的“薪金”或“工资”应该是补偿金。法规表述可纠正为“有偿产假”“产假期间全额补偿原有工资”。如果工资替代率为67%，可表述为：“产假期间补偿原有工资67%”。薪金或工资是劳动力“商品化”所得，保险补偿金是“非商品化”所得。

规定。2000 年国际劳工大会第 88 届年会修改通过了《保护生育公约》（第 183 号），规定产假标准为时长为 14 周，补偿金为工资替代率 67%。各国根据本国情况在时长和偿金的规定上各有不同。

设立母育假是为了母婴健康。生育关系到人类自身繁衍，母亲在此承担主要角色；生育往往危及健康，临产及产后需要恢复身体和哺育婴儿（因此有强制性休假）。生育医疗费用报销和休假补偿，使生育妇女能降低经济顾虑去正规医院，不会因为无力付费而选择土法接生或找街头游医，同时也能使产妇能足时休养，不会因为经济原因而提早去上班，影响身体健康，在婴儿最无助的最初几个月能得到母亲陪护，能降低婴儿安全事故发生率。设立母育假最初也是为了保护女性劳动力，由于工业社会机械化大生产需要大量劳动力，越来越多的年轻妇女走出家门参与有酬劳动，建立产妇休假制度有利于女职工恢复健康重新进入劳动力市场。

产假制度源于 1878 年德国（李西霞，2016），1883 年《德国劳工基本保险法》中已经有关于生育保险的规定。各国在社会制度、经济发展水平和历史文化方面的不同，设立生育保险制度的时间也有所不同，欧洲国家工业革命较早设立生育保险也较早，亚洲国家除日本外，均在 20 世纪 30 年代以后建立了生育保险。

（二）父育假

父育假（paternity leave）即父亲育儿假（潘锦棠，2001），新生儿父亲有权享有的育儿假期。英语简明定义可参考《牛津高阶英汉双解词典》："Paternity Leave：Time that the father of a new baby is allowed to have away from work"，Paternity 是父亲身份的意思。

父育假休假时间一般在母育假期间，时长一般在一至两周；父育假专属父亲；大多数国家和地区也给予补偿，偿金有多有少，有的没有，工资替代率一般为 40%-100%，父育假一般是自愿选择休或不休，极少数国家规定父亲必休不得放弃（比如智利，葡萄牙等）（International Labour Organization，2014）。父育假也起源于欧洲，1974 年首先在瑞典实行；父育假还没有国际公约，但已经在许多国家普及开来，根据国际劳工组织资料，1994 年有 41 个国家有法定父育假，2013 年上升到 79 个（International Labour Organization，2014）。

父育假有利于促进男女就业平等，男职工也“休产假”会减少劳动力市场上雇主对女性的统计性歧视，提高女性的就业竞争力。父育假还内含新理念，即父亲应该亲自照料孩子。男人的家庭责任从来就有，传统观念只要求男人挣钱养家，男主外女主内，并不强调男人亲自照料孩子。父育假突出了父亲照料孩子的责任。新理念是社会现实催生的结果，即女性劳动参与率和就业率越来越高，与男性的差距不断缩小，双职工家庭越来越多，“奶爸”也渐渐被社会接受。

（三）亲子假（parental leave）

亲子假也称双亲育儿假或亲职假，有广义和狭义之分：1. 狭义亲子假就是在法定产假（母育假）过后继续延伸的休假。亲子假的时长一般超过母育假，有的国家也给予补偿。这段延伸的休假，母亲可以休父亲也可以休，是不分父母的育儿假，有的国家规定其中一段时间专属父亲他人不能替代。2. 广义亲子假等同于“家人陪护假”（family leave），其中包括母育假、父育假和狭义亲子假。近年来在有的国家亲子假内涵扩大，泛化为“家人陪护假”，不仅照顾新生儿可以休假，照顾其他家人可休假，收养子女也可以休假（adoption leave），形成广义的亲子假。

亲子假也是瑞典于 1974 年率先引入，事实上“父育假”是从“亲子假”派生的，因为有了亲子假，男人才第一次能够以新生儿父亲的身份依法休假，以后父育假就被特别规定专属父亲。欧洲国家先后实行亲子假和父育假，并逐渐推广到全世界。亲子假是为了让孩子能生活在有父母陪伴照料的家庭环境中，许多国家在观念上认为幼儿（比如 3 岁前）应该在父母全职陪伴下成长；当然也有经济原因，尤其是多子女家庭，在不能依靠祖辈照料孩子的文化背景中，休亲子假比请保姆便宜；也是近年来欧美倡导“家庭友好”社会政策的体现，这一社会政策使母亲或父亲在平衡工作与家庭责任方面获得了更多的主动。亲子假在促进男女就业平等方面与上述父育假有相同的效应，父亲可休假还有利于母亲及早回归职场，不至于使其原有业务技能变得太生疏。

母育假（产假）、父育假和亲子假的补偿金，有的是由政府社会保险基金支付，有的是企业福利基金支付，有的是两者共同分担，取决于各国社会福利制度的不同设计。

下面是世界部分国家生育休假资料①：

世界部分国家生育休假待遇

欧洲（部分国家和地区）

	母育假（产假） 休假天数-工资替代率（补偿金相当于原工资%）	**父育假** 休假天数-工资替代率（补偿金相当于原工资%）	**亲子假** （父或母） 休假天数-工资替代率	**资金来源** 政府社会保险和企业员工福利
比利时	15 周（4 周-82，其余-75）	2 周（3 天-100，其余-82）	17 周-定额补偿	政-企
保加利亚	58 周-90	2 周-90	104 周-（其中 52 周-定额补偿）	政
捷克	28 周-70		156 周-定额补偿	政
丹麦	18 周-100	2 周-100	32 周-100	政-企
芬兰	18 周-70	11 周-70	26 周-70	政
法国	16 周-70	2 周-100	156-定额补偿	政
德国	14 周-100		156 周-67	政-企
匈牙利	24 周-70	1 周-100	156 周-70	政
荷兰	16 周-100	2 天-100	父母各 26 周	政-企
挪威	35 或 45 周（25 周-100 或 80 周-45）	10 周-100 或 80	46 周-100	政

① 根据 2011 年、2018 年“Wikipedia”摘编，格式略有调整。根据国际劳工组织 2014 年资料全世界至少 184 个国家和地区有法定的亲子假。转引自 Wikipedia：Parental leave https：//en. wikipedia. org/wiki/Parental_ leave。

续表

	母育假（产假） 休假天数-工资替代率（补偿金相当于原工资%）	**父育假** 休假天数-工资替代率（补偿金相当于原工资%）	**亲子假** （父或母） 休假天数-工资替代率	**资金来源** 政府社会保险和企业员工福利
波兰	26 周-100	2 周-100	156 周（其中 26 周-60）	政
俄国	20 周-100		156 周（其中 78 周-40）	政
瑞典	12 周-80	12 周-80	56 周-80	政
英国	52 周（其中 38 周-90）	2 周-90	父母各 13 周	政-企

亚洲/大洋洲（部分国家和地区）

	母育假（产假） 休假天数-工资替代率（补偿金相当于原工资%）	**父育假** 休假天数-工资替代率（补偿金相当于原工资%）	**母育假** （无补偿）	**父育假** （无补偿）
澳大利亚	18 周-国家最低工资（719 澳元/周）	2 周-国家最低工资	52 周（父母可共享）	3 周
印度	26 周-100	15 天-100		
柬埔寨	90 天，50	10 天		
印度尼西亚	3 月-100	2 天		
伊朗	6 月-100	2 周（强制性）-100		
以色列	14 周-100	在产假第 6-14 周可以替代母亲休假	1 年	
日本	14 周-60		1 年	1 年
韩国	90 天-100	1 年-40		
朝鲜	11 周			
黎巴嫩	10 周-100	1 天-100		
马来西亚	60 天-100			
菲律宾	60 天-100	7 天		
沙特阿拉伯	10 周-50 至 100	3 天		

续表

	母育假（产假）休假天数-工资替代率（补偿金相当于原工资%）	父育假 休假天数-工资替代率（补偿金相当于原工资%）	母育假（无补偿）	父育假（无补偿）
新加坡	16周-100（新加坡公民）；12周-67（非新加坡公民）	1周-100		
越南	4-6月-100			

美洲（部分国家和地区）

	母育假（产假）休假天数-工资替代率（补偿金相当于原工资%）	父育假 休假天数-工资替代率（补偿金相当于原工资%）	亲子假（父或母）休假天数-工资替代率	资金来源 政府社会保险和企业员工福利
阿根廷	13周-100	2天-100		政-企
巴哈马群岛	13周（12周-100，1周-67）	<1周		政-企
巴西	17周-100	5天-100		政
加拿大（不包括魁北克）	15周-55至80		35周-55至80	政
智利	24周-100	1周-100	12周（母亲6周）-100	政
古巴	18周-100		39周-60	政
墨西哥	12周-100	1周-100		政
美国			24周（父母各12周）	
委内瑞拉	26周-100	2周-100		政

非洲（部分国家和地区）

	母育假（产假） 休假天数-工资替代率（补偿金相当于原工资%）	**父育假** 休假天数-工资替代率（补偿金相当于原工资%）	**亲子假** （父或母）休假天数-工资替代率	**资金来源** 政府社会保险和企业员工福利
阿尔及利亚	14 周-100	1 周-100		政-企
安哥拉	13 周-100			政
贝宁	14 周-100	2 周-100		政-企
博茨瓦纳	12 周-50			企
布基纳法索	14 周-100	2 周-100	52 周	政-企
布隆迪	12 周-100	2 周-50		政-企
喀麦隆	14 周-100	2 周-100		政-企
佛得角	9 周-90			政
中非	14 周-50	2 周-100		政-企
乍得	14 周-100	2 周-100	52 周	政-企
科摩罗	14 周-100	2 周-100		企
埃及	13 周-100		104 周（母）	政-企
加蓬	14 周-100	2 周-100		政-企
肯尼亚	13 周-100	2 周-100		企
摩洛哥	14 周-100	1 周-100	52 周（母）	政
卢旺达	12 周（6 周-100，6 周-20）	2 天-100		企
南非	17 周-60	3 天-100		政-企
坦桑尼亚	12 周-100	1 周-100		政-企
多哥	14 周-100	10 天-100		政-企
突尼斯	4 周-67	1 天（私营部门），2 天（公共部门）		政
乌干达	60 天-100	4 天，100		企
赞比亚	12 周-100			企

二、正名："父育假"还是"护理假"

20世纪末中国在省市层级上也开始实行"男人产假"，在国家层面上，"男人产假"目前还没有规定，因此各省市没有统一休假天数和补偿标准，甚至没有一个统一的名称。

中国法律规定男人休假始于各省市的人口与计划生育条例，开始是作为对晚婚晚育计划生育家庭的奖励。比如，《上海市计划生育条例》（1990年）第二十二条："符合晚婚年龄的夫妻，增加婚假一周；符合晚育年龄的夫妻，女方增加产假十五天，男方给予假期三天。上述假期期间的工资、奖金照发。"《北京市计划生育奖励实施办法》（2000年）第三条第一款："机关、企业事业单位职工（以下简称职工）晚婚的，除享受国家规定的婚假外，增加奖励假7天。晚育的女职工，除享受国家规定的产假外，增加奖励假30天；不休奖励假的，给予女职工一个月工资的奖励或者由男方享受奖励假。"2001年《人口与计划生育法》公布（2001年12月29日第九届全国人民代表大会常务委员会第二十五次会议通过，2002年9月1日起施行）以后，全国各省市自治区也相应修改公布了各自的《人口与计划生育条例》，其中大都省市开始直接规定男人休假，一般为3天至2周。

在全面二孩政策条件下，男人休假资格已经不再具体要求"晚婚晚育"和"独生子女"，只要求符合现行的"国家生育政策"。

由于《人口与计划生育法》中并没有关于男人休假的具体规定和名称，各省市男人"产假"的名称不甚统一，较多用"陪护假"和"护理假"，或以"陪产假"（上海、北京）、"侍产假"（香港）、"看护假"（广东、青海）、"照顾假"（福建）等名称出现。

男人休假的理由是"陪护"和"护理"是没问题的，问题是男人陪护和护理的对象是谁？从地方政府与民众的反应来看，大多认为男人休假是为了陪护妻子，理由如下：首先，从地方政府取名来看，潜意识中有很大可能性是认为男人休假主要目的是“陪护和照顾”哺育期的妻子，即使包含“照顾”孩子，那也是派生的，无非是给妻子一个帮手而已，其中北京、上海、香港的所用名称“陪产假”和“侍产假”更是直截了当，一语泄露天机，名称上直接显现“夫”的身份。

其次，从普通民众方面来看基本上也认为是陪护妻子。关于民众（包括受益人）是怎么理解“陪护假”的，目前还没有民意调查数据，但从其他相关资料中可以看出端倪。比如，1. “百度百科”的定义是：“陪产假，又名陪护假，英文（Paternity Leave）即依法登记结婚的夫妻，女方在享受产假期间，男方享受的有一定时间看护、照料对方的权利”（百度百科，2018）。“看护照料对方”的“对方”一定是他的妻子。“百度百科”对“护理假”的解释是：“护理假是男人为护理配偶生产的特定假期”（百度百科，2018）。2. “百度文库”上还可以查到“陪护假”请假条模本，请假目的大多数也都是为了陪护妻子。试看两例①：

陪护假请假条（一）

尊敬的领导：

我因老婆怀孕住院待产，需到医院照顾，特向单位请假 5 天（11 月 21、22、25、26、27 日），望批准。

请假人：××

20××年 11 月 21 日

陪护假请假条（二）

尊敬的领导：

因本人妻子生产无人照顾，特此请护理假 7 天（从 20××年 12 月 1 日至 20××年 12 月 7 日）。望领导批准为盼。

申请人：××

20××年 11 月 30 日

---

① 载百度文库，访问地址：https：//wenku. baidu. com/view/ed2382caccbff121dc368371. html。

“模本”反映的是“男方”对陪护假的理解。

可见，所谓“陪护假”在中国比较普遍地被认为是丈夫陪护妻子而不是孩子，而这正是对陪护假原意的误解。

笔者认为，在法理上，陪护或护理的对象应该是孩子而不是妻子，我国习惯上使用的陪产假、陪护假或护理假的内涵应该被界定为“父亲照料新生儿的法定假期”，或者“父亲育儿假”（父育假）。名称上应该突出“父”而不是“夫”。理由如下：

第一，新的理念。“父育假”有利于培育一种新的理念，强调父亲亲自照顾孩子的责任。从家庭实际需要上讲，中国目前的陪护假，其形式上的意义要大于实际意义，通过这样一种形式甚至“仪式”，重要的是强调一种理念，培养一种文化。这种理念就是：父亲与母亲一样有责任亲自照料孩子。正如越来越多的母亲不仅亲自照料孩子同时还挣钱养家，父亲对家庭的责任也不能只限于挣钱养家，同样有责任给孩子换尿布，哄孩子睡觉，送孩子上医院，接送孩子上学等。这种理念还少有被正式提倡，相比而言，丈夫亲自照顾妻子和夫妻恩爱的理念传统上就有。“陪护假”或“护理假”没有突出“父”的内涵，容易产生歧义，这就错过了一次培育新理念的好机会。男人可能把休假主要用于陪护照料妻子，父育假最大受益者可能是妻子，但其实这个休假是因新生儿而来。好比有人将退休金主要用于养活没有工作的孩子，但不改变“退休金”的性质。

第二，父亲权利。既然有母亲育儿假也应该有父亲育儿假，才体现男女平等。对于父亲，这既是一份责任也是一项权利，父亲应用这项权利得以享受天伦之乐。父亲们在传统观念氛围里往往“不好意思”休假，国家正名也能为父亲们“心安理得”享受这项权利撑起一把伦理保护伞。

第三，国际统一。我国实行男人休假时间较晚，应该是参照了欧洲国家的做法，而且，在对外介绍我国所谓“护理假”或“陪护假”时也译成 paternity leave，如上所示，paternity 是“父亲”身份不是“丈夫”身份，《剑桥在线词典》的定义更直白明了：父育假是一个便于父亲能与新生儿在一起的法定假期

(Paternity leave: a period of time that a father islegally allowed to be away from his job so that he can spend time with his new baby[①])。在名称中突出“父”的身份是正本清源，有利于国际交流。退一步，如果我国男人陪护哺乳期妻子的假期性质上与国外不一样，是属我国专有的、以丈夫身份而不以父亲身份的假期，那就不应被译成 paternity leave。我国确有特殊的男人休假，即男人做计划生育绝育手术后的有偿休假，但这不属于陪护假范围。

第四，加强主体。有学者指出现行法律在规定父亲休假资格条件时有各种特别限定，如“晚婚晚育”等，而不是一般的新生儿父亲，法律意义上的主体性不强。“如果与世界范围内男性产假接轨，宜采用男性产假或者‘父育假’的概念，这样不仅凸显此制度的内涵特征，亦能鲜明表现此制度的主体特征。”(邱玉梅、田蒙蒙，2014)

第五，避免混淆。近年我国也出现了另一种有补偿的“护理假”，即独生子女护理父母的假期（四川省还将这种护理假惠及非独生子女），类似国际上的“家人陪护假”（family leave)。河南、福建、湖北、黑龙江、广西、海南、重庆等省区市在相关老年人权益保障法规中规定独生子女在父母病重期间需要照顾，全年可以请假若干天。比如河南省十三届人大常委会第五次会议表决通过了《河南省老年人权益保障条例》，规定，领取独生子女父母光荣证的老年人住院治疗期间，其子女所在单位应当给予每年累计不少于 20 日的护理假，护理假期间视为出勤，又如，《四川省老年人权益保障条例》（2018 年 10 月 1 日施行）规定，老年人患病住院期间不能自理的，其子女所在用人单位应当给予独生子女每年累计不超过 15 日的护理照料时间，给予非独生子女每年累计不超过 7 日的护理照料时间。护理照料期间工资福利待遇不变。为了避免两种护理假名称混淆，母亲产假期间父亲所休的所谓的“陪护假”和“护理假”也应该换个名称。

---

① 载剑桥在线词典，访问地址：https：//dictionary. cambridge. org/dictionary/english-chinese-simplified/paternity-leave？ q=Paternity+leave+ 。

如果以上分析能成立的话，我国各种名称的男人“陪护假”应该统一正名为“父亲育儿假”，简称“父育假”，也与国际惯用一致，名正而言顺。[①]

三、父亲育儿理念需要培育

父亲育儿理念有一个培育过程，父育假也有一个被接受过程。带孩子传统上被认为是女人的事，现实生活中父亲带孩子是有不少，但一般仍被认为是帮着妻子带孩子，男人带孩子甚至还有种种“污名”，被认为是男人不求上进或职场失意的表现，更有甚者，还可能被认为是男人在一个“不正常”家庭中的所为，是“吃软饭”的象征。在受儒家传统文化影响的亚洲国家有这种观念，欧美社会其实也程度不等地存在相同的观念，在父育假实行初期，欧美男人请假似乎有点“说不出口”，怕他人嘲笑，甚至感觉“不光彩”，许多男人干脆放弃休假，只有“勇敢”的男人才敢休假（Gavett，2014）。根据欧美经验和结合中国实际，在理念上进而在行动上推动父育假实施，可以做以下几个方面的工作：

第一，正名顺言。比如我国应该将陪护假、陪产假和护理假等正名为“父亲育儿假”（父育假），在名称上显示“父”字，彰显其父亲育儿内涵，这本身就表明法律态度和国家倡导，而原有“护理假”叫法没有这个效果。有法律确认和政府倡导，带孩子就变成国家赋予父亲的责任，从而也会减少男人育儿与上述“污名”之间的关联。

第二，国家立法。变地方法规为国家法规，提升“父育假”的法律地位，表明国家态度，与“正名”异曲同工，影响全社会态度转变。目前我国“父育假”只是地方性规定，其权威性需要加强，以便推动父育假普及。当然，推动父育假除了观念还有利益，尤其是雇主方面，男性“休产假”必然增加企业成本，雇主们不仅出于理念更是出于利益，也会有意无意地进行抵制，尤其是在“父育假”法律地位还不够权威的情况下（曹陈震，2018）。不过，从“父育假”利益分担角度看该问题不是本文重点，在此略过。

---

① 在许多文章中还常见有用“男性产假”的，也没有突出“父”字，且说不通。

第三，政策鼓励。比如在制度上规定亲子假中的某段假期只有父亲可以享用不能转移，“不休白不休”，使父亲们感觉到要放弃休假就是在主动放弃一项福利，有极少数国家甚至规定父亲必休不得放弃；又如有偿休假，通过给予父育假以补偿金，推动父亲回家参与照看孩子的家务。有研究表明经济补偿是比较有效的措施，康奈尔大学经济学家安基塔·帕特奈克（Ankita Patnaik）对加拿大“魁北克亲子保险”（the Quebec Parental Insurance Program）政策效应的研究发现，2006 年魁北克开始在亲子假中规定为期五周的父亲专用休假并提高了休假补偿金，有资格的父亲实际休假比例从 2001 年的 10%提高到 2010 年的 80%以上（Mundy，2014；Patnaik，2014）。

第四，名人示范。最著名的父育假示范者是前英国首相，1999 年，英国工党政府通过新法律：父亲在孩子 5 岁前享有 13 周带薪休假。2000 年时任首相布莱尔的妻子谢丽·布莱尔即将生下第四个孩子，英国主流媒体和非主流媒体同时“起哄”，妻子谢丽也带头施压，公开呼吁布莱尔“休产假”，要他为几百万英国爸爸做榜样，布莱尔虽然在行动上对妻儿更加关照，但最终在法律意义上还是没有休假，这也成全了卡梅伦首相成为第一个休父育假的英国首相（徐剑梅，2014）。2010 年，卡梅伦的小女儿诞生，他请假陪伴了妻女两个星期。这无疑对英国的新爸爸们有示范作用。

第五，同事影响。美国经济学家高登戴尔（Gordon Dahl）对挪威的相关数据分析表明，同事之间的互相影响对于男人休假有滚雪球效应。由于同事间互相影响，挪威有资格休假的男人休假比例从 50%提高到 70%左右。一个男人休亲子假，他的下一个同事休假的可能性就会增加（Gavett，2014）。

其他还有媒体宣传，家人鼓励等。

我们在这里提倡男人带孩子并不是认为男人带孩子时间越长观念就越进步，也不是要求制度设计马上让男人带孩子的时间与女人相当。男女平等不总是等于性别公正，关键是要性别公正（潘锦棠，2003），性别公正是现实所需要的男女平等程度。“带孩子是女人的事”，这种观念在过去女性不参加或很少参加公共劳动的时候是合理的，而在目前越来越多的女性参加工作，且男女对家庭收入贡献差距越来越小的时候就显得不合理了，因此需要倡导“带孩子也是男人的事”。但也不能走极端，如果在“男女平等”的教条下，目前就要求男女平分家务平分带孩子的时间，母育假多少天父育假也要多少天，那就不公平不可取了。设想在当今社会，大多数男人果真以在家带孩子为乐懒得上班，那一定是社会灾难。

综上，我们目前需要给父育假正名，让“父育假”取代“陪护假”“护理假”或“陪产假”等各种不准确的名称，并借鉴国外先行者的一些有效措施鼓励男人休假，在育儿观念上迈出男女平等的一小步。

参考文献

李西霞：《生育产假制度发展的国外经验及其启示意义》，载《北京联合大学学报（人文社会科学版）》2016 年第 14 卷第 1 期。

潘锦棠：《生育社会保险中的女性利益、企业利益和国家利益》，载《浙江学刊》2001 年第 6 期。

《牛津高阶英汉双解词典》第 6 版，商务印书馆 2004 年版，牛津大学出版社 2000 年版。

International Labour Organization.（2014）. Maternity and Paternity at Work：Law and Practice Across the World.

Wikipedia：Parental leave. 访问地址：https：//en. wikipedia. org/wiki/Parental_ leave。

百度百科：“陪产假”，最后访问日期：2018 年 12 月 19 日。

百度百科：“护理假”，最后访问日期：2018 年 12 月 19 日。

百度文库：访问地址：https：//wenku. baidu. com/view/ed2382caccbff121dc368371. html。

剑桥在线词典，访问地址：https：//dictionary. cambridge. org/dictionary/english－chinese－simplified/paternity-leave？q=Paternity+leave+。

邱玉梅、田蒙蒙：《“陪产假”制度研究》，载《时代法学》2014 年第 12 卷第 3 期。

Gretchen Gavett, Brave Men Take Paternity Leave. Harvard Business Review. July 07, 2014.

曹陈震：《关于我国陪产假发展的建议》，载《劳动保障世界》2018 年第 18 期。

Liza Mundy, Daddy Track：The Case for Paternity Leave. the Atlantic. January/February 2014 Issue. Ankita Patnaik, Reserving Time for Daddy: The Short- and Long-run Consequences of Daddy Quotas. 16th IZA/CEPR European Summer Symposium in Labour Economics (ESSLE) September 03, 2014 - September 06, 2014.

徐剑梅：《从英国首相的产假说开去》，载《新华每日电讯》2014年08月13日。

潘锦棠：《重要的是性别公正》，载《中国妇女报》2003年3月1日（人大复印《妇女研究》2003年第4期）。

（原稿发表在《山东女子学院学报》2019年第3期，
作者在本文第二节开头对原稿略有修改。）

三孩生育政策背景下实行男女职工等长等薪的亲职假制度及其重大现实意义

王　河*

摘　要： 在三孩生育政策正式落地、相关配套支持措施陆续实施的大背景下，完善我国亲职福利制度的呼声更加强烈。通过国际比较，发现我国目前实行的亲职福利制度存在几个明显不足：一是幼儿“育”的阶段亲职福利明显不足；二是“父职福利”明显不足；三是“时间支持”明显不足。问卷调查表明，设立男性育儿假已成为广大育龄妇女的普遍诉求。新修订的《人口与计划生育法》明确国家支持有条件的地方设立父母育儿假。基于此，建议在全国范围内建立并推行男女职工“等长等薪”的亲职假制度，并提出了相应的实施步骤。如果这一建议真正从设想变成现实，那将意味着我国的亲职福利制度发生结构性变革，不仅具有了鲜明的社会性别平等视角，也具有了明确的社会性别平等标准，我国贯彻男女平等基本国策将进入一个崭新阶段，在育龄妇女公平就业、男性更好承担家庭责任、婴幼儿健康成长等方面将产生积极影响，对建立实质性性别平等的社会文化环境将会起到巨大的推动作用。

关键词： 亲职假；等长；等薪

从20世纪80年代开始，我国实行了30多年的独生子女政策，其间公办托育机构大幅萎缩，而商业性托育机构数量有限、价格昂贵、服务质量参差不齐，婴幼儿家长普遍面临工作与幼儿照护的“两难”处境。两孩乃至三孩生育政策施行以来，广大育龄职业女性兼顾家庭角色和社会角色的压力进一步加大，完善有关亲职福利政策的呼声越来越强烈。

---

* 作者简介：王河，男，中共甘肃省委党校（甘肃行政学院）公共管理教研部副教授，主要研究方向：公共政策与性别平等。

一、问题的提出

所谓亲职假，是指为了支持劳动者兼顾父母角色而给予的特定假期（徐枫，2014：90），主要包括母职假（maternity leave，如产假）、父职假（paternity leave，如陪产假）和父母假（parental leave，如育儿假、家庭照护假等）。本文之所以选用“亲职假”而非“生育假”概念，意在重点从性别平等、亲子关系视角出发，探讨在职员工（特别是男性职工）如何更好地兼顾工作和父母职责，完善相关制度，而不是从人口再生产以及妇女保护的视角探讨有关内容。

亲职假制度是公共政策中不可或缺的组成部分。按照现代公共管理理论的基本原理，公共政策作为“纯公共产品”，其供给的数量和质量必须以公众需求为导向。随着生产力发展和社会进步，我国社会的主要矛盾已转变为人民日益增长的美好生活需要和不平衡不充分的发展之间的矛盾，人们的生活观念和生活方式在物质需求得到极大满足的前提下随之发生改变。客观上，经过实施 30 多年严格的独生子女政策，人口年龄结构日益老龄化，伴随二孩乃至三孩政策落地实施，延迟退休的政策呼之欲出；主观上，老年人越来越追求独立的生活空间，追求更高质量的老年生活，不愿为儿孙所累；年轻人越来越追求自身的社会价值，追求人的全面发展，也不愿被儿女拖累太大；从孩子的角度看，尽管物质条件极大宽裕了，但在人力资本越来越稀缺的大背景下，孩子成长过程中的竞争更加激烈，孩子需要从 0 岁开始享有更好的成长环境和受教育条件。遗憾的是，对 3 岁以下婴幼儿的托育服务一度在“保证 3 岁以上幼儿入园”的政策语境中被大幅挤压，给婴幼儿家庭带来了诸多困扰。体现在亲职福利制度上，出现以下几个明显不足：

一是现有亲职福利制度侧重幼儿“生”的阶段，“育”的阶段亲职福利明显不足。在幼儿“生”的阶段，女性享有的产假是有充分的法律和制度保障的［但贯彻落实还差强人意，联合国 CGF（中国性别研究与倡导基金）甘肃项目调查结果显示，落实本省规定的六个月产假的单位还不到一半］；绝大多数省（自治区、直辖市）已出台了时间长度不等的男性陪产（护）假制度。在幼儿“育”的阶段，很长一个时期以来，除了少有的亲职教育外，再没有多少亲职福利可言了。令人可喜的是，2021 年 8 月 20 日，全国人大常委会通过了新修订的《人口与计划生育法》，明确规定国家支持有条件的地方设立父母育儿假，此后，大多数省份纷纷修订地方法规，先后出台时间长度不等的父母育儿假。但从实际情况看，多数用人单位尚未实施新的育儿假制度，再说婴幼儿父母每年享受 5 至 15 天的育儿假远不能满足婴幼儿的照护需求，因此可以说，新的育儿假制度大多还停留在纸面上，其“破冰”意义大于实际价值，亲职福利制度“重生轻育”的结构性特征并未得到根本改观。“重生轻育”的弊端从孩子很小的时候就体现出来了，如一些大城市的母乳喂养率一直难以达标，给孩子的健康带来不利影响；老人带孩子威胁老人自身的健康，也增加家庭矛盾的隐患；孩子成长的关键期，亲子抚慰不足，受教育机会被延误，等等。这些显然都不利于实现国家优生优育的人口发展战略目标。

二是“母职福利”倾向明显，而“父职福利”明显不足。比如女性产假远远长于男性陪产假和育儿假——时至今日，各个省（自治区、直辖市）先后实行了奖励性产假政策，各个省份实际执行的产假时长从 98 天到 1 年不等，而男性陪产假从 7 天到 1 个月不等，男性育儿假 3 年累计从 15 天到 45 天不等。原先一些地方实行的针对男性的晚育假，在全面两孩政策施行后已自然消失。亲职福利政策“母职化”的初衷是保护女性劳动者作为母亲的权益，但具有这一倾向的政策在保护女性的同时，也从制度上强化了女性的家庭角色，导致女性兼顾工作与家庭的压力比男性更大，在工作中面临的限制更多。结果是家庭中性别不平等与工作中的性别不平等叠加，反而加剧了事实上的两性不平等。此外，亲职福利政策“母职化”也会带来家庭中的照护责任不平衡、亲子关系中缺少父亲的参与等社会问题。

三是“经济支持”倾向明显，而“时间支持”严重不足。“经济支持”总体上呈现覆盖面广、涵盖时间长、实施办法细等特点，除了普惠性经济支持政策，还有针对贫困户、残疾人、多胞胎家庭的政策；对参保者有政策，对未参保的也有政策；对职业女性有政策，对非正规就业者也有政策。但在社会主要矛盾已发生变化的新阶段，家庭的婴幼儿照护服务中，最缺少的不是金钱，而是孩子被照护的时间——最好是被父母均衡照护的时间。据一项来自上海的调查发现：0-3岁儿童的家庭，对政府最突出的需求是希望提供“儿童托管照料服务”（63.7%）而非经济资助（徐枫，2014）。站在公共政策的角度，就是要从制度上保证年轻的父母有足够的照护孩子的时间。

以上几个“明显不足”都将矛盾指向一个焦点，那就是男性育儿假。2019年10月正式结项的联合国CGF甘肃项目所实施的针对全省1126名育龄妇女的有效问卷调查发现：97%的受访者认为，国家应该设立男性育儿假，而且86%的受访者认为男性育儿假应该在3个月以上（其中近一半人认为应该在6个月以上）。可见，两孩乃至三孩生育政策背景下，设立男性育儿假已成为广大育龄妇女的普遍诉求。男性育儿假正是下文探讨的重点内容。

二、亲职假的中外比较及启示

（一）国外亲职假概览

比较亲职假，要从其构成要素出发，首先看假期的种类，其次看假期的长度和假期津贴，最后看亲职假的覆盖面。国际劳工组织（ILO）通过的《保护生育公约》（1919年，第3号；2000年，第183号）及其补充条款《保护生育建议书》（2000年，第191号，以下简称《建议书》）设置了产假长度、津贴额度、筹资模式、覆盖人群的底线，成为大部分国家相关亲职假立法的基础。2000年第183号公约规定，生育保护适用于所有就业妇女（第一条），产假不少于14周（第四条），产假津贴至少为原来工资的2/3，由强制社会保险或者公共基金或者国家法律规定的方法提供津贴，而不是雇主独自承担支付的责任（第六条），应该为妇女提供“每日一次或多次休息或是减少每天工时为其婴儿哺乳的权利”（第十条）。《建议书》提高了标准，产假的时间延长到18周（第一条）；在可行的情况下，产假津贴应提高为女性原来工资的100%，或者是用于计算津贴的工资全额

(第二条)。《建议书》还规定："在产假结束后的一段时间内，就业父母应有权享受父母假。"同时规定，父母假的长短、津贴及其在就业父母间的分配等细节，由各国法律或条例等确定。

根据 ILO 的统计数据，2013 年统计产假的 185 个国家和地区全都设置了期限不同的产假，其中，有 107 个国家和地区（约占 58%）通过国家社会保险项目提供生育津贴，有 47 个国家和地区（约占 25%）由雇主支付生育津贴，有 29 个国家和地区（约占 16%）由雇主和社保系统共同承担生育津贴，仅有 2 个国家（约占 1%）产假期间不提供报酬。2014 年，在 167 个国家中有 78 个设置了期限普遍较短的法定陪产假，其中 70 个国家的陪产假有相应的陪产假福利。在 169 个国家中，有 66 个国家设置了法定育儿假，包括东欧和中亚的全部 16 个国家，除瑞士以外的全部发达国家，以及少数其他亚非国家（林燕玲，2018）。

（二）部分国家的育儿假

先来看性别平等走在世界前列的北欧国家。瑞典于 1974 年建立新生儿父亲假制度，成为世界上最早建立这一制度的国家（李西霞，2016）。接着于 1976 年建立父母育儿假制度，规定父母可各休 3 个月育儿假，但休假时间在父母之间可以相互转让。随着《育儿假法》的历次修订，瑞典分别于 1995 年、2002 年和 2016 年将总共 16 个月的育儿假期限内由父亲专享不得转让的育儿假时间规定为 1 个月、2 个月和 3 个月。根据瑞典《社会保险法典》，夫妻双方分别享有的 195 天带薪假期，其间的津贴是休假前收入的 77.6%，余下的 45 天则享有每天 180 瑞典克朗的固定补贴。津贴由社保基金统一支付，雇主有义务为每位员工缴纳该项社会保险。此外，为了激励夫妻双方更加公平地分配育儿假，以促进性别平等，瑞典法律还专门设置了性别平等奖金。如果孩子的父亲除了专享的 90 天假期外，在其剩余的 105 天带薪假期间，每休一天育儿假，将收到 50 瑞典克朗免税奖金（林燕玲，2018）。

挪威多次被评为世界上（社会性别）最平等的国家之一。在挪威，几乎和男性一样多的女性活跃在职场，并且保持较高的生育率。在过去的几十年里，挪威制定了一系列家庭政策，其中育儿假是这些政策的一个重点。继瑞典之后，挪威自 1977 年开始实行育儿假政策，1993 年，挪威在育儿假中首创父亲配额，称为“父亲月”，也就是在育儿假中必须有一个月是父亲专享的，父亲不休则视作放弃权利，不能由母亲代替休假（周培勤，2013）。挪威因此成为世界上第一个颁布父亲配额育儿假政策的国家。如果孩子出生于 2014 年 7 月 1 日以后，父母可自行选择“49 周、领取 100%津贴”或“59 周、领取 80%津贴”两种期限和津贴的育儿假，其中规定 10 周为母亲假，10 周为父亲假，剩余假期长短可根据家庭需要自行选择（吕红平、邹超，2018）。如果孩子是领养的，则假期总长为 46 周（100%的育儿假津贴）或者 56 周（80%的育儿假津贴）（童文胜、汪文靓，2015）。

德国是世界上最早（1878 年）实行产假制度的国家。依据德国现行法律规定，所有与雇主建立雇佣关系的妇女都有权享受 14 周产假，产假津贴标准为产前 3 个月平均净工资的 100%（李西霞，2016）。除了 14 周带薪产假，孩子的父母可以享受 14 个月照顾孩子的父母假（育儿假），最多可休 3 年，其中带薪 1 年，津贴标准为平均月工资收入的 2/3，由国家财政支付；父母假当中，专属父亲享有的期限为 2 个月，其余假期由父母分别享受还是双方同时享受，孩子的父母有权自主决定。

法国总和生育率在欧洲居首位（2015 年法国妇女平均生育率为 1.96），实现了稳定的代际更替。在制度安排上，除了提供名目繁多、数额丰厚的各种现金福利，以及多样化的儿童保育模式，法国给幼儿父母提供各类带薪假期，来促进父母（尤其是母亲）工作与家庭之间的平衡。带薪假期包括给母亲的产假、哺乳假（皆全额工资），给父亲的陪产假（全额工资），父母均可享受的“父母的周三”（法国小学周三不上课）和育儿假（王蕾，2019）。和挪威一样，法国也是从 1977 年开始实行育儿假政策，开始规定在幼儿 1 岁前享有，现在延长到了幼儿 3 岁前。育儿假的使用非常灵活，父母可以选择时间较短津贴较高（最低工资的 60%）的育儿假，也可以选择时间较长津贴较低的育儿假；可以全部休假，也可以部分时间休假部分时间工作。津贴由法国国家家庭津贴基金支付（马春华，2016）。

在日本，经历了1989年总和生育率下降至1.57的冲击之后，日本政府从1990年开始讨论如何应对少子化的冲击。从1994年出台的“天使计划”开始，日本陆续出台了多项政策，除了实施儿童津贴帮助家庭分担育儿成本等直接针对儿童的家庭政策之外，还推出了增加儿童保育设施分担育儿责任、实施育儿假分担育儿的时间成本、鼓励企业主在工作场所创造对家庭友好的氛围等政策，来推动性别平等和工作-家庭平衡。日本除了产假（产前6周、产后8周）之外，1992年开始实施育儿假法案，育儿假正式法制化；1995年，出台了家庭成员护理假法案，家庭护理假正式法制化。随后1999年、2001年、2002年和2005年对这两个法案进行了进一步的修订，保障所有的幼儿父母可以享受1年的育儿假（特殊情况可以延长到1.5年）（马春华，2017）。日本的产假津贴标准相当于正常工资的60%，育儿假津贴标准相当于正常工资的40%（汤兆云、邓红霞，2018）。由于受到传统的男女性别角色分工以及男女收入差距等因素的影响，日本男性实际享有育儿假的比例至今仍然是极低的。

（三）国外育儿假带给我们的启示

从上文列举的亚欧国家育儿假的制度设计来看，有这样几个鲜明特点：一是设立时间较早，例如瑞典、挪威、法国均于20世纪70年代中期设立了育儿假制度，距今已有近半个世纪。二是育儿假时间普遍较长，例如挪威的59周长假和49周短假分别在一年上下；瑞典的480天假期接近一年半；日本的育儿假时长一年，特殊情况可延长到一年半；德国的育儿假为14个月，超过一年，最长可休3年；法国育儿假期限比较灵活，最多也可延长到幼儿3岁。三是育儿假普遍为带薪假，津贴标准因国别不同而不同，一般规律是津贴数额随着假期期限的延长而降低。四是育儿假津贴一般都不由用人单位支付，例如瑞典育儿假津贴统一由社保基金支付，法国由国家家庭津贴基金支付，德国由国家财政支付。五是依法设立，例如，瑞典依据其《育儿假法》和《社会保险法案》，日本直接依据《育儿假法案》，挪威育儿假必须经过国会立法。六是普遍具有鲜明的性别平等导向，例如瑞典、挪威、德国都在育儿假中设定了专属幼儿父亲、不可转给母亲的配额，旨在追求父母双方在承担家庭责任上的平衡，并努力实现育龄妇女工作与家庭之间的平衡。

三、我国亲职假制度基本现状及完善建议

（一）我国亲职假基本现状

在我国，产假是由女性劳动者专享的假期和休假权利，但没有强制性。休假时间在国家层面上为98天，依据的是2012年《女职工劳动保护特别规定》，达到了国际劳工组织《保护生育公约》（2000年，第183号）“不少于14周”的规定；在地方层面，无论在奖励晚婚晚育的一孩政策背景下依据旧法（《人口与计划生育法》，2001年通过）有关规定，还是在鼓励生育的全面两孩政策背景下依据新法（《人口与计划生育法》，2015年通过）有关规定，各省、自治区、直辖市都先后出台了地方条例，规定女职工实际享受的产假普遍超过了国家规定的98天，个别省区产假长达1年（如西藏）。至于产假津贴，我国的法律法规均有明确规定，即女性劳动者的产假津贴由生育保险基金支付，支付标准为女职工产假前3个月平均工资的100%。

可以看出，我国的产假设立依据、产假长度、津贴标准、津贴来源等均符合国际惯例，数量上也达到甚至超过了有关国际标准。同时，也应该清楚地看到，我国产假制度一直沿袭女性是弱者的假设前提和女性应得到保护的思维定式。不得不强调的是，各地纷纷延长女职工产假而吝于给予男职工育儿假的做法，依然是传统性别观念的延续，是在亲职福利领域立法中缺乏性别平等理念的突出表现。全面两孩政策施行以来，来自不同渠道的理论研究和来自不同地区的实践均表明，过长的产假事实上进一步强化了女性的家庭角色，从而加大了女职工兼顾工作和家庭的双重压力，相应加大了她们遭受职场歧视的可能性。因此，改革我国亲职假制度的重点不在延长女职工的产假，而在延长男职工的陪产（护）假和育儿假。

陪产（护）假是由男性劳动者专享的假期和休假权利。设立陪产（护）假的

目的是促使男性劳动者履行家庭义务，承担相应的家庭责任，帮助刚刚生产的配偶恢复身体和照顾刚刚出生的孩子，有助于母婴健康和实现男女平等，因此，该假期从立法理念讲，应该具有强制性（但实践中并没有强制执行）。目前，多数省份都已建立陪产假制度，但时间长短差异很大——从7天到1个月不等，不利于男性劳动者对这一假期的平等享有。“在地方法规几乎均有陪产（护）假相关规定的情况下，全国法律却无所作为，已说不过去。”（叶丽娜，2018）可见，将陪产（护）假纳入全国性法律或政策势在必行。再看陪（护）产假津贴，由于我国在国家层面的立法中尚未设立该假期，自然也没有对假期津贴作出规定，但根据我国地方立法的相关规定，男性劳动者在陪产（护）假期间的津贴由用人单位保障，即工资照发，待遇不变。从现实的可行性看，由于陪产（护）假假期较短，由用人单位支付男职工假期津贴具有一定的合理性，可以作为过渡性措施加以使用。但是从亲职假的整体制度设计来看，继陪产（护）假之后，依法设立育儿假已势在必行，由于育儿假期限一般比陪产（护）假更长，因此综合来看，无论男职工陪产（护）假还是育儿假津贴均应该由社会保险（社会保障）基金承担更为恰当。这是因为，生儿育女从表面看似乎是私人行为，其实质却是整个人类社会繁衍所必需的，是最大的“公事”，由生育带来的收入减损应当在社会范围内进行分摊，在劳动者因生育原因暂时失去劳动机会，而没有正常劳动收入来源时，有权通过社会保险（社会保障）制度获得经济帮助（周宝妹，2017）。

育儿假是由孩子的父母共同享有的假期和休假权利，因此也叫父母假。鉴于在育儿假方面存在巨大的中外差距，下文将以此为重点展开进一步讨论。

（二）完善我国亲职假制度的建议

在三孩生育政策背景下，我国目前3岁以下婴幼儿托育服务供需失衡加剧，建议依据《人口与计划生育法》（2021年）第二十五条第二款“国家支持有条件的地方设立父母育儿假”的规定，参照国际社会的成熟经验，尽快在国家层面建立和完善男性陪产（护）假制度和男性育儿假制度。本文从亲职假种类之间的关系出发，建议在我国进一步建立并推行男女职工“等长等薪”的亲职假制度。

1. 男女职工等长等薪的亲职假释义

在亲职假制度中，假期种类、假期长度、假期津贴都是不可或缺的要素。这里提出的政策建议，正是围绕亲职假制度三要素展开的。所谓“男女职工等长等薪的亲职假”，是指在孩子3周岁以前，作为父母的男女职工，各自享有的亲职假长度总体相等，享有的假期津贴数额总体相等。

具体而言，在不考虑男女职工因孩子生病或发生意外等特殊情况所休的照护假的前提下，要从制度上保证男职工实际享受的陪产（护）假加育儿假总时长等于女职工产假的总时长，男职工亲职假月津贴数额以人社部门提供的当地女职工月平均工资数额为标准——姑且称之为“标准津贴”，由社会保险（社会保障）基金来承担。简而言之，按现行国家层面的产假长度和津贴标准，通过国家立法或制定国家层面的公共政策，保证男职工也享受为期98天的陪产（护）假加育儿假，假期津贴跟女职工的产假津贴相当（从平均数看，部分男职工实际享受的津贴数额可能略低于其原工资水平也是合理的）。

提出这一政策建议的初衷就是使男女平等基本国策在亲职福利领域得以切实体现，之所以强调男女职工享有的亲职假总体上“等长等薪”，倒不是为了追求男女绝对平等，也不追求每一对职工夫妇实际享有的亲职假待遇分秒不差、分毫不差，而是为了降低政策的操作难度，便于其落地实施。

2. 男女职工等长等薪的亲职假制度实施步骤

鉴于多数省（自治区、直辖市）已出台男性陪产（护）假和父母育儿假政策，而像北欧国家一样一步到位地实行长达一年的带薪育儿假又缺乏足够的制度基础、实践基础和财力基础，因此建议分三步实施男女职工等长等薪的亲职假制度。

第一步，建议在国家层面依法设立男性陪产（护）假制度和男性育儿假制度，在休假期限上规定“男性陪产假时长+男性育儿假时长=女性产假时长”，即按现行政策，女职工休为期98天的产假，其丈夫休为期98天的陪产（护）假和育儿假。无论从国际惯例还是从实际需要看，强烈建议这个为期98天的男性陪产

（护）假和育儿假均依法规定为男性必休假，不得转移给配偶；其间，除给女职工依法依规发放产假津贴外，要给男职工（丈夫）发放“标准津贴”。男职工的津贴发放办法也与女职工的津贴发放办法类同，即参加医疗保险的，直接从医保账户领取；未参加医保的，暂由用人单位发放；待社保基金附加育儿险时从社保基金发放。例如，如果某省实行的是国家规定的女性 98 天产假，同时已实行 15 天的男性陪产假，那么就应该再设立为期 83 天的男性育儿假，这 15 天的男性陪产假和 83 天的男性育儿假均为男性必休假期，其间，男职工以人社部门提供的当地女职工月平均工资数额为标准，从其医保账户中领取津贴（账户余额不足的，可暂列为“待支付”）。

第二步，鉴于几乎所有省（自治区、直辖市）事实上均已延长了女职工产假，导致各地方实际执行的产假时间均长于国家法定的 98 天，同时，多数省（自治区、直辖市）都已设立了期限不等的男性陪产（护）假和父母育儿假，建议授权地方在国家法定育儿假的基础上，根据各地实际通过地方立法确定男性育儿假时长，但要在休假期限上必须做到“男性陪产假时长+男性育儿假时长=当地实际执行的女性产假时长”。到这一步，由于男性育儿假实际长度进一步延长，建议其假期津贴由同步完善的社保基金中的育儿账户支付。例如，某省已实行为期 6 个月的女性产假和为期 1 个月的男性陪产假，那么，还需设立为期 5 个月的男性育儿假。

第三步，鉴于第二步所设置的亲职假男女双方时长加起来无非就是 1 年上下，并不能完全满足 0–3 岁婴幼儿照护的全部需要，与国际上性别平等走在前列的国家所设置的育儿假时长仍有不小差距，延长父母育儿假还有不小的空间。因此，建议这一步给予地方足够的灵活性，授权地方就是否进一步延长父母育儿假以及延长多少时间、是否发放津贴及津贴标准进行地方立法。如果育儿假进一步延长，新增加的假期到底休不休以及由谁来休，建议授权职工夫妇双方根据各自家庭禀赋不同协商决定，但必须做到夫妻双方实际享有的休假津贴总额一半发给男职工（丈夫），一半发给女职工（妻子），从而在制度上引导夫妻双方均等休假并履行家庭责任。

（三）推行男女职工等长等薪的亲职假制度的重大现实意义

从以上分析可以明显看出，男女职工享有“等长等薪”的亲职假是本文提出的政策建议的核心要义和基本原则。如果这一制度真正从设想变成现实，那将意味着我国的亲职福利制度发生结构性变革，从此不仅具有了鲜明的社会性别平等视角，也具有了明确的社会性别平等标准；意味着国家的人口优生优育战略目标进一步得到实现；更意味着我国贯彻男女平等基本国策进入一个崭新阶段，中国将由此成为世界上独具特色的性别平等新范例。其重大现实意义主要体现在以下三个方面：

一是对育龄妇女及其家庭将产生巨大影响。如果真正推行男女职工等长等薪的亲职假制度，将会极大程度上缓解职业女性兼顾工作和照护婴幼儿的“两难”处境，也会使职业男性的“父亲”权益得到前所未有的保障；将带给孩子更加完善的亲子关系，更有益于其健康成长；夫妻之间、年轻夫妇与老人之间因为孩子照护的矛盾将会大大减少，会极大促进家庭关系的和谐。

二是对企业等用人单位会产生实质性影响。推行男女职工等长等薪的亲职假制度，将会从制度上、根本上拉平用人单位使用男性劳动者与使用女性劳动者的生育成本，也就会从制度上、根本上消除长期以来根深蒂固的用人单位歧视女性的内在动因，将在极大程度上促进职场中的性别平等。

三是对建立实质性性别平等的社会文化环境将会起到巨大的推动作用。推行男女职工等长等薪的亲职假制度，将是对我国千百年来“男主外、女主内”的传统性别角色分工及相应观念的巨大冲击，是平衡男女家庭责任进而实现职场中社会性别平等的重大改革。如果这一制度真正落地实施，对构建性别平等的社会文化环境将带来革命性影响。

参考文献

徐枫：《上海家庭政策蓝皮书》，上海人民出版社 2014 年版。

林燕玲：《国外生育保护假期制度研究》，载《中国劳动关系学院学报》2018年第6期。

李西霞：《生育产假制度发展的国外经验及其启示意义》，载《北京联合大学学报（人文社会科学版）》2016年第1期。

周培勤：《北欧育儿假政策变迁的性别分析》，载《妇女研究论丛》2013年第1期。

吕红平、邹超：《实施“全面两孩”后家庭支持政策改革与完善研究》，载《人口与发展》2018年第2期。

童文胜、汪文靓：《挪威育儿家庭政策的经验》，载《当代青年研究》2015年第6期。

王蕾：《法国家庭政策与托幼服务体系》，载《法国研究》2019年第2期。

马春华：《瑞典和法国家庭政策的启示》，载《妇女研究论丛》2016年第2期。

马春华：《当代日本家庭变迁和家庭政策重构：公共资源的代际再分配》，载《社会发展研究》2017年第3期。

汤兆云、邓红霞：《日本、韩国和新加坡家庭支持政策的经验及其启示》，载《国外社会科学》2018年第2期。

周宝妹：《“全面二孩”政策背景下的生育假期制度重塑》，载《山东警察学院学报》2017年第5期。

杨菊华、杜声红：《部分国家生育支持政策及其对中国的启示》，载《探索》2017年第2期。

汤兆云：《新中国人口政策研究》，光明日报出版社2016年版。

我国陪产假制度之法律规制反思

李　娜*

摘　要： 陪产假作为产假制度的组成部分，也是生育政策的重要配套政策之一，其制定和执行均应当以国家的生育政策为出发点和落脚点。伴随着我国生育政策的变化，包括陪产假在内的整个产假制度赖以形成和实施的政策环境也随之不断发生改变。在新的生育政策框架下，面对人口增长迟缓，生育政策实施效果欠佳等现实困境，重新审视我国的陪产假立法，反思问题，探索完善路径已是迫在眉睫之举。本文梳理陪产假的法理基础、国际经验，以及我国立法实践，并提出两点主张，一是在法律上明确陪产假制度，要在国家层面进行统一立法，赋予陪产假合法的身份，可以考虑在现行的《人口与计划生育法》中增加有关陪产假制度的内容，并将陪产假与产假、育儿假作为彼此独立的法律概念分别立法；二是充分发挥生育保险基金的保障作用，可以参照女职工生育津贴设置陪产假津贴，通过社会统筹并由生育保险基金支付的方式保障男性陪产假待遇。

关键词：《人口与计划生育法》；陪产假；立法；生育政策；生育保险

一、问题的提出

党的十九大报告在“健康中国战略”中明确提出“要促进生育政策和相关经济社会政策配套衔接”，“加强人口发展战略研究”。产假制度作为生育政策的重要配套政策之一，其制定和执行均应当以一国的生育政策为出发点和落脚点，陪产假作为产假制度的组成部分，同样适用。因此，当我国的生育政策从1980年开始实施的“独生子女”发展为“单独两孩”，再发展为2016年开始实施的“全面

* 作者简介：李娜，中国劳动关系学院法学院讲师，吉林大学法学博士，主要研究方向：劳动法和社会保障法。

两孩”，包括陪产假在内的整个产假制度赖以形成和实施的政策环境也随之不断发生改变。生育政策的影响力覆盖整个经济社会，具体到劳动关系领域则表现为它改变着生育成本在国家、用人单位和劳动者三者之间的分配格局。在这一改变未及时得到相关立法和劳动政策支持的情况下，出现生育率持续走低，生育意愿不强，女性劳动者就业歧视日益严重，生育政策难以贯彻实施等现象也就不足为奇了。对此，除了适当调整女性产假种类与期限，提供经济补贴等措施外，不容忽视的另外一个重要方面则是回归男性在生育中的应有责任。即完善男性陪产假制度，赋予其合法的生育产假主体资格。但囿于“独生子女”时期生育政策导向与我国传统的“生儿育女专属于女人”的观点的影响，陪产假长期未受到重视，存在现有立法难以落实，配套制度设计迟迟不到位等诸多问题。因此，在新的生育政策框架下，面对人口增长迟缓，生育政策实施效果欠佳等现实困境，重新审视我国的陪产假立法，反思问题，探索完善路径已是迫在眉睫之举。

二、陪产假的概念辨析

陪产假制度是产假制度的重要组成部分。产假制度发端于德国，其产生背景即是以德国为代表的西方发达国家遭遇日益严峻的人口低生育率和老龄化。如今已日臻完善的产假制度不仅仅包括为众多国家普遍采用的女性产假制度，还包括完善的男性产假制度即陪产假制度，以及父母双方共享的育儿假制度。此时，产假制度不再仅仅是政府实施鼓励生育的政策手段，同时成为平等保障男女劳动者生育权的福利制度。这其中，专门针对男性设计的陪产假制度更是这一转变的典型体现。

陪产假，顾名思义即是指丈夫在妻子分娩期间因照顾妻子和新生儿而享受的一定期间的假期。陪产假的存在是基于妻子的生育事实而发生的，是依附于女性劳动者产假制度而成立的。但各国和地区关于这一男性产假称谓并不统一，例如，我国大陆地方立法中存在“陪产假”“护理假”“照顾假”“看护假”“晚育护理假”等多种用语，我国台湾地区也使用“陪产假”这一称谓，英国则使用“父育假”（Paternity Leave，PL）① 来指称这一男性产假。本文选择我国各地使用较为集中的“陪产假”这一称谓。

陪产假还需要与育儿假这一概念进行比较分析，两者之间从诞生至今一直存在千丝万缕的联系。严格来说，陪产假是由育儿假派生而出，是广义育儿假中专属于父亲的育儿假。正因为两者之间有此渊源，至今仍有一些国家并没有设置单独的陪产假，而是在广义的育儿假或者更加泛化为“家人陪护假”（family leave）中强制性或选择性地给予父亲以享受育儿假的权利。德国、美国、加拿大等国家均采用此种做法。另外，陪产假和育儿假的区别还表现在，陪产假往往需要在女性生产后较短的时间内使用，而育儿假则持续时间较长，可以是一到三年。由于陪产假时间较短，因此陪产假期间的收入补偿一般要高于育儿假。

三、设置陪产假的法理基础与实践证成

（一）完善权利体系的必要举措

联合国《消除对妇女一切形式歧视公约》的序言中提到，“养育子女是男女和整个社会的共同责任”，因此，从完善权利体系的角度来看，男性陪产假的缺失不仅会对女性产假的实现存在隐形损害，同时还会对新生儿的被动权利造成事实上的侵犯。陪产假相对女性产假而言虽然具有依附性，但只限于权利行使时间上的依赖，而不能据此否定陪产假作为男性特有的独立权利的属性。在主流文化中，生育更多是女性的责任。但随着现代社会文明的发展，各国通过立法普遍规定了家庭成员之间、父母与子女之间抚养、保护和教育的义务。也即新生儿作为独立的民事主体，有要求母亲抚养的义务，同时也有要求父亲抚养的义务。当陪产假被赋予男性之后，男性可以积极地行使自己的权利同时也履行了相关义务。

综上，女性产假、男性陪产假以及新生儿要求抚养的权利，其存在和实现都不是孤立的，而是相辅相成的。因此，从权利完善的角度来看，陪产假的设置不

① 《牛津高阶英汉双解词典》：Paternity Leave ：Time that the father of a new baby is allowed to have away from work。

仅是对其自身权利体系的完善，更是对女性产假、儿童权利实现的一种保障和促进。

（二）实现平等就业的内在要求

女性产假制度是基于为女性劳动者在生育期间恢复体力和照顾新生儿提供必要的时间而设置的。但如果将男性劳动者排除在产假制度的适用范围，不仅无法实现男性劳动者在女性生育期间履行必要的丈夫和父亲的责任，更为严重的后果是加剧了劳动者就业过程中的性别不平等。一方面，女性劳动者因生育功能的存在相较于男性劳动者而言在就业机会上已然处于劣势，遭遇着或明或暗的就业歧视。另一方面，随着国际范围内女性劳动者产假时间的延长，对于用人单位而言，女性劳动者因生育而占用的时间成本也随之增加，此时如果继续排除男性产假制度的适用，无疑加剧了本已较为普遍和严重的女性就业歧视，与“倾斜保护女性劳动者”的立法初衷背道而驰。因此，建立陪产假制度的意义更在于能够为“男女劳动者在有偿的社会劳动中提供平等的机会以及合理划分无偿家庭劳动中的责任”（李西霞，2016）。

（三）构建和谐社会的题中之义

男性陪产假的设置并非单纯出于为实现与女性产假制度形成对称性制度构建而设立，相反，调整劳动生产与家庭生活之间的冲突是包括我国在内的世界各国普遍设置男性产假制度的出发点和落脚点。从微观层面上看，无论从生理与心理的医学健康角度还是从伦理道德与人权保障上来讲，丈夫的陪护对于处于生育期的妻子和新生婴儿都是必要的，尤其是现代女性在面对工作和生活的双重压力之下，给予男性带薪产假能够舒缓家庭生活中妻子因生育而面临的精神上和经济上的重负，同时也使得新生儿能够得到父母双方的照顾，有利于家庭生活的和睦、稳定。从宏观层面上看，整个社会的和谐稳定不仅决定于单个组成部分的内部关系，还取于各组成部分之间的协调稳定。因此，职业与家庭之间固有矛盾和冲突的有效调整关系着社会整体的和谐。而女性产假、男性陪产假的设置恰好实现了劳动者在家庭与职场之间角色的顺利转变和对接，实现了劳动生产与家庭生活之间的融通，进而促进和谐社会的稳定发展。

四、陪产假制度的立法例考察

（一）陪产假的时间

陪产假虽然还未在国际公约层面予以设置，但已经在许多国家普遍存在。根据国际劳工组织资料显示，1994 年有 41 个国家有法定父育假，2013 年上升到 79 个（International Labour Organization，2014），在生育假期制度中引入男性陪产假已经是国际立法的发展趋势。但具体到陪产假的时间则在各个国家间存在较大的差别。据统计，经济合作与发展组织（OECD）国家平均带薪陪产假为 8.1 周，加拿大、美国、瑞士、以色列、新西兰、斯洛伐克 6 个国家完全不提供带薪假期。此外，有 8 个国家设置了至少 13 周的带薪陪产假，而韩国和日本则更是给予男性劳动者长达一年的陪产假，分别为 52.6 周和 52 周（彭春婷、许佳琳、张智勇、张维宏，2019）。

（二）陪产假制度模式

以陪产假的设置是否独立为标准，可以将陪产假制度模式分为独立陪产假制度模式和混合假模式。

1. 独立陪产假制度模式

独立陪产假制度模式是指陪产假作为独立的产假制度而存在，并不属于育儿假的组成部分。独立的陪产假最早出现于 1974 年的瑞典，最初被称为“父亲日”，为期 10 天，在世界上第一次以立法的方式肯定了父亲在女性生产和新生儿照看中存在不可替代的重要作用（O'BRIEN，2009）。在此之后欧洲国家便纷纷效仿开始设立陪产假制度。例如，英国设置了单独的陪产假制度，最初称为“普通法定父亲陪产假制度”，期限为 2 周。2010 年又出台了“额外法定父亲陪产假制度”将假期延长至 26 周，以弥补“普通法定父亲陪产假制度”过短的弊端。陪产假可以选择在孩子出生后的 20 周或者 1 年的任何时间开始。又如，芬兰设置单独的“父育假”，假期时间一般为 6-18 天，在母亲产假期间进行。

2. 混合假模式

混合假模式是将陪产假和育儿假不加以区分进行混合设置，往往表现为父母双方共同享受假期，具体时间由双方协商，有些国家对男方休假时间做下限规制，以实现陪产假制度功能的发挥。例如瑞典的全休假，给予父母双方共同享受共计16个月的全休假，但男方的休假时间不得少于2个月，否则男方将无法获得假期补助。此外德国也选择以亲子假的方式发挥陪产假的功能。在德国并没有独立的陪产假制度，而是规定了156周的亲子假可以由父母双方协商分配休假时间。

总体而言，在陪产假的设置上西欧和北欧的一些福利国家与典型的社会保险型国家存在不同。在生育假制度已非常完善的西欧和北欧国家，男性产假制度普遍得到国家法律的认可，并能够为用人单位所遵守，其中以瑞典的男性产假最为典型。丹麦、葡萄牙、西班牙、冰岛和芬兰等国家的男性产假制度颇为完善（图1），少则十几天，多则数十天，甚至数月。在社会保险型国家，为男性设置的多为无薪育儿假。例如，在德国父母共同享受153周的无薪父母假；在日本，同住一户且有监护养育事实者，在婴儿满一岁前可申请最长1年的无薪育儿假。法国则为男性提供了2周的全薪产假（同陪产假——笔者注），同时设置了半年到3年的无薪育儿假。因此，单从陪产假的设置来看，北欧福利国家均提供了带薪陪产假，而三个社会保险型国家中，只有法国提供2周的带薪陪产假。这表明了北欧福利国家较为注重对男性生育权益的保障，而社会保险型国家则缺乏此认识。

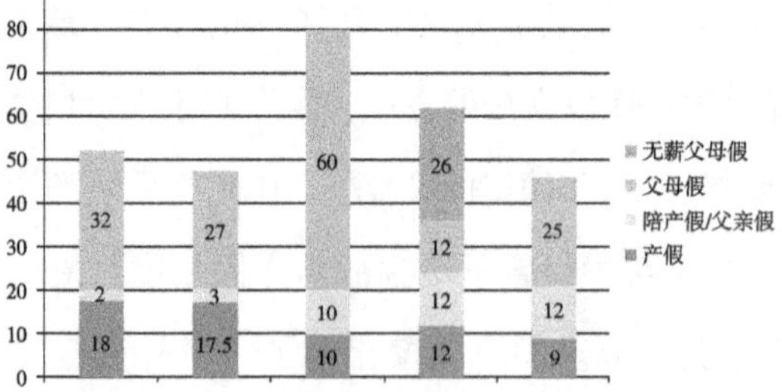

图1①

① 来源：国际劳工组织网站 http：//www.ilo.org/global/lang-en/index.htm。

（三）陪产假收入补偿政策

各国的陪产假可以分为带薪休假和无薪休假两种，而陪产假期间的收入直接决定着劳动者是否选择休假。面对养家糊口的压力，如果休假将带来没有收入或者收入减少的结果，很多劳动者尤其是低收入家庭劳动者只能选择放弃假期。以实行无薪陪产假制度的美国为例，“据美国劳工部调查，大约88%的职工认为他们需要假期，但是不能真正去享有的原因是这个假期是无薪休假，如果没有对休假期间给予经济上的补偿，很难维持家庭生活上的开销”（Halverson，2003）。因此，陪产假收入补贴政策是否合理直接决定着制度功能的发挥和规制目标的实现。

OECD 国家中有 11 个国家设置了全额收入补贴的陪产假制度，但是一旦带薪假期超过 1 个月（约为 4.3 周），收入补偿率则会下降。在提供至少 1 个月带薪假的国家中，挪威和西班牙收入补偿率最高，挪威的收入补贴额占平均工薪人士总收入的 95%，西班牙的父亲在 30 天的带薪假期间有权享受全额支付。在日本，父亲的带薪假为 52 周，休假期间的收入补偿约占平均工薪阶层总收入的 58.4%，相当于 30.4 周的全额支付的收入补贴，是 OECD 国家中迄今为止为父亲提供的最高收入补偿（International Labour Organization，2014）。

（四）我国陪产假立法的现状

1. 立法背景

我国现行立法中并没有对陪产假作明确的规定，甚至在国家层面的统一立法中并不曾出现过“陪产假”这个法律概念。2001 年第九届全国人大常委会第二十五次会议审议通过的《人口与计划生育法》是我国第一部集中规定生育制度的法律文件，但其中并未提及陪产假制度，只在第二十五条笼统地提到“公民晚婚晚育，可以获得延长婚假、生育假的奖励或者其他福利待遇”，此处的“生育假”和“其他福利待遇”即为各地细化具体的奖励制度提供了立法空间。因此，各地根据第二十五条创设了“生育护理假”，规定在全国各省、自治区和直辖市的人口与计划生育条例中，其实质上即是本文的研究对象陪产假制度。在大陆 31 个省级行政单位中，除西藏外的 30 个省级行政单位的《人口与计划生育条例》均对

“陪产假”进行了规定。并且地方立法关于陪产假的享受条件与《人口与计划生育法》的立法精神保持一致，即陪产假以晚婚晚育为前置条件，这一做法亦是与我国当时的人口政策相呼应的必然选择。但随着我国人口结构的实质性改变，尤其是老龄化的加剧和未来劳动人口数量的不足，2015 年第十二届全国人大常委会第十八次会议审议通过了修正后的《人口与计划生育法》，在全面二孩政策的推行下，第二十五条也悄然发生变化，立法删去了晚婚晚育的限制条件，提出“符合法律、法规规定生育子女的夫妻”均可以获得延长生育假的奖励或者其他福利待遇。但同样未对其他福利待遇进行明确和细化，陪产假制度仍然由各地立法进行规制。各地的《人口与计划生育条例》也基本上都随之将陪产假的适用条件调整为“符合法律、法规规定生育子女的夫妻”。

2. 各地陪产假立法情况梳理

（1）陪产假时间规定

统计发现，除西藏未出台《人口与计划生育条例》外，其余 30 个省份均在本地计生条例中明确规定了陪产假（部分地区称为护理假）的期限。其中，最短的陪产假有 7 天，最长的则有 1 个月之久，多数地区的陪产假为 15 天。

目前，陪产假最短的为天津、山东两地，为 7 天；其次是上海，为 10 天。北京、河北、山西、辽宁、吉林、黑龙江、江苏、浙江、福建、湖北、江西、广东、海南、重庆、贵州、青海等省市的陪产假均为 15 天。湖南、四川两地的陪产假为 20 天；内蒙古、广西、宁夏的陪产假为 25 天；安徽、陕西两地的陪产假根据夫妻是否异地生活而不同。安徽规定，男方享受 10 天护理假，夫妻异地生活的，护理假为 20 天；陕西规定，男方护理假为 15 天，夫妻异地居住的给予男方护理假 20 天。在上述 30 个省份中，河南、甘肃、云南三地的男性享受的陪产假期限最长。根据新版计生条例，河南的护理假为 1 个月，甘肃和云南的护理假为 30 天。

（2）陪产假待遇规定

陪产假制度实施过程中另一个最为当事人双方，即用人单位和劳动者关心的即是陪产假待遇问题。一方面，对于用人单位而言，陪产假的实施不仅会减少用人单位可支配的用工时间，同时用工成本并没有因此而降低；另一方面，对于男职工而言，陪产假期间的待遇水平以及是否会对其他劳动权益带来不利影响则是决定劳动者是否“敢于”休假和“愿意”休假的根本性因素。实践中，很多地方出现不是老板不让休陪产假，是员工自己不愿休的奇怪现象，其背后的原因其实就是陪产假待遇问题。

各地的《人口与计划生育条例》对陪产假期间的待遇基本都作出了明确的规定，即“陪产假视为正常出勤，休假期间工资奖金照发，不得降低工资福利待遇”。例如，《北京市人口与计划生育条例》第十八条①规定“女职工及其配偶休假期间，机关、企业事业单位、社会团体和其他组织不得降低其工资、予以辞退、与其解除劳动或者聘用合同”；《广东省人口与计划生育条例》第三十条规定“在规定假期内照发工资，不影响福利待遇和全勤评奖”；《贵州省人口与计划生育条例》第三十三条作出了更加详细的规定，“在享受以上规定假期间的工资照发，福利待遇不变，不影响考勤、考核和晋级、晋职、提薪”。通过以上三地的相关规定可见，各地立法均将陪产假期间的工资报酬支付义务附加给了用人单位。而这一做法也正是目前陪产假存在诸多问题的根源所在。对用人单位而言，陪产假的实现无疑在加大其用工成本的支出的同时也对其人力资源的管理和调整提出了更高的要求，绝对是弊大于利的“赔本买卖”。

3. 我国陪产假实施状况及原因分析

2009 年，中央党校妇女研究中心学者在全国部分大中城市组织了一次关于男性陪产假的调查，形成了《关于男性带薪护理假公众需求的调查报告》。报告称，“对‘休产假也是男性权利’的说法，60. 7%的人非常同意，31. 4%的人基本同意，两项相加，92. 1%的人表示了肯定意见。在回答赞成休假的理由时，81. 8%的人选择了‘生育是夫妻双方共同责任’，71. 2%的人选择了‘产妇和新生儿特别需要照顾’。调查显示，多数男性是有照顾愿望和内心需求的，至少是

① 编者按：2021 年已修改。

理解和承认男性应该有护理责任的，可以说明当代人对于男性参与生育事务的态度和观念已经有了较积极的变化。”① 由此可见，劳动者对实施陪产假的呼声很高。同时，全国31个省级行政区中30个省在《人口与计划生育条例》中明确赋予男职工以陪产假的权利，为陪产假制度提供了法律支持。看似一切水到渠成，但现实却是无论是新闻报道还是学者的调研均发现陪产假的实施情况并不乐观。有记者调研发现，“一些单位的领导受到男主外女主内的传统思想的影响，没把男性陪产假放在心上；有的老板由于担心企业生产经营受影响，不愿给男员工放陪产假，很多员工也都不敢或不愿为了几周陪产假而跟领导较劲”（申国华，2018），陪产假沦为“纸面上的福利”。总体而言，陪产假在实施过程中的问题主要表现在缺乏维权途径和陪产假待遇难以保障两个方面。其一，企业不允许男职工休陪产假或休法定时长的陪产假时，职工往往缺乏维权的途径。其二，因陪产假待遇难以保障，劳动者不愿休假或不敢休假现象普遍存在。面对用人单位拒绝支付陪产假期间的待遇，或者只支付一定比例的报酬的做法，劳动者只能选择主动放弃休假。

很显然，上述两种情况下用人单位的做法都是违反现行法律规定的。而有法不依的原因，首当其冲的在于陪产假并不是由国家层面的法律统一规定，其权威性不足，同时陪产假在我国作为一种奖励假，其法律强制性同样不足，双重短板之下，即使劳动者的休假权遭到侵害也难以实现有效维权。此外，由于现阶段我国的劳动监察制度还存在诸多不完善的地方，对于用人单位遵守劳动法律情况的监督检查还存在许多的缺位。因此，在既缺少内在动力又缺乏外在监督的情况下，陪产假的实施困难重重也就不足为奇了。

除了上面这个众所周知又显而易见的原因外，我们更应当去探索的是现阶段我国陪产假立法背后更为深层次的价值理念偏失。一方面，陪产假作为一种鼓励假而产生，立法理念中对促进公平就业的重视不够。但陪产假绝不仅仅只

① 中央党校妇女研究中心召开理论研讨会建议设立男性生育护理假DDB/OLD，中共中央党校网站，访问地址：http：//www. ccps. ，ov. cn/syzblm/zydxyw/12912. htm，最后访问时间：2020年7月18日。

是为国家生育政策的贯彻实施，国家人口增长、经济发展而设置，也不仅仅只为男性更好地分担生育事务，回归父亲本该享有的育儿权利而完善。陪产假立法更为重要的任务和理念应当是通过设立与女性劳动者产假时长相当的男性陪产假和育儿假而促进平等就业的实现。合理的陪产假制度既可以满足女性劳动者产后尽快恢复身体、照看婴幼儿和及时回归岗位，更重要的是能够减少用人单位选择女性劳动者的机会成本，从而最大限度地降低就业性别歧视的存在。但无论从我国陪产假立法的位阶还是各地立法中对陪产假权利义务内容的设置和强制性选择均没有充分体现促进公平就业的重要理念。另一方面，现行陪产假立法将过多的成本附加于用人单位。如前所述，所有设置陪产假制度的省市均明确规定陪产假期间的工资报酬不变，这一做法的合理性和正当性值得探讨。生育不仅是个体家庭绵延子嗣的方式，更是一个国家维持稳定，补给劳动力的唯一途径。费孝通在《生育制度》中曾指出，生育是父母的义务，也是为社会补充人口，增加人口总量，提供劳动力资源，因此也是国家的义务。因为社会的完整必须人口的稳定，稳定人口有赖于社会分子的新陈代谢。供给新的社会分子是生育制度的任务。（费孝通，1999）因此，陪产假作为生育行为的衍生品，将其成本全部附加于用人单位明显缺乏逻辑基础，并且现行立法中的陪产假仅仅处于宣示状态，既无法律强制性措施又无激励性机制，如此一来，“在相关制度设计不周延时，基于企业雇主逐利性本质和成本考虑，将会受到雇主基于机会主义的集体规避和利己选择”（吕惠琴，2014）。因此，未来陪产假立法必须改变计划经济模式下“国企保障劳动者福利”的理念，充分认识市场经济背景下企业的逐利性本质，站在促进人口增长和提高人口素质的宏观高度重新思考陪产假成本的分配方式。

五、陪产假的规范反思与探索

长期以来，“得益于庞大基数带来的人口红利，我国的生育政策一直充满挑战”（刘骥、德新建，2015）。作为生育政策主要的关涉主体——女性劳动者，与其相关的生育休假权益尚处于完善的过程中，更勿言存在之合理性尚饱受质疑的男职工陪产假制度。但时至今日，我们所面临的经济发展新常态，人口数量与结构的新特征，城镇化、老龄化所带来的机遇与挑战并存无一不用事实向我们发出警告，必须转变消极的生育政策，正视两性平等就业和婴幼儿健康成长的重要性。因此，在我国最终实现全面建成小康社会的攻坚阶段，应当同时完成我国生育政策的积极转型。不仅要进一步加强保障妇女生育权的理念，更应当思考如何协调女性劳动者的生育权与工作权之间的冲突，在生育政策中融入现代家庭理念，突出男性劳动者的育儿责任和权利，营造平等的良性就业环境，如此以来，广大女性劳动者才敢生，能生。而陪产假作为产假制度的重要组成部分，其在未来我国生育政策的持续积极转型和完善过程中将发挥必不可少的作用。但我们也应当认识到，任何政策的实施和政策目标的实现都不是一方主体所能够完成的，陪产假制度不仅与政府的导向直接相关，同时也离不开企业、劳动者个人和家庭等多个利益主体的参与和配合，不仅需要出台政策、制定法律，还需要财政的支持、社会保障的支援、税收制度的助力等。故而，如何在正视我国现实国情与积极借鉴发达国家相关经验的基础上，建立与我国社会经济发展相契合的陪产假法律制度将是不可回避且亟待解决的问题。

（一）在法律层面明确陪产假制度

如前所述，我国现阶段的陪产假制度仅仅停留在地方的《人口与计划生育条例》中，还只是地方规章，其弊端显而易见。一方面，位阶低导致权威性和强制性大打折扣，实施效果可想而知。另一方面，陪产假标准不统一，难以实现劳动者出现地域性流动时的平等性。要解决以上问题，唯一的途径也是法律规制的必由之路即是在国家层面上进行统一立法，赋予陪产假以合法的身份，如此才能解决陪产假是“空头支票”的现实窘境。因此，笔者认为，可以在现行的《人口与计划生育法》中增加有关陪产假制度的内容，具体而言可以将陪产假的内容放在第二十五条的后面，作为第二十五条中提到的奖励的具体内容的展开。

关于陪产假立法模式的选择，即进行独立设置还是与产假、育儿假混合立法，笔者认为从承继我国现行立法内容和未来实行效果考虑，设置独立陪产假制度更符合我国国情，更有利于陪产假制度功能的发挥。首先，我国现阶段并没有关于育儿假的规定，并且育儿假作为更加复杂的问题，在现阶段进行立法的可能性不大。如果硬要将陪产假和育儿假混合立法，就意味着现阶段陪产假立法同样无法实现，而产假制度是规定在国务院《女职工劳动保护特别规定》这一法规中的，作为以男性劳动者为权利主体的陪产假很显然不适合放在其中。因此，按照立法成本最低原则的要求，在《人口与计划生育法》中对陪产假制度进行规定是最为合适的选择。其次，陪产假和产假、育儿假是彼此独立的法律概念，在生育制度中也分别扮演着不同的角色，不宜进行混合立法。陪产假作为产假制度的一种，与育儿假均是作为下位概念而存在。因此，除非国家制定专门的产假立法，否则按照现行立法状况，无法将三者进行统一规制。另外，虽然其他国家存在将陪产假混同为育儿假进行立法的情况，但可以发现无论从对男性劳动者休假权保护还是平衡两性就业权抑或是婴幼儿健康成长等方面均没有明确独立的陪产假法律规制更能实现其制度功能。并且我国现阶段各地的《人口与计划生育条例》也均选择了单独设置陪产假的模式，而对于育儿假则尚未涉及。

至于陪产假的时间，可以综合考量各省市现行立法中所设定的标准，取中间值作为最低限要求，例如 4 周时间。规定各地可以在此最低限以上确定更适合本地的陪产假时间。此时，这一最低时间便具有了劳动基准的性质。这样的做法既考虑到各省市之间经济发展水平的差异性，给予各地根据自身情况确定陪产假时间的权利，同时通过设定最低限制的方式确保劳动者权利的实现。

另外，陪产假作为男性劳动者的法定休假权还应当具有不可转让性，即父亲不可将陪产假让渡于母亲。因此，立法应当强化陪产假的强制性休假特点，真正地平衡男女双方之间的假期设置，既维护父亲在生育保护工作中的必要权利和责任，同时真正发挥陪产假在就业性别平等环境的营造中的作用。

（二）充分发挥生育保险基金的保障作用

有效推行陪产假制度，确保其充分落地，沿着“政府请客，企业买单”的思路是走不通的。关于陪产假待遇的经费来源，各个国家也大相径庭，概括而言无外乎社会保险、企业和专项基金三种途径。企业作为用工主体分担部分陪产假待遇理所当然，专项基金目前在我国实施的内外部条件仍不具备，因此笔者单就社会保险基金在陪产假待遇保障中的作用进行探讨。

社会保险中与生育行为相关的保险类别为生育保险，我国对生育保险的定位是“女职工因怀孕和分娩造成暂时丧失了的能力、中断正常收入来源时，从国家和社会获得物质帮助的一种社会保险制度”（《劳动与社会保障法学》编写组，2018）。因此，同样作为缴费主体的男性劳动者似乎并无法直接享受生育保险带来的保障红利。究其原因在于我国的生育保险制度“模糊了参保人对医疗保障和生活保障的不同需求，将产子和养育行为混为一谈”（唐一鹏，2019）。这一弊端的最大体现除了未将女性劳动者的产假和育儿假进行区分外，还有就是未为男性劳动者的陪产假收入提供支持。生育不仅有生还要育，而育之责任不仅仅在母亲更应当鼓励父亲育儿责任的回归，从这个角度而言，陪产假和育儿假的待遇均由生育保险支付也就无可厚非了。

2019 年国务院办公厅正式发布《关于全面推进生育保险和职工基本医疗保险合并实施的意见》，将 2017 年开始的合并实施试点方案正式推向全国。正如该意见开篇所言，两项保险的合并是保障职工社会保险待遇、增强基金共济能力以及提升经办服务水平的重要举措，但我们同时也应当注意到，将生育保险基金并入职工基本医疗保险基金的做法进一步强化了生育保险的医疗保障功能而弱化了其生活保障功能，因此，就目前而言缺乏社会保险基金对陪产假待遇以及未来必将同样考虑实施的育儿假待遇予以支持的制度空间。有学者认为，对此“政府应该在此次社保改革的基础上，将生活保障功能从生育保险中剥离出来，尝试建立以保障育儿家庭为核心的家庭支持基金”（唐一鹏，2019）。综上，生育保险作为分担家庭生育风险的社会保障模式，通过社会统筹的方式完全可以实现对男性陪产假待遇的保障。对此，我们可以考虑设置陪产假津贴，参照女职工生育津贴进行制度设计，由生育保险基金支付，从而降低现阶段生育保险生活保障功能弱化的现实弊端，从制度层面给予根本保障。

参考文献

李西霞：《生育产假制度发展的国外经验及其启示意义》，载《北京联合大学学报（人文社会科学版）》2016年第1期。

International Labour Organization. Maternity and Paternity at Work: Law and Practice Across the World, 2014.

彭春婷、许佳琳、张智勇、张维宏：《OECD国家和中国生育产假政策的比较》，载《中国劳动关系学院学报》2019年第6期。

O´BRIEN M. Fathers, Parental Leave Policies, and Infant Quality of Life: International Perspectives and Policy Impact [J]. The Annals of the American Academy of Political and Social Science, 2009, 624 (1): 195.

Chuck Halverson. From Here To Paternity: Why Men Are Not Taking Paternity Leave Under The Family And Medical Leave Act [J]. Wisconsin Women´s Law Journa1, 2003, (18).

中央党校妇女研究中心召开理论研讨会建议设立男性生育护理假DDB/OLD，中共中央党校网站，访问地址：http：//www. ccps. ，ov. cn/syzblm/zydxyw/12912. htm，最后访问时间：2020年7月18日。

申国华：《保障男性陪产假不能“跟着感觉走”》，载《中国青年报》2018年1月14日第002版。

费孝通：《生育制度》，商务印书馆1999年版。

吕惠琴：《我国生育保险法的价值重构和完善路径——兼评〈征求意见稿〉》，载刘俊主编：《社会法研究》，法律出版社2014年版。

刘骥、德新建：《计划生育政策执行探析：兼论计生改革的难点与方向》，载《中国刑侦管理》2015年第6期。

《劳动与社会保障法学》编写组：《劳动与社会保障法学》（第二版），高等教育出版社2018年版。

唐一鹏：《OECD国家的生育支持服务体系及其启示》，载《人口与社会》2019年第2期。

90后女性生育保障的需求与对策研究

——以湖南省C市为例

罗慧丹　王向梅*

摘　要：伴随近年来我国生育政策的一系列调整，生育保障的重要性有所上升。如今，90后逐渐成为生育主力军。本研究以C市90后女性的生育保障需求为研究重点，通过分析90后女性的生育保障需求内容、特点及其影响因素，为促进相关公共政策完善、推动性别平等与可持续发展提供学术支撑。调研显示，C市90后女性的生育保障需求，主要表现为“增加生育休假时长”“提高生育津贴数额”以及“完善相关配套措施”等，并且呈现出“强调男性参与育儿”“完善缴费方式”“加强托幼服务”等突出特点。在分析相关因素的基础上，本文建议从政府、社会和个人三方面入手采取相应措施来完善生育保障政策。

关键词：90后女性；生育保障；生育保险；生育假；育儿假

一、问题的提出

伴随近年来我国生育政策的一系列调整，生育保障的重要性显著上升。一方面，生育保障的水平，体现着国家对人口再生产的重视和对生育价值的认可，也彰显了国家对妇女儿童健康权的保障力度。生育保障，主要指在承认并尊重生育价值及其社会意义的前提下，在一国范围内对生育行为实行宏观指导和综合保护，以保持人口再生产与国家经济社会的发展相适应（胡盛仪，1996）。另一方面，生育保障与生育主体的生存发展密切相关。生育保障是社会保障体

* 罗慧丹，北京大学法学院法律硕士研究生，主要研究方向：性别与法律。王向梅，中华女子学院中国妇女发展研究中心执行主任、副教授，主要研究方向：社会性别与公共政策、妇女运动、妇女史。

系的重要组成部分，生育保障对于生育主体来说具有现实意义。作为生育保障主体的生育保险制度，在生育事件发生期间对生育责任承担者给予收入补偿、医疗服务和生育休假的社会保障制度，包括生育津贴、医疗护理、生育补助、生育休假（潘锦棠，2003）。生育保险提供的休假津贴、医疗待遇和物质保障，可以减少生育主体因生育导致的经济风险，并保障其劳动就业权益和社会福利待遇。

近年来，生育保障的相关研究也随着生育政策的推进逐渐成为学术研究热点。各界学者从社会性别、经济成本、社会福利以及人权等角度对我国的生育保障政策进行了研究，呈现了我国生育保障的进步，同时也指出了仍存在的问题，比如，生育保险的法律规定还有待完善、生育保障政策覆盖范围窄、弱化男性生育角色、引发职场性别歧视等问题。

已有研究大多从生育保障政策出发，通过挖掘政策本身存在的问题，结合相关理论提出改善意见，是“以政策为导向”的研究范式。但是随着政策变迁，生育群体自身的变化也逐渐受到关注，90 后开始成为生育主力军，而 90 后以其特定的成长经历和自身发展状况，在生育意愿和生育安排等方面已不同于 70 后和 80 后，其生育保障的需求也相应地呈现出新的特点。因此，本文在新的生育政策和生育主体变化的背景下，以湖南省 C 市为例，重点考察 90 后女性的生育保障需求及其原因，并从生育主体的角度分析政策成效，结合人们的生育实践去探讨政策的改进空间。

二、90 后女性生育保障需求现状与特点

鉴于全国各地生育保障政策的具体内容并不统一，本研究从地方入手开展调查研究，以期更准确地把握新的人口与生育政策背景下的生育保障需求，提出完善生育保障政策的建议。按照国家有关法律政策，湖南省 C 市的生育保险待遇主要包括生育医疗费用、节育医疗费用、生育津贴及生育补助金，基本与其他省市一致。按照《湖南省人口与计划生育条例》，符合法定生育条件的夫

妻，女方除享受国家规定的产假外增加产假 60 天，男方享受护理假 20 天。因此，C 市的生育休假的规定包括，符合生育条件的女性可在国家法定产假 98 天的基础上享受 60 天的本市奖励假，即共可享受 158 天产假，男方享受 20 天的护理假。在这样的政策背景下，本研究选取 C 市 90 后女性为调研对象（其职业范围包括公务员、企业员工、事业单位员工等多种类型），基于对 201 份有效问卷和 5 名女性的深入访谈资料的研究分析，呈现其生育保障需求的主要内容与特点。

（一）90 后女性生育保障需求现状

生育保障需求与女性的生育意愿密不可分。人们对于理想子女个数的预期从某种程度上可以预测其生育意愿和生育行为。为了更好地分析女性的生育保障需求，需要首先了解作为当下乃至未来一段时间的生育主力军的 90 后女性的生育意愿。研究发现，在新的生育政策背景下 C 市 90 后女性的平均理想子女个数为 2.1，最高值为 4。由此可知，未来一段时间内可能会有更多女性选择生育两个以上的孩子。在这一基础信息前提下，本研究发现 90 后女性的生育保障需求呈现新的内容和特点。

表 1　90 后女性理想子女个数情况表

	N	极小值	极大值	均值	标准差	偏度	
	统计量	统计量	统计量	统计量	统计量	统计量	标准误
理想子女个数	201	1	4	2.10	0.566	0.521	0.172
有效的 N（列表状态）	201						

1. 需要适当延长生育休假时间

研究发现，对于 90 后女性来说，C 市规定的“凡符合法定条件生育的女性均可在 98 天法定假的基础上额外享受 60 天的奖励假”的规定，并不能满足女性的生育需要。主要存在两方面需求：一是半数以上的受访者认为现有的生育休假时间不能满足需要；二是现有的男性生育假期不足。

如图 1 所示，收集的样本中有 51.24%的人认为当前 158 天的产假不能满足生育的需要。有 22.39%的人认为当前产假基本能够满足生育需要，仅有 12.44%的填写者认为产假能够满足她们的生育需要。此外，笔者从另一组数据中发现，有 76.2%的受调查者希望产假能够在现有基础上适当延长 1 至 2 个月。究其原因，笔者认为是当前假期天数与婴幼儿的生长规律之间存在矛盾。产假结束时幼儿恰好已进入或将进入辅食阶段。国家规定哺乳期的女性员工每天有 1 小时的哺乳假，部分女性表示希望政策制定者能将往返时间考虑在内，将哺乳假时间延长至 3 小时。

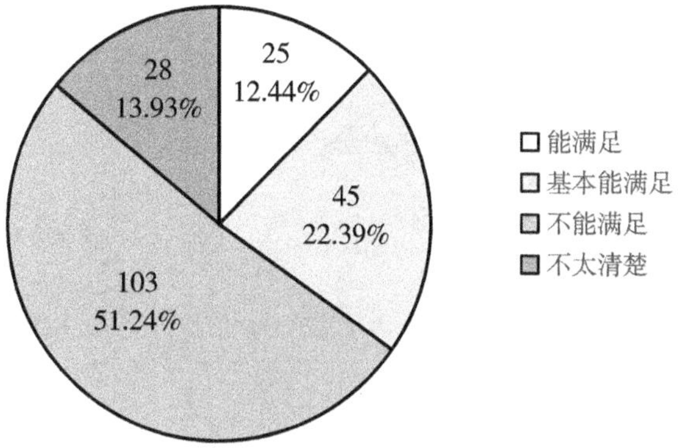

图 1　C 市产假满足 90 后女性生育需要程度的示意图

女性对于男性护理假的延长也存在强烈的需求。在被调查的 201 人中，有 87.06%的人支持设立男性护理假，有 80.1%的人认为目前 C 市的男性护理假需要延长。受访者表示不足 1 月的男性护理假难以真正满足育儿需要。在调查和访谈的过程中，不同经济条件、职业类型、职位高低、家庭环境的女性对生育休假的具体时长需求不一。经济压力较大、有原生家庭支持、职场位居高层岗位的女性普遍倾向于缩短假期。

但对于大多数女性而言，目前的生育休假的时长远远不能满足生育需求，她们希望产假的时间能延长至 1 年或幼儿结束辅食期后。此外，由于目前男性护理假的休假时间与产妇生产时间大部分重合，护理假未能切实发挥男性育儿的作用。因此有女性建议男性护理假的时间能够延长至 1 个月，或者增加一定时间的男性育儿假。

2. 需要调整生育津贴的额度计算标准

C 市 90 后女性在生育保险方面的需求主要体现在生育津贴上。目前湖南省政策要求生育津贴达到工资水平，不足部分由单位补足。但是从调查结果来看，生育津贴对女性生育需要的满足程度还有待提高。

如图 2 所示，有 46. 27%的人认为当前的生育津贴不能满足自己的生育需要，27. 86%的人认为当前的生育津贴基本能满足生育需要，仅有 8. 46%的人认为生育津贴能满足生育需要。此外，有 17. 41%的人不能确定当前的生育津贴是否能够满足生育需要。

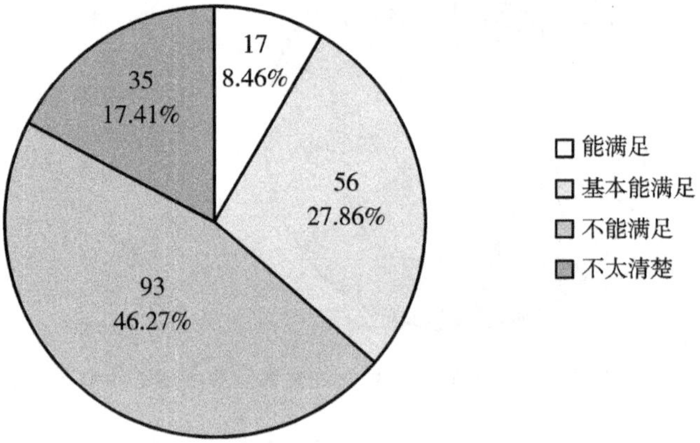

图 2　C 市生育津贴满足 90 后女性生育需要程度的示意图

论其原因，首先是基础工资影响了生育津贴的数额。C 市政府文件仅规定，生育津贴=单位人均缴费工资÷30（天）×假期天数（计算出的生育津贴不得低于本人的工资标准）。但规定并没有明确指出生育津贴是不得低于本人在岗时的每月正常工资还是不得低于本人的月基础工资。较低的基础工资是女性认为生育津贴不能满足生育需要的重要原因。自 2016 年起，C 市规定在女职工生育离岗期间以生育津贴代替工资。可在实际执行中，部分单位以员工基础工资为标准发放津贴，使员工在生育离岗期间得到的收入远低于正常上班时的工资收入。进一步探究津贴不能满足生育需要的原因，笔者发现有 63. 68%的人选择了“生育期间的基础工资太低”一项。由此可见，基础工资太低是目前生育津贴不能满足生育需要的一项重要原因。

其次是目前的生育津贴不能满足育儿需要。C 市自 2019 年 10 月起正式开展生育保险和医疗保险合并的工作，此举使生育保险渐渐脱离“生”和“育”的内涵，更加偏向成为一种“生孩子”的补贴。可实际上，幼儿照料的时间跨度远超生育津贴发放的时间跨度，生育补助远不能满足实际的育儿花费。

3. 需要完善生育保障配套政策

调查发现，生育保险和生育休假政策实行的过程中仍有部分女性没有实际享受到奖励假。通过对这部分女性的调查，未休满奖励假的原因如表 2 所示：

表 2　C 市 90 后女性未休满奖励假的原因分析表

		响应		个案百分比
		N	百分比	
未休满奖励假的原因[a]	职场竞争激烈，压力大	27	18.4%	50.0%
	单位人手不够，工作太忙	23	15.6%	42.6%
	单位只批了这段时间的产假	10	6.8%	18.5%
	家庭经济压力大	27	18.4%	50.0%
	育儿工作已有家庭支持	24	16.3%	44.4%
	产后身体已经得到恢复	23	15.6%	42.6%
	其他	13	8.8%	24.1%
总计		147	100.0%	272.2%

注：a. 值为 1 时制表的二分组。

由表 2 可知，未休满奖励假的众多原因中，“职场竞争激烈，压力大”一项被选的次数最多，“家庭经济压力大”次之，再次是“育儿工作已有家庭支持”以及“单位人手不够，工作太忙”。这些问题有一部分是由于生育保障政策的配套措施不够完善。与外国相比，我国在产假政策中没有设置弹性工作制，女性一旦休产假便要脱离职场，如若回归职场便得结束产假。女性在权衡休假或回归职场的过程中往往会受到“效益最大化”原则的影响，为了减轻家庭的经济压力和维护个人的职业发展而选择提前结束休假。社会和儿童福利与女性的个人发展不能成为对立面。“一刀切”的政策方案已经不能满足90后女性的需要。她们需要一种结合女性育儿需求与工作需求的新工作模式，增添返岗后办公的时间以及地点的灵活性，缓解女性因为休假而产生的职场“脱离感”。

（二）90后女性生育保障需求的特点

C市90后女性的生育保障需求主要集中在生育休假制度和生育保险制度两个层面。通过问卷数据分析以及访谈调查，可以发现90后女性总体上对生育保障的需求呈现出以下几个方面的特点。

1. 对男性参与育儿需求强烈

除国家统一规定的产假、哺乳假外，我国大多数地方在《人口与计划生育法》的授权下有关于丈夫护理假的规定，即符合计生政策的生育女职工的丈夫享有7-30天的护理假（男性陪产假），湖南省的政策是男性享有20天护理假。有学者指出，以往以女性为休假主体的模式加强了女性与家庭的联结，淡化了男性的育儿责任（林建军，2014）。本次调查发现，90后女性对男性育儿假的需求比较强烈：87.06%的人认为需要延长男性休假时间。

而且，从实际来看，目前C市男性护理假的实际利用率较低。假期发放的时间与产妇生育、住院的时间重合度高。产妇在院中的生产前后护理阶段都有医护人员以及其他女性家庭成员的支持，丈夫在其中发挥的作用较少。出院后男性成员护理假假期临近结束，男性对育儿活动的实际参与有限。可见传统的性别分工模式在育儿方面的体现依然明显。男性的职业生涯极少因为育儿活动发生较长时间的中断，而女性则与此相反。幼儿照护一直是社会建构给女性的、难以推卸的责任。在女性扮演的社会角色与家庭联结不断紧密的同时，男性则由于社会建构的“主外”的性质而不断积累社会资源。长此以往，男性与女性之间的性别差异将会越发明显，性别分工模式将会持续维护男女在家庭以及社会资源获得方面的不平等地位。因此，无论是女性还是从整个家庭结构而言，男性都需要更多地参与到育儿活动中。

2. 对改进生育保险缴纳方式的需求强烈

在对 201 位填写者关于生育保险改进建议的调查中，选择“应扩大生育保险的覆盖面，改善非职工的缴纳途径”一项的人占到了总人数的 89.55%。由此可见，90 后女性对扩大生育保险覆盖面的需求比较强烈。当前我国已将生育保险纳入“五险一金”的范畴，单位缴纳“五险一金”的员工都能够享受生育保险。但还有相当一部分个体工商户以及无业女性无法享受这一待遇。此外，部分女性职工也存在异地生育如何缴纳保险的困扰。可实际上自 2019 年起 C 市医疗保险与生育保险已经实现了合并，异地就医、异地分娩的报销问题是不难解决的。但是在调查过程中，笔者发现多数女性并不了解保险制度的新政策与新变化，政策宣传工作的欠缺，可能使得许多女性白白负担本可以报销的费用，损害了女性的权益。此外，还有 135 人赞成改变生育保险的缴纳方式。希望国家能够在生育保险中扮演重要角色，将当前以企业为主的缴纳方式转变为国家、企业、个人三方共同缴纳的方式，减轻企业负担。

3. 托幼服务公共化需求高

接受调查和访问的 90 后女性普遍支持公共托幼服务的开展。幼儿的人员照料和经济花费等因素已经成为 90 后女性决定生育时必须考虑的问题。如今多数核心家庭的原生家庭成了幼儿照料的主力。部分家庭甚至出现了孩子长时间随上一辈居住的情况。亲子分离损害了儿童福利。雇用保姆的开支也加重了家庭负担。公共托幼因具有公益性质和政府支持，比起私人机构更易获得家庭信赖。这一服务实际上是将一部分社会建构的母亲职责“社会化”了。原本由女性承担的“照顾者”形象被转移给社会承担，她们将有更多的时间和精力去追求职业发展并积累社会资源。

如今国家层面已经对女性的托幼需要进行了回应。2019 年国务院出台的《关于促进 3 岁以下婴幼儿照护服务发展的指导意见》明确了“家庭为主，托育补充”的原则，鼓励地方政府将托幼服务纳入政策范围，结合家庭需求开展全日托、半日托、计时托、临时托等多样化的托幼服务，并且加入了为经济困难家庭提供必要支持以及为新手父母进行相关培训等内容，可见生育保障政策完善已是大势所趋。

三、影响90后女性生育需求的因素

新的时代背景下，城市化进程加快，物质消费和生活水平相较过去都有所提升。生育不仅牵涉到夫妻双方，还关联到整个家庭乃至国家的未来发展。90后女性的生育保障需求受多种因素的影响，具体归为以下几个方面。

（一）经济因素

经济因素对生育的影响主要体现在生育成本方面。

由表3可知，“生育前后的护理成本高”成为津贴不能满足需要的首要原因。其次为“幼儿照料成本高”。经济因素对生育需求的影响不仅体现在生育津贴层面，还体现在休假层面。从表2可知未休满60天奖励假的其他行业女性从业者中，“家庭经济压力大”位列第一。2021年5月，为应对人口老龄化等一系列社会问题，我国正式出台“三孩”政策，但C市育龄女性对新政策反应平平。几乎所有的受访者均表示不会选择生育三孩。如果说选择生育二孩的重要原因之一是出于性别偏好（家中已有一孩的家庭更倾向于生育异性二孩），那么在家中已有一男一女的情况下，“三孩”显得没有必要。对于连续生育两个同性孩子的家庭而言，育儿的巨大经济压力和精力花费使他们根本不会考虑“三孩”。如果将生育孩子比作家庭对下一代的投资，运用机会成本的理论分析，家庭在对生育进行投资的过程中也可能丧失在同一时间对其他事物进行投资并获得收益的机会。生育对整个家庭经济支出结构的影响也是显著的。一位C市二孩母亲表示，自己一个孩子就报了三个兴趣班，只靠核心家庭的收入完全无法负担，还需要孩子的祖父母、外祖父母提供经济支持。由此可见，生育的经济压力可能需要三个家庭共同分担。

表3　90后女性生育津贴不能满足生育需要的原因分析表

		响应		个案百分比
		N	百分比	
生育津贴不能满足女性生育需要的原因[a]	生育医疗成本太高	97	18.4%	48.3%
	生育期间的基础工资太低	128	24.3%	63.7%
	生育前后的护理成本高	167	31.7%	83.1%
	幼儿照料成本高	132	25.0%	65.7%
	其他	3	0.6%	1.5%
总计		527	100.0%	262.2%

注：a. 值为1时制表的二分组。

（二）职业因素

除经济因素以外，职业也是影响女性生育保障需求的因素之一。

表4　工作类型与奖励假享受情况的相关性表

	值	df	渐进 Sig.（双侧）
Pearson 卡方	56.895a	3	.000
似然比	64.475	3	.000
线性和线性组合	54.491	1	.000
有效案例中的 *N*	203		

a.0 单元格（.0%）的期望计数少于5。最小期望计数为19.19。

通过对"工作类型"以及"60天奖励假的享受情况"两个变量进行卡方分析，得出P值小于0.001，可承认工作类型与产假对生育活动的满足程度二者之间具有显著性关系。在工作类型与奖励假享受情况存在相关关系的基础上，笔者进一步探究了二者之间的具体联系。

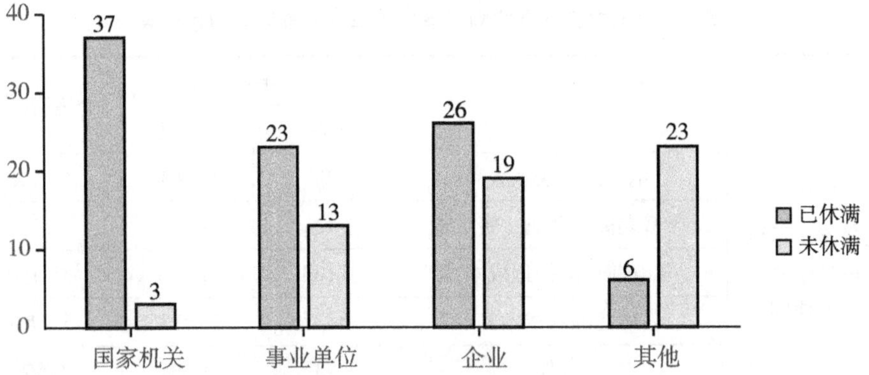

图 3　不同职业类型的已育女性对奖励假的享受情况图

在受调查的已育者中有 40 名国家机关工作人员，其中已休满奖励假的有 37 人，奖励假休息率为 92. 5%，未休满奖励假的有 3 人，占比约为 7. 5%。其中已育者与未育者之间的差距为 85%。在 36 名事业单位工作人员中，已休满奖励假的有 23 人，奖励假休息率约为 63. 9%，未休满奖励假的有 13 人，占比约为 36. 1%。已育者与未育者之间的差距为 27. 8%。在企业工作的女性已休满奖励假的有 26 人，奖励假休息率约为 57. 8%，未休满奖励假的有 19 人，占比为 42. 2%，二者之间的差距为 15. 6%。在国家机关、事业单位、企业三类单位工作的人员中，国家机关工作人员享受奖励假的人数最多，未享受奖励假的人数最少。二者之间的差距也比企业、事业单位的大。在未休满 60 天奖励假的已育者中，在企业工作的人数最多，其次为事业单位，最后为国家机关。除了这三类以外，其他职业类型的产假休息率仅为 26. 1%。因此，在本次调查中，不同职业的已育者对 60 天奖励假的享受程度存在较大的差异。

职业因素主要体现在职业的特殊性以及职场的竞争压力两方面。因职业的特殊性而自愿提前结束休假的情况在国家机关和事业单位中的表现较为突出。其中人事问题是主要原因。这在医护和教育等可替代性较低的行业也有所反映。部分单位某些岗位可替代性低，员工休假将会直接影响工作任务的完成。基于此种情况，休假的职员出于工作效益考虑可能会提前结束休假。职场的竞争压力主要体现在企业的工作人员身上。调查发现提前结束休假的在企业工作的女性往往居于中、高层管理或技术岗位。企业是以利润为经营目的的组织体。女员工休假可能使企业面临人力短缺与经济成本增高的双重局面。从某种角度来说，企业女员工越多，企业的经济风险就越大。尤其对于中、小企业而言，出于效益考虑它们在招聘过程中可能存在性别偏好。女员工如果休假太长，不仅可能产生职场“脱离感”，其被替换的风险也会增高，而女性并不会因为从事育儿等家务工作的增加而得到社会补偿（张慧霞，2015）。

改革开放以后，我国的教育质量不断提升，就业压力逐年递增。与计划经济时代单位包办一切的就业情况相比，市场经济时代单位对个人就业的保障大大削弱。90 后女性的职场竞争压力可能会比前几代人步入职场时所面临的压力更大。

（三）家庭因素

家庭支持与社群支持在过去数十年都是缓解女性育儿压力的重要因素。但随着城市化进程的加快，大家族聚居以及院落聚居的居住模式被打破，家庭结构变得更加零散、微小。在社群支持对育儿活动的影响明显减弱的情况下，家庭支持成了分担育儿压力的重要力量。90 后是计划生育时期出生的一代人，相比前代人，90 后女性得到原生家庭经济支持和人力支持的比例可能更高。在已育者未休满奖励假的诸多原因中，“育儿工作有家庭支持”一项位列第三。家庭因素与职业因素相辅相成。有家庭支持育儿的女性在同等情况下比没有家庭支持育儿的女性投入职场的可能性更大。调查显示有家庭支持的女性对公共托幼和产假及哺乳假延长的需求比无家庭支持的女性更低。

（四）其他因素

除职业、经济、家庭等因素外，社会因素也是影响女性生育保障需求的重要因素之一。女性育儿成本居高不下，与社会托幼服务的不完善不无关系。当前的托幼服务主要通过月子中心和熟人介绍两种途径获得。育婴质量得不到保证，有时还会引起雇主与月嫂之间的矛盾。随着市场上早教班的兴起，幼儿的早期教育已经成了许多父母不得不考虑的问题，而作为市场经济产物的早教班、智力开发班、幼儿兴趣班等一系列幼儿课程价格必将“水涨船高”。早教活动市场化使得其价格难以进行统一的规范，高额的早教费用加剧了新手父母的育儿经济成本，行业监管的疏漏和相关部门职能的缺位会为幼儿教育埋下隐患。

四、对策与建议

为进一步完善相关保障措施，提升服务质量，保障家庭和儿童福利，促进性别平等和社会公正，政府需要发挥主导作用，协调利益相关者，共同改善生育保障情况。有关部门应该加强统筹协调，完善配套措施，改善生育保障制度的顶层设计。社会需要积极配合政府政策推出相应的服务项目并加强政策宣传力度。个人也需要采取积极举措保障自身权益。具体建议如下：

（一）政府层面

针对目前生育休假天数和生育津贴发放方式不能满足育儿需要，育儿成本高等问题，政府需要适当调整目前的生育假期天数和生育保险发放方式的设置，并进一步承担社会责任，推动公共托幼发展进程。

1. 结合育儿需要适当调整生育休假的时长和模式

为了解当前产假天数满足女性生育需求的情况，笔者通过问卷调查得出如下结果：

表 5　158 天产假满足女性生育需要程度情况表

选项	频率	百分比	有效百分比	累积百分比
能满足	25	12.4	12.4	12.4
基本能满足	45	22.4	22.4	34.8
不能满足	103	51.2	51.2	86.1
不太清楚	28	13.9	13.9	100.0
合计	201	100.0	100.0	

保障女性的劳动权益是生育保障的出发点，产假的设置有着婴儿照护和恢复女性劳动力的双重目的（黄桂霞，2019）。数据显示，多数女性认为如今158

天的产假不能满足需要。生育假期的安排与设置应当与婴幼儿的发育过程相适应，同时也应该为夫妻进行共同育儿活动留出一定的时间。因此笔者建议适当延长生育假期和哺乳假。就产假而言，建议产假的时间延长至辅食期以后。此外，国家还有必要结合个人需要推出弹性休假方式（宋健、周宇香，2016）。

针对“父母育儿假”，C市可以根据本地的实际情况调整休假模式。“父母育儿假”并不是女性产假和男性护理假的简单结合，而是背负着“1+1>2”的社会期待，需要男女在育儿过程中进行有机互动。为保障此假的落实，提升父母的育儿能力至关重要。笔者建议政府承担社会责任，联合社会机构开办父母培训班，在节假日免费或以低价为待产以及新手父母提供系统的育儿课程，相关工作部门还可以设立相应的考核制度。不仅如此，“父母育儿假”还应承担起消解传统性别分工，促进性别平等和人类进步的历史使命。针对男性育儿意识薄弱的现象，建议相关工作部门联合医疗机构和社区单位开展男性育儿故事分享沙龙，鼓励男性以男性视角讲述和分享他们的育儿经历。还可以设置相应的奖励措施和表彰措施，以增强男性在父母育儿假中的参与感和获得感。

2. 改进生育保险发放模式并扩大生育保险的覆盖范围

当前，国家医疗保障局《关于做好支持三孩政策生育保险工作的通知》要求各地将“参保女职工生育三孩的费用纳入生育保险待遇支付范围”，“按规定及时、足额给付生育医疗费用和生育津贴待遇”。国家生育保险配套政策正在结合“三孩”需求进一步完善，但就具体实施层面而言，C市育龄女性生育“二孩”或“三孩”仍有顾虑。

即使已是“三孩”时代，我国的社会保险缴纳制度仍然以用人单位为缴纳主体，这毫无疑问增加了企业负担。目前企业和个人依然是负担的主体。从政策的普惠性角度考虑，笔者建议政府扩大国家对生育保险费用的承担比例，减轻企业和个人的缴纳负担，对经济上有特殊困难的人给予优惠政策。此外，生育在给国家带来人口红利的同时也增加了家庭的经济负担。生育作为人口的再生产，家庭在为国家创造福利的同时也需要得到一定的补偿。因此笔者建议适当延长生育津贴的发放时间，让生育津贴不仅能在产假期间减轻家庭的负担，还能在未来的一段时间里帮助缓解育儿的经济压力。具体的发放时间跨度需要与幼儿的发育过程相适应。全国还需要确定统一的生育津贴额度发放标准，同时规范生育保险的范围和基金来源（李线玲，2016），改变个别省市以员工基础工资为标准发放生育津贴的情况，减轻由于基础工资与平时工资相差较大给家庭带来的影响。

3. 推进公共托幼服务并完善相应监管机制

随着“三孩”政策的出台，国家在育儿配套措施方面也进行了相应的规定。《中共中央国务院关于优化生育政策促进人口长期均衡发展的决定》支持有条件的用人单位为职工提供托育服务。鼓励国有企业等主体积极参与各级政府推动的普惠托育服务体系建设。支持家政企业扩大育儿服务。鼓励和支持有条件的幼儿园招收 2 至 3 岁的幼儿。公共托幼服务在幼儿照顾的人员选择方面需要注意性别比例。如果一味选用女性照顾幼儿，那么从宏观角度上不仅是对女性气质的“固化”，也是对传统性别分工的维护。托幼公共服务也不过成了以一部分女性的劳动来换取另一部分女性的“解放”的传统服务，女性依然扮演着传统的性别角色，不利于推动性别平等的进程。

在照料过程中，托幼机构可以联合网络平台，使幼儿父母能够通过手机 APP 查询幼儿的实时情况。出于提供社会福利的目的，公共托幼的价格不应过高。建议政府和个人按比例分担公共托幼的费用，政府负担主要费用或与社会上的公益基金共同负担费用。除了育儿工作的配套措施之外，政府还需要关注女性休假可能给企业带来的人力成本以及人力结构变化所产生的一系列问题。建议政府根据实际情况为因为女性休假而产生损失的用人单位提供适当补偿。最后，为了促进生育保障政策的落实，建议政府设立相关的监管部门或赋予特定政府机构相应的监管职能，对政策及其配套措施的贯彻运行进行严格监管。

（二）社会层面

在新的政策背景下，社会所肩负的时代责任更加艰巨。在信息网络发达的时代，有些新手父母选择通过网络搜索引擎或手机 APP 来获取政策信息。但由于政府政策根据实际情况不断发生变化，部分网站信息滞后等问题给报销等带来了误导。因此笔者建议相关部门组织统一印制生育保障政策宣传手册，向民众系统、详细介绍当前政府生育保障政策的相关内容，并提供官方咨询方式。新闻媒体也需要肩负信息传播的责任，需要及时针对政策的新旧变化为民众提供说明。以此来加深民众对生育政策的了解，减少因为不了解政策而给生育活动带来的麻烦。同时，社区也需要发挥作用，定期开展生育政策宣传活动，并联合专业组织在社区内开展育儿知识培训课堂以及根据幼儿生长发育的需要建造公共“幼儿体育活动区”。此外，有条件的公共场所还可设立“亲子洗手间”，或者安排工作人员提供临时的幼童照料服务，以避免部分父母带异性子女进入洗手间、浴室等私密场所可能给他人带来的不便。

（三）个人层面

在如今的政策环境下，女性怀孕休假将给用人单位带来经济压力和人力资源分配压力。休假员工，尤其是身处岗位可替代性较低的员工，怀孕后有义务及时告知用人单位，为单位人力资源调整预留足够的时间以减少因个人原因给单位带来的不便。随着社会的发展，社群支持网络对育儿起的作用也越来越小。育儿工作更多地依靠核心家庭的父母。核心家庭的育儿工作应该由男女共同负担而不能明显朝一方倾斜。新手父母需要提高育儿意识，积极参加社区或其他机构举办的育儿知识课堂。建议男性提早参与到育儿活动中以帮助缓解女性的育儿压力。男性可以提前掌握相关知识，提升育儿能力，增加亲子陪伴时间，打破以往主要由母亲承担育儿工作的局面。

五、结论

本研究以湖南省 C 市为例，基于对 90 后女性的生育保障需求的调查，分析影响女性生育保障需求的主客观因素，进而提出相应的对策建议。通过问卷调查和访谈，笔者发现在生育政策调整的时代背景下，90 后女性存在延长生育休假时长、改变生育津贴发放的额度计算标准以及完善相关配套措施等方面需要。女性的生育保障需求受经济因素、职业因素以及家庭因素影响较为明显。针对以上需求及影响因素，笔者建议，首先，要不断完善制度顶层设计，在生育政策调整的背景下加强生育保障的力度；其次，要更新生育保障的内容与理念，增设“父母育儿假”、延长夫妻的生育假期，促进男女共担生育责任。再次，要扩大生育保险覆盖面并设立统一的额度发放标准，缓解个人和企业的生育压力。最后，政府和社会也要共同推动生育服务体系建设，尤其是要提升公共托幼服务、医疗保健等方面的便利性和实用性。

参考文献

潘锦棠：《中国生育保险制度的历史与现状》，载《人口研究》2003 年第 2 期。

胡盛仪：《中国生育保障的法律制度》，载《法学论坛》1996 年第 4 期。

张慧霞：《论女性社会保障的需求及实现——生育政策逐步放开背景下对女性社会保障制度发展的思考》，载《中华女子学院学报》2015 年第 5 期。

宋健、周宇香：《全面两孩政策执行中生育成本的分担——基于国家、家庭和用人单位三方视角》，载《中国人民大学学报》2016 年第 6 期。

林建军：《从性别和家庭视角看“单独两孩”政策对女性就业的影响》，载《妇女研究论丛》2014 年第 4 期。

李线玲：《新形势下生育保险待遇落实探讨》，载《妇女研究论丛》2016 年第 2 期。

黄桂霞：《女性生育权与劳动就业权的保障》，载《妇女研究论丛》2019 年第 5 期。

谭琳、李军峰，《婚姻和就业对女性意味着什么？——基于社会性别和社会资本观点的分析》，载《妇女研究论丛》2002 年第 4 期。

林燕玲：《女职工假期设置对女性权益维护的影响及国际经验比较》，载《中国劳动关系学院学报》2018 年第 3 期。

李西霞：《生育产假制度发展的国外经验及其启示意义》，载《北京联合大学学报（人文社会科学版）》2016 年第 1 期。

朱秋莲：《新中国人口生育政策变迁研究》，湖南师范大学出版社 2015 年版。

郑真真、张春延等：《生育意愿与生育行为——江苏的现实》，社会科学文献出版社2017年版。

杨菊华：《生育政策与少儿福利》，哈尔滨出版社2007年版。

宋健：《社会性别视角下的中国社会政策》，社会科学文献出版社2012年版。

梁中堂：《中国计划生育政策史论》，中国发展出版社2014年版。

父道的社会建构与传递

张 源*

摘 要：“父亲”角色是男性身份的重要方面，并在男性特质建构中发挥着重要作用。男性不是天生的，父亲也不是天生的，而是社会建构的，并且通过代际向下传递。在中国古代社会，封建的父权制国家机器，一直都非常重视对“父道”的社会建构和干预，从国家层面上，把君父和臣子之间的关系，与家庭成员当中，父亲与孩子之间的关系提高到同一个高度，进行了多方面的国家共同意志的建构。然而在中国现代化的进程当中，对于父道的认识、理论化以及社会对于父道的重视和干预，都处于一个相对失忆和缺位的状态。本研究从对于父和父道的基本概念出发，在中国的历史文化和家国伦理中，重新找回对父道的认识。在此基础上强调，在当代中国社会发展和男女个体发展的时代背景下，更加应该看到建构和践行新型父道，对于个人、家庭和社会等各方面所带来的重要的积极作用。我们认为，个人、家庭、学校、用人单位和社会制度、大众媒体和舆论监督等各个方面，男性和女性各个性别群体，都应该充分认识到父道的学理与实践的必要性和重要性，并且承担相应的具体责任，共同构建满足我国新时代发展需要的新型的父道体系和文化，使得各方均能从中受益。

关键词：父亲；父道；父性；社会建构

一、父道的传统文化渊源

“父亲”角色是男性身份的重要方面，并在男性特质建构中发挥着重要作用。《史记·屈原贾生列传》载“父母者，人之本也”。父母是子女的生命来源，也是父母将孩子抚养长大。然而由于男性特质的建构和规训，从家庭中亲

* 作者简介：张源，中华女子学院讲师，硕士生导师，主要研究方向：性别与传播、男性研究等。

子关系来看，父亲和母亲对于孩子的角色是有区别的。“父”的甲骨文，是一个人右手持棍棒的形象。《说文解字》对“父”这个字的解读是“家长奉教者”。在我国传统文化中，父亲是家庭中妻子和子女的“天”：一方面，父亲为家庭撑起一片天，承担着家庭生存的责任；另一方面，地上万物都被天所笼罩，所以父亲对于妻子和儿女有着教育、审视、控制、规训与惩罚的权力。

《易·说卦》载：“乾，天也，故称乎父。坤，地也，故称呼母。”从这里可以理解，在中国传统的哲学思想中，将父亲置于家庭中权力结构的顶峰，从天地大道的对应上看，父道是高于母道的。《礼记·昏义》载：“天子修男教，父道也；后修女顺，母道也。”指出了帝王与帝后分工的不同。帝王行使父道，在中国文化中，君和父是对应的。无论在家庭中还是在国家中，“管”和“教”都是分不开的，例如人们常说的管教孩子，教化子民，这里不仅是“教育”，“管教”还同时具有拥有、管理、控制、惩罚等强大的权力意味。而帝后行使“母道”，虽然看上去和“父道”是对应的关系，但是重点则在一个“顺”字上面。母道和父道相比，权力上是不对等的，正如男女在社会关系上的不对等、夫妇在婚姻关系中的不对等，是一样的。

然而，即使如此，父道并不是完全让一个男性去享受在家中的特权，除了权利以外父道中还包含了作为父亲应尽的义务。对于传统家庭中的父亲来说，他同时还是当时极端化父权社会的一个基本家庭单位的所有者和管理者。这样的身份决定了父亲必然是父权制社会整体权力关系中的一个节点，他不可避免地受到更强大、更权威的权力关系的规训和制衡。简单地说，父道规范了父亲按照社会所要求的为父之道来自我约束如何成为一个好的父亲，也决定了父亲在教导儿子以及和儿子相处的时候，对子代要求的相应规范。因此，父道既是对于父代男性的规训，也是对子代男性的榜样和规训。

二、父道的内涵与意义

本文中所讲的“父道”，意为在日常家庭生活中，善用享有为人之父的权利，认知自我为人父亲的角色，并发展自我的义务，承担起社会及家庭所期待并赋予的责任，表现出父亲所处的身份地位应有的行为模式（张源，2019）。

提到成年男性在家庭中的角色，很多情况下，人们会将“父”和“夫”两个角色混淆而谈，从“男人”的角度一概而论：“男人就是负责赚钱养家”，“男人是一家之主”，这样的论调一直都存在于人们的普遍认知中。甚至在汉语中“父”和“夫”这两个字的读音都是极为相似的。实际上，将“父道”和“夫道”联系地、批判地区别开来分别加以论述，是非常必要的。

同时，从一开始就必须认识到，在不同社会、经济、文化、宗教等背景下，父道和夫道都是不断发展和变化的。欧美研究发现，对于西方社会来说，父亲的首要职责是为孩子提供经济保障这一观念和实践并非自古有之，而是工业化和雇佣劳动普遍化后的“发明”（Bernard，1981；Kimmel，1996；Coltrane and Galt，2000）。与此相应，对于在劳动力等级上居于优势、可赚到家庭工资的男性而言，他们的妻子以专职母亲的身份，承担着无酬照顾子女的主要责任（Hartmann，1997）。也就是说，随着社会的发展，社会主要群体的工作环境从家庭内劳动，走向公共领域的社会化劳动；同时原有多代际成员共同生活的传统家庭，在社会劳动的大背景下不断消解，取而代之的是所谓的“核心家庭”，即由父母和直系子女组成的新型家庭占据了社会的主流。这些都对父道的变革产生了重要的影响。

父道的践行是一个多面体，不仅包括父亲参与到子女的教育中，还包括对孩子的日常照料、关怀陪伴、心理支持等；不但促进子女的身心发展和自身的成长与完善，同时也是夫妻和谐、家庭幸福的重要影响因素，更加是作为父亲的男性主体自我发展的重要方面。大量研究发现，父亲积极参与家庭事务，尤其对于孩子早期的认知发展有着重要的影响。而对于青春期的孩子们来说，如果家中有个好父亲，则他们辍学、使用暴力、滥用药物、酗酒等行为的概率会大大下降（肇嘉，2006）。家庭中良好的父道构建对于孩子的探索性、独立性和社会关系与情感的稳定性，会带来重要的积极影响力，同时对于男孩和女孩两者的性别角色认同和发展都具有重要作用：一方面，为男孩树立性别角色榜样，让他们得以观察和学习男性特质，以及在自我控制和与他人合作等方面受到足够的训练；另一方面，父亲也为家庭中的女孩提供了学习与社会中的男性打交道的行为模式，从而可以帮助女孩积极健康地完成性别角色的社会化。

实际上，践行父道对父亲自身也有重大意义和收益。从健康的角度来看，拥有孩子能够提醒更多男性珍视自己所拥有的家庭关系与家庭生活，促使担负着更多责任的父亲更加关注自己的健康。那些育儿参与度高的父亲有着更低的意外死亡率与猝死率，滥用酒精、毒品的概率也更低，他们会有更强的健康意识。从个人成长的角度看，一些调查显示更多参与育儿工作的男性有着更高的社会心理成熟度。他们更加自信，有更高的生活满意度，更强的抗压能力和抗抑郁能力，以及更强的同理心。与孩子的互动能够帮助人们更有耐心地搞懂另一个人在想什么，因此在生活中也会更擅长理解自己与他人。同时，因为要与孩子一起参加各种社会实践活动，父亲的社群参与度也会更高（费纳克斯，2003；肇嘉，2006）。

三、“父性”与西方父亲角色的变化

父系文明的发展，父亲似乎已经征服了整个世界。但是今天，“父亲”的角色仿佛成为家庭生活中的“奢侈品”，从物理上讲，父亲的身影逐渐从家庭中消失，越来越频繁、越来越遥远地远离孩子们。

在西方社会，父亲的缺失在社会阶层的两极显得尤为明显。这个事实的背后，有着深刻的社会背景，并根据所在的社会阶层有所不同。在中层和上层社会，父亲的“出走”，多是想借此结束不能令人满意的婚姻。男性通过拒绝婚姻，拒绝做父亲，从而拒绝接受传统家庭和社会关系对于男性角色的设定。在有些西方的社会学者看来，从某种意义上这种拒绝是对于个人权利的体现，是对“自由”的一种表达。此外上层社会也会因为父亲无法控制自己的日常安排，工作太忙，没有规律，或者应酬时间占用了家庭时间而造成父亲的缺失。

此外，更深刻的原因是，因为家庭处于上层社会，这是一个当今社会中变化最快的阶层，这个阶层中的父亲们无法把自己对于工作的知识和技能传递给孩子，从而使他们直接受益，因为现代职业情况随着时代和经济的发展飞速变化，可能几年以后就会变得过时，这和那些依靠传统技能传递的职业相比，有着很明显的不同（肇嘉，2006）。

在社会的另一极，也就是所谓的底层社会，父亲的缺失也非常普遍。这里不是因为选择多样，相反地正是因为男性们没有选择。根据学者米德（Mead）的学说，母亲照顾孩子是人类的“本能”，而父亲为孩子（和孩子的母亲、自己的妻子）提供食物和保护等行为，则不是“本能”，因为这是哺乳动物中的雄性通常都不会做的事情。所以在人类文明之初，就有这样一种原始的“决定”，而不是自然形成的“本能”：由男人为女人和她们的后代提供食物和保护，后来这成为一直向下一代传递的“传统”。因为父性是不以本能为基础的，而又需要向下传递，所以，父性一定是要被社会“建构”出来的，并经过“传授”而向下传递。正如米德的观点，父亲的身份不是天生的，而是一种文化体制和话语，因此让父亲成为一家之主、孩子的榜样，是一个对于父亲本身的困难而长期的教育过程。如果社会需要一个父亲，就只能是因为父亲要有自身续存下去的合理性（肇嘉，2006）。

学者们相信来自欧洲的男性从很早的时候开始就认识到，父亲、父权家庭体制所带来的权力和重要性。因此在殖民时代他们就尽量使得当地的土著人以及黑人奴隶成为“没有父亲的人”。在欧洲殖民者开始出现在北美洲和南美洲的几个世纪里，他们企图以不同的方式垄断父权家庭体制，以保存白人种族的优越和权利，从而巩固他们对另外两个主要人种的统治（肇嘉，2006）。当殖民的初始阶段结束之后，殖民主义的影响仍旧遗存着：黑人和土著女性发现他们总是不能与本种族的男性重建真正的家庭，原因就是，这些男性已经“不会做父亲了”。在今天的拉丁美洲社会中以女性为主导的，类似“母权家庭”的情况，在很大程度上就是这种历史遗留的不幸所带来的结果。

社会上层和底层两极严重的父亲缺失现象不但在美洲、欧洲和亚洲等几乎所有的现代化文明中都存在，并且正在向中间阶级蔓延。

学者鲁伊基·肇嘉在《父性：历史、心理与文化的视野》一书中，深刻地揭示了西方社会文化中所认为的父性，在于父亲给予儿子的关注、引导和祝福，即所谓的“父亲的凝视”。他写道：

“父亲的凝视既传递了记忆也传递了凝视本身。承自父亲的凝视超越了瞬间，创造了时间的存在。在朝向未来时，它构思着计划；在朝向过去时，它阐明已经发生过的事实的意义及领悟它的模式。记忆与过去有关，而计划是属于未来的。”

或许我们可以这样理解，父亲的存在，是男权社会当中对于逝去的历史和未来发展之间的桥梁。当然这种历史从很大程度上来说是以男性为中心的，未来的发展也是以维护男性的利益为中心的发展。必须承认，当今的社会仍然是父权制的社会。为了让孩子走出家庭融入社会这一社会化的过程更加顺利（在传统社会中，只有男孩子需要社会化的过程，女孩子会一直留在家中，从父亲的家庭走进丈夫的家庭），因此，需要一个“男人”将“男孩”引导和融入“男人的世界”，成为男性社会中的一员。也就是在这个引导他从男孩变成男人的过程中，父亲会起到“导师”或者“精神领袖”的作用。父亲的“凝视”，不仅是在细节上和行动上抚育和照顾孩子，还有从内在的内心深处和外在的（父权）社会的高度，来关注和引导孩子。

象征意义上的父/神的凝视、传授和祝福，或许才是传统父道区别于母道的核心，才是一个男性在成长过程之中必不可少的，因为他要进入的现实社会，在过去、现在和可见的未来，仍旧是个男权社会。

四、现代理想父亲的“迷思”

中国传统社会对于夫妻和父母双方的家庭和社会角色具有明确的规定和界限，认为男主外，女主内。侍奉公婆，养育孩子，以及照顾孩子父亲（丈夫）

都是孩子母亲（妻子）的职责。然而当今社会中，社会和家庭越来越要求丈夫和父亲更多参与家务劳动，并参与到照顾老人和孩子的具体工作中。尤其在普通收入的家庭，由于社会育儿和社会养老的经济成本太高，更加需要家庭内部无酬的照护工作。

当代中国社会中，也存在一种被戏称为“丧偶式育儿”的现象，也就是家庭中由于父道的缺失，造成母亲只能被迫独自养育和教育孩子。在今天子女教育的经济成本和时间成本越来越高的情况下，很多母亲最终选择了放弃工作，担任全职妈妈。同时人们也有不同方面的质疑：如果对于成功女性要求事业与家庭责任的兼顾，那么为什么对于成功男性，只要求社会责任？如果社会认为成功男性只需要承担社会责任，又为什么越来越多的人要求男性也承担家庭责任，尤其是作为父亲的责任？其实，当前社会中无论女性和男性，都是一人同时承担家庭与社会中的多个角色，然而，让他们兼顾工作和家庭，同时以“成功人士”“单位的好员工/好领导”“家庭中的好丈夫/妻子和好父亲/母亲”的刻板印象来要求男性和女性，是否是一个有实践意义的真命题？要如何“兼顾”，怎样才是真正的“成功”？如何客观评价一位“好男人”“好父亲”？这些都是新时代给予男性和女性，给予家庭和社会的新问题。

综合中国的传统父道文化和西方对于父性的理论，研究发现，在前工业社会中，中国和西方社会都更加强调父亲对孩子在精神上的关注、教育和指引方面的作用，而没有要求父亲参与到婴幼儿的养育工作中。而中国传统社会在家国同构的思想下，比西方社会更加重视父亲在家庭中的作用，尤其是在“家长举教”这一方面，正是“父”这个汉字的重要起源，强调的是父亲对孩子的教育责任，而不是养育责任。在社会现代化的进程中，一方面，是父亲在物理上和心理上距离孩子越来越远的现实情况；另一方面，是社会和家庭当中的母亲一方要求男性对父道的践行，提前到孩子的婴幼儿时期的养育阶段，甚至提前到孕哺期对孩子母亲的照护工作中去。

需要强调的是，和封建社会时期类似君臣关系的父子关系相比，当今社会的父子关系在权力的构成和行为构成中都发生了巨大的转变。一方面，父道和子道之间的权力差距“缩小”，父辈对子代的占有、控制和惩罚的权力大大地降低了；另一方面，父道践行的过程中服务性工作有所“扩展”（至少是在社会理想和家庭中母亲一方的期待上），如照护、抚育、辅导功课等。与此同时，社会和家庭以及男性本身，对于男人应该在社会中专注事业、有所作为等传统理念仍旧是社会性别观念的重要方面。

也就是说，在对男性的社会责任预期没有减少的前提下，对其家庭责任的预期增加了。而即便是家庭责任不增加的前提下，在社会的现代化进程中，男性都会在物理上和心理上远离家庭和孩子，父亲对孩子陪伴、关注、教育的行为角色都会随之降低。而当父道责任扩大到养育层面，同时父道权力又大幅度下降的时候，父亲更加需要关注和帮助。否则不但父亲无法达到社会和家庭的预期，反而会迷失在理想型父亲的迷思之中，最终孩子、母亲和整个家庭的利益与和谐都会受到影响。而对父道的重新关注与建构，正是当代社会所缺乏和薄弱的重要环节。

五、父道的社会建构与传递

社会性别理论认为，女性不是天生的，而是由社会建构成为女人的。而与之对应而又往往被忽略的是：男性以及父亲也不是天生的，也是由社会建构的。识别出父道的社会建构性，有利于更加全面深入，更加客观地理解社会性别，理解社会性别中的男性及男性特质；有利于更加宽容和理解男性在为人父的过程中所面临的困难和挑战；同时，也能够肯定并促进建构出一种对父道进行干预和优化的空间。父道的社会建构和代际传递主要体现在个人、家庭、教育、社会和单位制度环境，以及媒体和社会监督等几个主要层面：

第一是个人层面，作为男性应该主动以男女平等思想作为立足点，来处理身边的各种人际关系。应该清楚地认识到作为一个父亲的责任和义务，对待自己的孩子，无论男孩或女孩，要讲求男女平等；对待家庭内部的夫妻关系，夫妻二人在对于家庭照护育儿等方面的分工和义务也讲求男女平等。初为人父者要能够积极主动地调整心态，适应成为父亲的角色，以及在孩子成长和父亲自我成长的进程中，认识到父道本身的发展和变化，进行相应的自我调整，并调整与子代、父辈和孩子母亲之间的各种关系平衡。这也是父道、子道和父道“三道互动”理论的重要内容之一（张源，2019）。

第二是家庭层面，尤其是作为孩子母亲和妻子的一方，要更加理解和包容丈夫在角色转变成为父亲过程当中的滞后性和困难性。在孩子出生以前将近一年的时间中，母亲已然经历了妊娠阶段的身体的各种变化，从而在身体和心理上为新生儿的养育有了较为充分的准备。而父亲则没有这样的深刻经历，所以在生理上和心理上从原来的儿子和丈夫角色转变为父亲角色需要更长的时间。根据笔者的访谈调查，往往是在孩子出生，甚至在出生以后相当长的一段时间，初为人父者才能够恍然感觉到自己成为一位父亲了。而中国传统的家内性别分工也常常让新手父亲们对照护婴儿和产妇都束手无措，因为在他们的原生家庭中，母亲不会给他们传递这些知识和技能。很多男孩在自己成长的过程中都非常缺乏家务劳动的训练，所以在成为父亲以后也不能够马上如他们的妻子也就是新生儿的母亲所设想的那样，即刻从一个好丈夫自然地、自动地转变为好父亲。因此，妻子和其他的家庭成员，如妻子娘家的老人等，也包括孩子，要充分认识到，父道的非天然性和社会建构性，要给予父亲正向的关注和干预，给予他们一定的时间和空间调整心态，同时也要及时给予他们科学的资讯和养育教育方面的知识和技巧，使他们既有心，又有力，更好更快地完成父亲角色的社会建构，发挥自己在家庭中的重要作用。当然这种关注越早越好，而不是等到孩子出生以后，那时新妈妈也要面临很多产后问题，是需要被重点照顾的对象。

当前我国的社会文化和伦理决定了，时下对于父道的社会建构，在很大程度上是在家庭而非社会中完成的；尤其是在新生儿家庭中，在妻子和妻家老人的帮助下完成的。因此，这也是女性角色参与到父道的社会建构当中，发挥主体性和积极作用的一个重要的契机。如果能够把握这种引领和助导的作用，不但可以让作为男性的丈夫和父亲的一方受益，最终也能够增进夫妻关系，加强家庭和谐，更加能够使孩子成长多方面受益。而如果没有认识到这种父道的非天然性，以及其社会建构的滞后性，一味地埋怨丈夫不是一个好父亲，而又没有实际地、以可执行的行动去引导和帮助，则结果往往是丈夫不能够自觉自动地转变成为一个好父亲，反而选择逃避或使用暴力，让孩子失去了父亲的凝视和引领，对父母双方来说也失去了夫妻的和睦、家庭的和谐。

第三是教育层面，呼吁针对新一代的青少年群体开始，就有计划地加入更多的关于社会性别教育，先进的男性和男性特质教育，性别平等教育等方面的知识和系统的内容学习计划。由于父道的社会建构和代际传递的特点，老一辈父亲一代的认知和行为是很难改变的，因此将对父道干预和重建的中心放在新一代的男性群体，将有助于他们更加理解和宽容自己的父亲一辈在践行父道中可能产生的不足；同时也有助于将男性群体对父道的理解和践行提前，而不是押后到婚后准备生育时依靠妻子和家人来完成。经过系统的学习，男性从自身开始严格要求，合理期待，正确实行，并在自己成为丈夫和父亲的时候，更快、更好地进入父亲的角色当中。这将有助于改善父子之间，夫妻之间对于育儿知识和预期不对等的前提下造成的误解和分歧。尤其是在孩子刚出生时夫妻关系的紧张时期，以及孩子在进入青春期前后父子关系的紧张时期，家庭将收获良多。相信通过几个代际的持续干预和优化，必将促进形成满足新时代诉求的、结合中国优秀传统文化和道德伦理核心的、有中国特色的新型的父道。而这不能只依赖个体的生活实践，必须同时依靠政府和教育部门的介入，专业研究和学理建设，并且与学校教育体系的总体设计相融合。

第四，制度保证也是实现父道社会建构的重要外部条件，包括社会制度的大环境和单位制度的小环境。以往社会和用人单位更倾向于鼓励男性专注事业，甚至为工作牺牲个人、家庭利益和时间；反之顾家的、较多陪伴子女的男性被认为是不专业的，没有前途的。这些观念的改变需要政策层面带有导向性和制度性的扭转。当前很多地区已经推出了父亲的带薪护理假制度，确认了父亲在育儿中的合理性和重要性。而这些法律制度的实施，主要是靠父亲所在的用人单位来执行，如果执行到位，父亲可以依法享受福利；如果单位的小环境不认可父道的合理性和重要性，则即便有法律法规的明文规定，在执行中也难以推进，名存实亡。因此，建议在社会制度层面，进一步完善和提高对父亲参与家庭事务和育儿事务各个方面的制度保障。例如除孩子出生时的陪产假外，建议增加孩子生病、意外死亡、高考等重要的考试、结婚等重要事件的情况下，父亲为参与家庭重要事务而合理缺勤的法律保护条款。同时也要进一步分清责任，不能让用人单位或者父亲本人单方面承担因以上合理缺勤而产生的父亲工作报酬的损失，国家和政府应该也承担一定的比例。这样可以保证收入水平不高的父亲们也能够在制度规定的范围之内，大胆地享受合理休假。并且用人单位在经济上的让渡有限，则对于这些保障父亲权益的制度，也能够认真依法执行。最终，在整个社会形成一种新型的社会性别文化、职场文化和家庭文化。

第五，在当代社会，媒体传播的影响力空前巨大和广泛，由此还有一个维度是对大众传播媒体的监管和引导。以往有很多新闻报导、产品广告、电视剧和综艺节目等，没有注意男女平等基本国策的落实和落地，在有关婚姻、家庭和育儿的内容中含有一定偏颇的信息，引起了人民群众，尤其是女性观众的不适和不满。同时对于消费这些娱乐产品的男性群体来说，也是一种负面的男性家庭形象和父亲形象的建构。因此我们提倡要充分认识到，大众媒体对于社会现实，不仅是起到如实反映社会现实的镜像作用，有时也会隐蔽社会现实和扭曲社会现实；更重要的是，大众媒体除了呈现的作用以外，还有重要的社会建构作用，是社会性别理念以及父道社会建构的重要手段。因此我们建议，加强大众媒体各个方面的监管，增设性别问题的专家顾问团队，对各种形式的媒介产品进行监督，及时发现和改正可能存在的性别歧视和负面作用，并且创造条件将先进的父道理念融入媒介产品之中，让父道的社会建构和传递，在专家和政府的监督和干预之下，在积极的和潜在的方向上，渗透到社会文化娱乐生活的方方面面，最终内化成公民的基本素养。

六、结语

男性不是天生的，父亲也不是天生的，而是社会建构的，并且通过代际向下传递。在中国的古代社会，封建的父权制国家机器，一直都非常重视对父道的社会建构和干预。从国家层面上，把君父和臣子之间的关系，与家庭成员当中，父亲与孩子之间的关系提高到同一个高度，进行了多方面的国家共同意志的建构。然而在中国现代化的进程当中，对于父道的认识、理论化，以及社会对于父道的把握和干预，都处于一个相对失忆和缺位的状态。本研究从父道的基本认识出发，在中国的历史文化和伦理中，重新找回对父道的认识。在此基础上强调，在当代中国社会发展和男女个体发展的时代背景下，更加应该看到践行父道，对于个人、家庭和社会等各方面所带来的重要的积极作用。在此基础上我们认为，个人、家庭、学校、用人单位和社会制度，大众媒体和舆论监督等各个方面，男性和女性各个性别群体，都应该充分认识到有关父道的学理与实践的必要性和重要性，并且承担起相应的具体责任来，共同构建满足我国新时代发展需要的新型的父道体系和文化，使得各方均能从中受益。

参考文献

张源：《家庭中的男性角色》，载孙晓梅编：《家庭教育专业指导简明教程》，海洋出版社2019年版。

瓦西里沃斯·费纳克斯：《重新界定父亲的角色及其对教育和家庭政策的含义》，载《华东师范大学学报（教育科学版）》2003年第2期。

鲁伊基·肇嘉：《父性：历史、心理与文化的视野》，中国社会科学出版社2006年版。

Bernard, J. (1981). The good-provider role: Its rise and fall. American Psychologist, 36 (1), 1.

Coltrane, S., & Galt, J. (2000). The history of men' s caring. Care Work, Gender Labor and Welfare State.

Hartmann, H. （1997）. The Unhappy Marriage of Marxism and Feminsm. In L. Nicholson (ed.), The Second Wave: A Reader in Feminist Theory. New York: Routledge.

Kimmel, M. （1996）. Manhood in American: A Cultural History. New York: Free Press.

德国女性养老保障的问题与展望

乌特·克莱默*

摘　要：在欧洲范围内，德国养老金性别差异悬殊，原因在于工作年限和工资收入所占权重极高。照料工作多数情况下由女性承担，然而对于抚育子女和照护老人这两类照料工作，养老金权利却不相同。抚育子女可以提升所得养老金权利，而照护老人的认定相较抚育子女障碍明显增多，所得养老金权利也较少。遗属抚恤金对于避免女性老年贫困意义重大，然而预计未来影响将减弱，而且未能体现女性的生命贡献。在企业养老金和个人补充养老金方面的性别差异也相当明显。由于过低的养老金造成的老年贫困，是由个人抉择、重大事件、政策制度、经济环境、社会规范共同作用的，实现性别平等需要养老金政策的进一步改革。

关键词：养老金性别差距；照料工作；抚育子女；老年贫困

对女性的养老保障问题，德国学界和政界几十年来从未停止讨论。如今的情况如何呢？基于现有的统计数据，本文将简述并分析德国女性养老保障的现状与发展趋势。

一、男女投保人和养老金现状——女性有人口结构“优势”？

德国养老金体系的第一支柱是国家的法定养老金保险。目前，法定养老金参保人数约5510万人，女性约2630万人，男性约2880万人。德国65岁以上

---

* 作者简介：乌特·克莱默（Ute Klammer），德国杜伊斯堡-埃森大学劳动与资质研究院常务院长、社会学系教授。2004-2005年担任欧洲委员会下属协调劳动灵活性和社会凝聚力专门委员会成员。2008-2010年担任德国联邦政府可持续发展委员会成员，曾任联邦政府性别平等专家委员会主席，目前担任联邦政府社会政策专家委员会成员。2008-2015年担任杜伊斯堡-埃森大学副校长，负责多元化管理和国际交流工作。主要研究方向：劳动力市场、社会政策、欧洲社会政策和性别研究。

人口中，不论男女，基本都要从法定养老金保险中领取个人养老金，这一比例在东部高达百分之百，在西部也将近九成。而女性由于预期寿命更长，领取法定养老金的时间也更长。德国联邦统计局“各年龄段人群的预期寿命”数据显示，如今，德国人 65 岁退休后，女性剩余寿命平均为 20.7 年，男性则为 17.5 年。因此，女性成为法定养老金设定的一系列内容的最大受惠者，如最低投保年限（一般 5 年）和丧偶养老金，女性领取高达 1000 万份养老金和近 460 万份丧偶养老金，男性仅领取 800 万份养老金和近 70 万份丧偶养老金（德国联邦劳动和社会保障部，2019a：16）。在这方面，法定养老金保险为平衡男女不同的生命预期风险发挥了重要作用。

二、养老金性别鸿沟——女性低收入和就业模式对养老金的影响

女性在养老金领取者中的比例占 55%，但金额仅占 44%（Deutsche Rentenversicherung，2020）。尽管女性的平均寿命更长，具有人口结构上的优势，女性平均领取养老金的金额却远远低于男性。2018 年，德国女性每月平均领取个人养老金金额为 709 欧元，男性则为 1150 欧元（德国联邦劳动和社会保障部，2019a：18，养老金存量）。据法定养老金保险统计，德国男女养老金金额相差近 40%。两德统一 30 年后，西部女性仍因职业发展较弱，比东部女性与男性的养老金金额差异悬殊一倍。这种养老金的性别鸿沟，在常规养老金（Altersrenten）上体现得尤为明显。在工作最低养老金（Erwerbsminderungsrenten）上，男女的养老金金额则基本持平，但基于工作最低养老金的丧偶养老金，因集中反映配偶生前的收入水平，女性获得的金额明显比男性高得多。

从国际水平看，德国养老金的性别鸿沟也较为严重。欧盟统计局（Eurostat）2017 年的统计显示，德国养老金的性别鸿沟在欧盟各国中高居第 6 位，22 个成员国的男女收入平等情况都要好于德国（欧洲议会，2019：6）。

三、导致养老金性别鸿沟的原因——时间要素和收入要素

德国男女养老金的巨大悬殊，原因在于男女的生平轨迹不同，而其中最关键的，是养老金体系对其价值的认定不同（Frommert，Thiede，2010）。相较其他欧洲国家，德国的养老金计算公式中，工作年限（时间要素）和工资收入（收入要素）所占权重极高。这就导致了男女在工作事业上的落差，进一步延伸到了他们的退休生活之中。一方面，女性要承受工作年限的中断和停止，还要承受不带社会保障的工作年限（如不付社保费用的零工），在时间要素上损害了女性的养老金权益构建；另一方面，女性遭遇的兼职、低工资和职业发展壁垒，又在收入要素上损害了女性的养老金收入。从时间要素看，当前德国男性退休者的平均参保年限为41.53年，女性仅为29.92年。从收入要素看，男女在每一参保年度的薪点（Entgeltpunkt）上相差很大：2018年度，男性平均薪点为1.04，女性却仅为0.75，比男性低1/4（表1）。在西部，女性退休者无论在时间要素，还是在收入要素上都远远落后于同龄的男性退休者。在东部，男女养老金差距的主要原因是收入差距，而收入差距（薪点）在东德时期就已存在。如今，东部的退休女性参保时长不比男性短，参保的年收入却比男性低1/5。

表1　养老金性别差距中的时间要素和收入要素所占比重

（法定养老金保险——普通养老金，养老金存量2018.12.31）

地区	养老金金额（欧元/月）		平均参保年限（年*）		平均参保年度薪点	
	男性	女性	男性	女性	男性	女性
全国	1223	701	41.53	29.92	1.04	0.75
西部	1224	636	40.53	26.92	1.05	0.73
东部	1221	942	44.75	41.16	1.01	0.82

*养老金计算中的认缴时长和免缴时长见《德国社会法典》第六编（SGB VI）。资料来源：作者根据德国联邦劳动局（2019年）统计数字汇总计算。

无论就哪一方面而言，持续存在的养老金性别鸿沟都应引起重视：一方面，尽管（西部）女性参加工作的比例持续攀升，但始终不能弥合与男性的养老金鸿沟。另一方面，尽管德国与其他欧洲国家的养老金体制，在过去几十年间一直在持续完善对照料工作（抚育子女、照护老人）的认定，新规也首先令女性受益，但这仍远不足以弥合男女的养老金鸿沟。在照料工作的认定上，未来还应当作出更多的改善。

四、养老金权利中的照料工作——抚育子女和照护老人的认定

抚育子女和照护老人是两类最典型的照料工作，其重担基本都由女性承担，所以女性理应在养老金权利上获得国家的更多承认。在这一点上，法定养老金体制应为女性价值的承认作出重要贡献，不仅是承认女性以非工作形式付出的劳动，更是承认女性付出的“生命贡献”。一方面，近年来实施的养老金改革提升了照料工作的“价值”，但另一方面政府力推养老金制度从第一支柱（法定养老金）向第二支柱（企业养老金）和第三支柱（私人养老金）转移，导致近年来养老金改革的一系列成果渐失实际意义。此外，对于抚育子女与照护老人，法定养老金的认定原则相差很多，导致照护老人得不到与抚育子女同等的承认。

1. 抚育子女

在德国，西部女性抚育子女的数量，与所得养老金权利成反比，抚育的子女越多，养老金权利越少，总养老金净收入也越低，这一现状至今仍未改变（德国联邦劳动和社会保障部，2016）。到目前为止，德国退休女性领取的养老金收入中，仍只有很少一部分来自照料工作，但这代女性恰恰在很长一段生命中都在抚育子女和照护家人。

相关研究表明，即便与其他国家相较，德国母亲的养老金悬殊远大于国际一般水平。且不说北欧国家，连西欧国家（如比利时、荷兰）和东欧国家（如捷克），甚至南欧国家（如希腊、西班牙）也没有像德国这般，仅仅因子女数量的增多，出现如此严重的男女养老金落差（Blank，Blum，2017）。

不过，对于1992年以前生育子女的母亲来说，随着德国2014年7月《养老金保险给付改善法》（RV-Leistungsverbesserungsgesetz）引入“生育抚恤金”，这种情况有了显著改善（生育一个孩子的薪点从1升至2）。根据德国经济及劳动研究所（WSI）性别数据门户提供的数据分析，新政实施后，退休母亲因生育所得的养老金，占其总养老金的比例已从2013年的8.5%跃升至2014年的15.2%（德国养老保险联合会）。德国工作与资格研究所（IAQ）统计显示，2014年生育抚恤金的提高，令66%的西部女性和59%的东部女性从中受益。2019年，政府通过《养老金保险给付改善和稳定法》（RV-Leistungsverbesserungs-und Stabilisierungsgesetz）对1992年底前生育孩子的母亲再提高0.5薪点，使早一代退休的母亲养老金待遇进一步改善。而对1992年后生育的母亲来说，每个孩子折算的工资点数达到3后，生育所得的养老金金额也会有所增加。对此，政府出台了惠及母亲的一系列新规，尤其使得母亲在育儿期（出生至满10周岁）从事的非全日制工作（和由此承受的低于平均工资收入）能得到更高认定，母亲同时抚养两名10岁以下儿童每月最高可申领0.0278薪点计入账户（德国联邦劳动和社会保障部，2019a：22）。如此一来，法定养老金体系为母亲养育子女提供了一个较好的补偿。然而也要看到，对照料工作的任何计算方式，都是在德国现行制度框架条件下进行的（包括配偶分别纳税，非就业配偶须通过另一半参保无缴费义务的共同法定养老金保险，女性在典型女性行业中的低工资，资助人们兼职以补充收入），但现行制度加剧了男女家庭分工的不对等，阻碍了女性建立自己独立的养老金期待权（Anwartschaften）。

2. 家庭成员照护

自从德国1995年引入长期护理险（Pflegeversicherung）以来，非专业的家庭照护者也享有了（更好的）养老金权利。但是，相较于抚育子女，照护工作在法定养老金体系中仍然遭到低估。2017年1月，德国正式实施了《第二部强化照护法》（Pflegestärkungsgesetzes II），可仍未改变这一局面。当前（2020年）在德国，照护工作能折合多少养老金权益，依然要视照护程度、照护工作量和所在地区而定，例如在东部 2 级护理平均每月养老金为 5.44 欧元（0.19 工资薪点），西部私人护理（含护理费用）和 5 级护理平均每月养老金为 27.57 欧元（0.94 工资薪点）。此外，对承担家庭护理责任的个人来说，必须是劳动适龄人口，且每周工作不超过 30 小时，护理基金才会为其支付养老金强制保费，否则还必须再满足众多的限制条件。

据法定养老金保险统计，2000-2012 年间退休的德国人中，平均每年因照护工作所得的养老金权利仅占其总养老金权利的 2%-3%（Barmer GEK①，2015）。有照护工作的女性，其参保的工作年限明显比无照护工作的女性短好几个月，所获个人薪点也相应更低。而迄今为止，承担照护工作主体仍是与劳动力市场联系较弱的女性（照护工作又进一步阻碍了她们融入劳动力市场），所以明显存在一种性别选择的效应。因承担照护工作而蒙受养老金损失的情况，在长期照护者和 50 岁以上照护者身上尤其显著（Barmer GEK，2013）；照护工作对养老金收入的积极影响，则主要体现在那些承担照护工作的同时，还从事各类兼职的人员身上（Czaplicki，2016）。总体而言，过去十年间，德国有照护需求的人口虽在增长，但享有法定养老保障的照护者人数并未增加，该人数在 2015 年约为 30.1 万人，比 2004/2005 年的人数还少。

五、遗属抚恤金——对避免女性老年贫困意义重大，但未能体现女性的“生命贡献”

由已故配偶“衍生出”的遗属抚恤金，作为一项专为女性设立的社会福利，在德国已施行百年之久，至今仍为丧偶女性发挥着重要作用（Frey et al.，2015）。据 2018 年中统计，法定养老金保险发放的遗属抚恤金对象中女性约占 457 万人，男性仅占 62.5 万人（联邦政府劳动和社会保障部，2019a：21）。对女性来说，遗属抚恤金仍占其养老金收入的 1/3。但必须强调的是，随着离婚率的上升和多种非婚姻生活形式的出现，遗属抚恤金这一衍生权利已无法再为

① Barmer GEK，是德国三大公立保险公司之一。

女性提供可靠的养老保障。尽管德国法律规定，离婚双方要执行养老金补偿（Versorgungsausgleich），平分婚内取得的养老金权利，但由于婚姻中男女分工不对等，损害了女性的收入能力，拖累了女性未来的收入机会。

此外，已故配偶的抚恤金不具备社会保险的法律地位，遗属抚恤金的性质介于社会保险和社会救济之间，不属于独立的养老金权利。近年来，德国实施了2001年养老金改革等一系列举措，社会救济的计算变得更加严格。女性丧偶后一旦有了独立工作，抚恤金的发放就会减少。哪怕女性曾经在婚姻中有意识地为家务和子女付出，遗属抚恤金也不会对女性的“生命贡献”给予报酬，因为它反映的是已故男性的工资，而不是女性的无薪劳动。如果女性再婚，抚恤金在过渡期后便会停发，这最终限制了女性的选择权，也限制了女性未来生活道路的可能性。通过这些规定，法定养老金制度使得遗属的收入状况一直依赖已故配偶生前的工资水平。当遗属步入新的婚姻时，这种依赖关系又随之改变，造成再婚的高风险成本。德国2001年实施养老金改革后，新的政策框架允许一些特定群体平分夫妻婚内所得的养老金期待权，但这一政策仅仅是可选项，且不确定因素极大（在许多情况下收益并不吸引人），恐怕至今仍难以产生重大影响。

六、第二支柱和第三支柱的养老保障权利

从整个养老金保障看，德国男女养老金的性别鸿沟还要更加悬殊。养老金保障报告（德国联邦劳动和社会保障部，2016）显示，2015年德国三大支柱给付的全部个人养老金中，男女差距高达53%。其中，西部的男女养老金相差58%，明显高于东部的28%。德国养老保障的第二支柱和第三支柱，加剧了男女在个人养老收入上的不平等。

1. 企业养老金权利

相比法定养老金，企业养老金与工作年限和收入水平关系更为密切，且集中在那些典型的男性行业和大企业中，其女性雇员所占的比例明显不足。这导致企业年金这一福利待遇进一步加剧了德国男女退休后的不平等。统计结果显示，

有权领取企业年金的女性比例远低于男性；此外，支付给女性的企业年金水平也远低于支付给男性的企业年金水平（德国联邦政府，2011）。这一现状是由西部的情况决定的，在东部企业年金对男女雇员来说均不普遍。2001 年德国养老金改革后，雇主必须保障雇员的企业年金权利，使得女性遭受的不公待遇有所减少，但仍未能消除不公现象（Klammer，2005），例如，女性如因抚育子女过早离职，仍面临着丧失企业年金权利的风险。2001 年德国通过养老金改革从单一支柱向三支柱转变，此后德国企业年金对男性和女性的覆盖率均有提升，但其规模在 2009-2015 年间未有进一步的显著扩大。新的德国养老金保险报告（德国联邦劳动和社会保障部，2016）显示，德国 25-65 岁的男女雇员中，均有超过 50%的人通过企业为自己建立补充养老金。但这笔钱绝大程度上是由雇员个人出资，将税前的一部分工资转化为自己未来的养老金权益，即工资转化（Entgeltumwandlung）。德国对企业投保人的问卷调查（Trägerbefragung），通常并未显示企业年金中“直接承诺”（Direktzusage）和“互济准备金”（Unterstützungskasse）这两种实施方式中的男女差异，所以男女雇员在享有企业养老金保险的积极期待权方面有何差异，从现有问卷调查中尚不得而知（德国联邦劳动和社会保障部，2019a）。

2. 里斯特养老金

里斯特养老金（Riester-Rente）是一项针对低收入人群，特别是有子女父母的补贴扶持，目标是缓解个人未来保障能力的不足。个人签订里斯特养老保险合同后，应缴保费中的个人部分超过一半将由国家补贴（对于照护者没有特殊补贴）。2014 年，里斯特养老金补贴的领取人口约 1480 万人，其中女性占比 64%（德国联邦政府，2016）。截至 2018 年，里斯特养老金补贴的领取人口升至约 1660 万人。这意味着，在有资格申领的人群中，仅有半数人签订了里斯特养老保险合同，其中 1/5 的人在签订合同后又暂缓了合同（德国联邦政府，2016，德国联邦金融监管局 BaFin 数据）。里斯特养老金补贴中，子女补贴的领取者以女性为主，所以女性领取的总补贴金额比男性要高。克鲁泽/舍尔巴特

（Kruse，Scherbath，2019）研究显示，2015年领取里斯特养老金补贴的女性占比41.4%，男性则仅占比20.3%，远低于女性占比。自2006年起，德国实施无性别保费标准[①]，取消原有的男女缴费区别，这使得里斯特养老金可以更好地保障女性，即使法定养老金体系向第二和第三支柱转移，女性也不会因预期寿命更长而蒙受损失。不过，里斯特养老金对女性的“惠益”也有着现实的背景：2001年养老金改革以来，德国整体下调了法定养老金水平，力推养老保障体系向第二和第三支柱转移，对女性的养老权益造成严重冲击，因为女性高度依赖社会补偿，特别是第一支柱对养育子女和照护老人的养老金补偿，所以养老金体制改革对女性的损失远比对男性大得多。在这样的背景下（与德国联邦政府报告2016年所示不同），由个人自愿申领的里斯特养老金，究竟能否切实保障参保人的退休生活水平，不禁令人怀疑。

七、养老保障和老年贫困

在家庭单位中，已婚女性的低养老金收入与其配偶的高养老金收入形成反差。但女性个人养老金的低收入，并没有直接表现为个体的贫困（表2）。这是由于一方面贫困以家庭为单位衡量，另一方面女性丧偶后多有抚恤金，多笔养老金的存在使女性免予贫困。

表2　65岁以上女性：不同家庭情况下的收入水平

家庭情况	个人净收入（欧元）	家庭中个人等值净收入（欧元）
已婚	783	1675
丧偶	1460	1460
离异/分居	1246	1246
单身	1388	1388

资料来源：德国联邦劳动和社会保障部，2016。

---

① 无性别保费标准遵守2004年颁布的“欧盟平等待遇指令”（§§ 18-20 Richtlinie 2004/113/EG des Rates vom 13.12.2004）。

在东部和西部，离婚女性的处境都尤其不利。虽然女性在离婚时获得了养老金补偿，但她们不得不面临重大的角色转变，从依附性的家庭关系中走出来，独立地工作和谋生，这对许多女性来说十分艰难。许多女性在离婚后，已无法再凭原有的专业资质和潜力在劳动力市场上站稳脚跟。因此，她们在剩余的潜在就业期内，实际构建的养老金期望权比前夫低得多。如此一来，原本在婚姻中两人共同做出的决定，其后果却要由女性单方面承受。尤其对单亲母亲而言，抚育子女的负担令她们想靠节俭来积蓄养老金难上加难，严重拖累了她们的总养老金收入水平（Kumpmann et al.，2010：15）。早期生活决定对后来生活的巨大影响，往往令女性始料未及，当她们再想凭一己之力改善经济状况时，往往为时已晚。因此，对于那些在离异前以家庭为重，依赖家庭获得未来保障的女性来说，老年贫困对她们的威胁是最大的（Brettschneider，Klammer，2016）。

目前，德国65岁以上老人中，仅有3%申请了政府的基本生存保障。许多女性依赖自己的丈夫参与社保，但她们比男性更易受到老年贫困的威胁。自从德国引入了针对老年人的基本生存保障（《德国社会法典》第十二篇——“社会福利法典”，SGB XII），女性普遍比男性更依赖这一保障制度。不过，随着男性申请者人数的增加，申请基本生存保障的男女比例正在接近：2018年，德国65岁以上老人中，分别有3.2%的女性和3%的男性申请基本生存保障（德国联邦统计局，GENESIS在线数据库）。

导致老年贫困和保障不足的原因是各种各样的：人一生中每一次身份转变，每一次人生的结合，都会对养老保障带来潜在的风险，各类风险的叠加拉低了养老金水平。个人抉择、重大事件、制度政策、经济环境、社会规范等一系列因素共同影响了个人的养老金水平。现在，随着越来越多的（西部）女性参与劳动力市场，日益加剧的老年贫困对男性的冲击比对女性更大。但尽管如此，面临老年贫困威胁的女性比例仍没有减少，可见积极和消极因素是共同作用的。

八、女性养老保障的发展趋势

可以预期，一些发展趋势将使得女性在法定养老金体系中的期待权得到相对改善，某些情况下甚至得到绝对改善，逐步地缩小养老金性别鸿沟。这些发展趋势包括（西部）女性个人的学历提高、就业行为改变，也包括主要惠及女性的法定最低工资、法定养老金在计算育儿时间上的提高。但同时，另外一些趋势也可预期，女性养老金在未来依然会保持较低水平，与男性的养老金差距也不会自动缩小。这意味着，相较于欧洲其他国家，德国劳动力市场上极高的工资性别差距，仍将通过养老金计算公式延续到退休生活，而女性承受的低工作年限、参保企业养老权受限（第二和第三支柱对退休生活质量保障的所占比重上升）、与配偶共同养老风险上升等问题，都令采取行动势在必行（表 3）。而归根结底，无论是“积极的”还是“消极的”发展趋势，都难以从实质上触动德国养老体系的结构性要素，其对待典型的女性履历就是比对待典型的男性履历更为不公。

表 3　发展趋势及其对女性养老保障的可能影响

消极影响	积极影响
工作年限减少	教育水平提升
从事零工的女性比例上升	工作中断时间减少
女性主导行业的低工资	法定养老金保险对育儿时间（和照护时间）计算的改善
退休金水平下降	退休年龄延迟
女性主导行业的企业养老保障不足	劳动力市场环境改善
依赖（婚姻/生活）伴侣获得保障的不确定性增加	里斯特养老保险对母亲的扶持
	女性相关工作实施法定最低工资/工资认定 工资性别差距的缩小

资料来源：作者根据 Loose（2016）汇总整理。

九、结语

虽然随着时间的推移，对照料时间（抚育子女、照护老人）的计算持续改进，但德国养老金体系的基本准绳始终是（被保人）退休前的工资收入水平，没有对“生命贡献”给予报酬。女性为家庭承受的工作停顿、非全日制工作、典型女性职业的低收入、个人事业发展的缺失，一方面是体制性和结构性框架条件的结果，另一方面是早期生活中夫妻共同决定的结果，这一切导致女性长期以来承受着低水平的个人养老金权益。尽管这一问题常可在今天的家庭关系中得到缓解，但依然是靠男性配偶的待遇实现的，妻子在丈夫身故后可以得到抚恤金，但她自我实现的机会因此受到了限制。在未来，低收益及无社保劳动关系的增加、人口结构的变化、过去几十年间（尽管近期出台了稳定措施）养老金水平的持续下降、日益增多的老年贫困问题将不仅仅是女性要面临的挑战。德国当前正在计划中的基本养老金及“尊严养老金”也许是一条出路，或可平衡低养老金领域的多缴多得原则，至少惠及那些多年缴费的低收入人员，包括众多女性。但要实现这一点，首先要采取进一步的前瞻性措施实现两性平等，同时也要预防老年贫困的反复发生。因之，第一部和第二部《德国平等报告》（德国联邦政府，2011，2017）已对改革的必要性做了概述，指出了在女性养老保障问题上，德国养老保障系统现存的一大系统性问题，在于过度追求多挣多得和多缴多得，过度看重衍生的保障要素作用。新的改革措施要求养老金保障系统，须改善女性的劳动力市场机会，引入一般性的认缴义务，提高照护工作的酬劳待遇，落实强制的配偶期待权分配以补偿因家庭分工所致的不平等。

参考文献

Barmer GEK：“Barmer GEK 护理报告（2013）”；Barmer GEK（Hrsg.）（2013）：Barmer GEK Pflegereport 2013，von H. Rothgang，R. Müller，R. Unger，Schriftenreihe zur Gesundheitsanalyse Bd. 23，Berlin.

Barmer GEK：“Barmer GEK 护理报告（2015）”；Barmer GEK（Hrsg.）（2015）：Barmer GEK Pflegereport 2015，von H. Rothgang，T. Kalwitzki，R. Müller，R. Runte，R. Unger，Schriften zur Gesundheitsanalyse Bd. 36，Berlin.

佛罗瑞安·布兰克、索恩亚·布鲁姆：“养老保险中的育儿时间——六个欧洲国家的比较研究”；Blank，Florian/Blum，Sonja.（2017）：Kindererziehungszeiten in der Alterssicherung. Ein Vergleich sechs europäischer Länder. WSI Working Paper Nr. 209，Düsseldorf. https：//www. boeckler. de/wsi_ 5351. htm? produkt = HBS - 006535&chunk = 1&jahr = （letzter Zugriff 30. 05. 2019）。

德国联邦劳动和社会保障部：“德国联邦政府根据《德国社会法典》第六编第 154 条第 2 款对 2016 年度养老保险报告的补充报告”；BMAS（2016）：Ergänzender Bericht der Bundesregierung zum Rentenversicherungsbericht 2016 gemäß § 154 Abs. 2 SGB VI（Alterssicherungsbericht 2016），Berlin。

德国联邦劳动和社会保障部：“2019 年度养老保险报告”；BMAS（2019a）：Rentenversicherungsbericht 2019. https：//www. bmas. de/SharedDocs/Downloads/DE/Thema-Rente/rentenversicherungsbericht-2019. pdf? _ _ blob=publicationFile&v=4（letzter Zugriff 09. 03. 2020）。

德国联邦劳动和社会保障部：“推广企业养老保险问题中的承担方调查”；BMAS（2019b）：Trägerbefragung zur Verbreitung der betrieblichen Altersversorgung（BAV 2017），Forschungsbericht 523，https：//www. bmas. de/SharedDocs/Downloads/DE/PDF-Publikationen/Forschungsberichte/fb523-traegerbefragung-verbreitung-betriebliche-altersversorgung-endbericht. pdf? _ _ blob = publicationFile&v=1（letzter Zugriff 10. 03. 2020）。

安东尼奥·布莱特施耐德、乌特·克莱默：“步入老年贫困的生命道路——履历分析和社会政策观点”；Brettschneider，Antonio/Klammer，Ute（2016）：Lebenswege in die Altersarmut. Biografische Analysen und sozialpolitische Perspektiven，Sozialpolitische Schriften 94，Berlin。

德国联邦政府：“新道路——机会公平、男女在生命历程中的性别平等”：Bundesregierung（2011）：Neue Wege - Gleiche Chancen，Gleichstellung von Frauen und Männern im Lebensverlauf. Erster Gleichstellungsbericht，BT-Drs. 17/6240，Berlin。

德国联邦政府：“联邦政府对库尔特、麦什、施特恩曼-库恩等议员和绿党党团询问的答复——里斯特养老金最新数据”；Bundesregierung（2016a）：Antwort der Bundesregierung auf die Kleine Anfrage der Abgeordneten M. Kurth，N. Maisch，W. Strengmann-Kuhn，weiterer Abgeordneter und der Fraktion BÜNDNIS 90/Die Grünen. Aktuelle Daten zur Riester Rente，15. 08. 2016. BT-Drs. 18/9398，Berlin。

德国联邦政府：“2016 年 8 月 15 日对关于‘里斯特养老金最新数据’问询的答复”；

Bundesregierung（2016b）：Antwort auf die Kleine Anfrage „ Aktuelle Daten zur Riesterrente “ vom 15. 08. 2016, BT-Drucksache 18/9398, Berlin。

德国联邦政府：“德国联邦政府第二份性别平等报告”；Bundesregierung（2017）：Zweiter Gleichstellungsbericht der Bundesregierung, BT-Drs. 18/12840 vom 21. 06. 2017, Berlin。

克里斯丁·克扎布利其：“护理的报偿——养老保险中非就业护理缴费”；Czaplicki, Christin（2016）：Pflege zahlt sich aus - Der Beitrag nichterwerbsmäßiger Pflege zur Alterssicherung, in：Sozialer Fortschritt, Bd. 65 H. 5, S. 105 - 112。

德国养老保险联合会：“2018 年度养老金存量”；Deutsche Rentenversicherung Bund（2020）：Rentenbestand 2018, statistik-rente. de（letzter Zugriff 12. 03. 2020）。

欧洲议会：“关注就业——欧盟养老金的性别鸿沟”；European Parliament（2019）：EMPL in Focus. The gender gap in pensions in the EU, https：//www. europarl. europa. eu/RegData/etudes/BRIE/2019/631033/IPOL_ BRI（2019）631033_ EN. pdf（letzter Zugriff 10. 03. 2020）。

维布克·弗莱、施维威·克里斯滕、玛利亚·韦尔斯：“男女丧偶养老金百年史——一种过时模式?” Frey, Wibke/Scheiwe, Kirsten/Schweiwe, Wersig/Maria（2015）：100 Jahre Witwen- und Witwerrenten -（k）ein Auslaufmodell?, Schriften zur Gleichstellung 41, Baden-Baden。

蒂娜·弗洛蒙特、兰霍德·狄德：“不同生命轨迹背景下的养老保险”；Frommert, Dina/Thiede, Reinhold（2010）：Alterssicherung vor dem Hintergrund unterschiedlicher Lebensverläufe. Kurz-Expertise für den Gleichstellungsbericht 2010, Berlin。

乌特·克莱默：“社会保障”；Klammer, Ute（2005）：Soziale Sicherung, in：Bothfeld, S./Klammer, U./Klenner, C./Leiber, S./Thiel, A./Ziegler, A.：WSI-FrauenDatenReport, Berlin, S. 307-382。

乌特·克莱默：“女性养老保险之修订——当前发展和未来前景”；Klammer, Ute（2016）：Alterssicherung von Frauen revisited - aktuelle Entwicklungen und künftige Perspektiven, in：Sozialer Fortschritt, Jg. 66, H. 5, S. 359 - 375。

埃德加·克鲁泽、安特耶·舍尔巴特：“通过补贴和特别支出减免支持里斯特养老金：2015 缴费年度当前受资助者达 110 万人”；Kruse, Edgar/Scherbarth, Antje（2019）：Förderung der Riester-Rente durch Zulagen und Sonderausgabenabzug：Aktuell 11, 1 Mio. geförderte Personen im Beitragsjahr 2015, In：RVaktuell 1/2019, S. 7-18。

英厄曼·库普曼、米歇尔·君纳、赫尔伯特·布舍："老年贫困——原因分析和2023年预测"；Kumpmann, Ingmar/Gühne, Michael/Buscher, Herbert (2010): Armut im Alter – Ursachenanalyse und eine Projektion für das Jahr 2023, IHW-Diskussionspapier 8, Halle.

布里吉特·卢泽："女性养老保险——数据、发展和视角"；Loose, Brigitte (2016): Alterssicherung von Frauen. Daten. Entwicklungen. Perspektiven. Vortrag, Konferenz "Zusammenhalten für zukunftsfeste Renten – Gerechte Alterssicherung für alle", Bündnis 90/Die Grünen, 14. 10. 2016, Berlin。

德国联邦统计局；Statistisches Bundesamt, http: //www. destatis. de/, GENESIS Online Datenbank。

德国经济及社会研究所（WSI）性别数据门户；WSI-GenderDatenPortal, https: //www. boeckler. de；德国联邦统计局死亡情况表，各年龄段人群的预期寿命；Sterbetafel des StBA, ferne Lebenserwartung nach Alter, www. destatis. de。

【译者：徐若楠（北京外国语大学德语学院讲师）】

城市失独家庭养老社区照顾模式探究

赵 莹*

摘 要：我国在推进市域社会治理现代化的进程中，特殊群体的养老问题是不容忽视的。失独既不是中国特有的问题，也不是近年来才发生的问题。在中国计划生育特殊背景下，失独家庭问题显得尤为突出。根据河南省卫健委提供的数据，截止到2016年8月，河南省失独家庭总人数达16699人，其中农村失独家庭人数为8782人，占52.59%，女方年龄在49岁及以上的失独家庭共有14924人，占89.4%。从2010年卫生部发布的统计数据来看，我国每年大约新增7.6万个失独家庭，至今已产生了超过1000万个丧失独生子女的家庭。随着中国方式的由家庭养老逐渐转化为社会养老，社区成为失独家庭养老社会化的基本载体，社区在失独家庭养老中的地位越来越重要。本研究针对失独家庭养老困境的调查研究，运用社区工作方法中的社区照顾模式深入探讨，力求在一定程度上满足失独家庭这一特殊群体的养老需求。

关键词：失独家庭；养老；社区照顾模式

一、问题的提出

20世纪80年代，为缓解人口激增与经济发展之间的矛盾，改善人民生活质量，促进经济快速增长，我国开始在全国范围内严格控制生育，并把计划生育政策划定为一项基本国策，坚定不移地实施。全国范围内数以亿计的青年响应这一号召，坚持做到生育一个子女。这极大地减轻了中国的人口压力，促进经济发展，中国的人口结构随之发生改变，尤其是城市出现大批量的独生子女

---

* 赵莹，河南女子职业学院公共管理学院讲师，主要研究方向：女性教育、社会工作实务、老年服务研究。

家庭。一个子女的核心家庭模式成为主要的家庭结构。但是独生子女家庭因为人口的减少也变得更为单薄脆弱，家庭遭遇的风险系数也相应大大增加。因为一旦家中唯一的子女遭受疾病、意外事故、自然灾难等失去生命时，整个家庭将遭受沉痛的打击，陷入无边的困境中，家庭功能也将残缺不全，而这些失去独生子女的父母大多在50岁以上，从医学上49岁生育极限的年龄来看，他们几乎很难再生育第二个子女，这些家庭从而成为失独家庭。同时随着我国老龄化速度的加快，老年人比重越来越大，医疗水平的提高与生活质量的改善使得人们的寿命不断延长，但现代化带来的环境污染、交通事故、工作压力、食品安全以及自然灾难等威胁，使得年迈的父母失去独生子女的概率增大，而计划生育基本国策的不动摇也注定独生子女家庭的增多，随着失独老人群体也将不断增大，很多独生子女家庭都会存在一定的风险。在我国，“养儿防老”传统观念影响深远，使得养老观念和方式一直得以沿袭，家庭和子女是大多老人选择的主要晚年养老依靠和方式。对于失独老人来说，失去子女不仅让他们遭受精神心理上的折磨，更是使得他们的晚年没有了养老保障。在已经迈入老龄化社会的中国，目前养老保障制度尚不完善，对于失独家庭的帮扶仅为经济上的一些补助，对于他们的精神关怀、法律救援、社会关怀更是少之又少，那么当这些失独父母进入老年，没有子女养老、得不到政府的有力支援、找不到接收他们的养老院，甚至失能不能自理时，又由谁来照料他们，他们的晚年又该如何度过？这成为我们需要急切关注与探索的一大严峻挑战。

二、概念界定

（一）失独家庭

失独者是指因诸多原因丧失独生子女的父亲或母亲。失独家庭则指因各种主客观因素失去了家中独子或独女的家庭。我国推行计划生育政策至今，独生子女家庭已经成为我国家庭结构的一种主要形式，随着“全面两孩”政策的放开，第一代也是最后一代独生子女的父母也已经渐渐步入了老年阶段，他们的生活和养老问题成为政府公共管理的难题，亟待破解。我国社会经济快速发展，国家社会保障制度也在不断健全完善，国家和地方政府对失独者和失独家庭在政策方面给予了特别照顾，计划生育部门作为该政策的主要执行者，对计划生育特别帮扶对象进行了官方界定。官方特指的纳入扶助范畴的失独对象总共有两类：一类是失独家庭，指失独夫妻中女方的年龄在49周岁以上，其夫妻双方分别享受失独家庭的特殊帮扶资金。另一类是失独者，特指离婚或者丧偶的任一方年龄在49周岁以上的也享受该特殊待遇。研究者认为："失独老人""失独夫妻"等术语虽见诸不同著作或学术论文，抑或在同一文献中交叉使用，但其实两者之间并无本质差异，其主要区别在于失去独生子女的夫妻是否离婚或者丧偶。

（二）社区照顾

社区照顾的概念起源于"二战"后的英国。"二战"后，英国推行了一系列的社会福利政策，对无依靠的老人、精神病人等实行了院舍式的照料。1990年，英国将社区照顾作为一种服务的提供，其主要受助对象为老年人和残疾人，通过在家中或其他熟悉的环境中提供服务，让他们能够有尊严地生活。徐永祥认为，社区照顾主要是构建正式照顾和非正式照顾体系，为社区内身体或精神方面处于困境中的人群提供支持性的服务（徐永祥，2004）。英国学者苏珊·特斯特认为，社区照顾应该有更加宽泛的定义，提供服务的场所应有室内、室外，提供的内容也应该从长者的实际需求出发，例如医疗卫生、休闲教育等（苏珊·特斯特，2002）。欧阳俭认为，社区照顾应该将正式网络与非正式网络有机结合，相互配合，相互协调，共同为老年人提供服务，并根据老人的实际需求，将服务对象划分为正规照顾和非正规照顾（欧阳俭，2015）。

三、理论基础

（一）社会支持理论

20世纪70年代，社会支持理论兴起并用于医疗疾病和精神修复等领域，经过大量的试验探索，社会学家认识到其在修复人类心灵疾病上的助益而被引入社会学界。社会支持，是指一定的社会网络运用一定的手段（物质和精神皆可）对社会上的弱势群体进行各类无偿帮助的行为。

由于失去唯一子女，失独家庭往往出现经济困顿、精神萎靡、仇世厌世等诸多问题，而他们当中的绝大多数不会或者不善于利用社会网络资源，这就要求政府、社会帮助他们建立并扩大社会交际网络，提升其利用社会网络的能力。在以“4-2-1”式家庭结构为主导的时代，社会支持应将工作的重点转移到研究个体家庭的公共服务体系建设，而作为计划生育政策的受损者的失独家庭，他们的社会支持体系应当确立政府的首责。同时，从整合政府行政力量、社会公益组织或其他社会组织、亲朋好友、自主团队、志愿者等多方入手，从医疗养老、经济帮扶、心理疏导等多方面构架失独家庭全方位、多维度的社会支持体系。

（二）社会生态系统理论

社会生态系统理论（Society Ecosystems Theory）简称生态系统理论，源于生物学的概念。美国心理学家布朗芬布伦纳是最早提出社会生态系统理论的学者，其理论基础更偏向生物学，注重周围环境对个体的影响，但很少提及个体能动性。作为现在社会生态理论的最著名代表之一，查尔斯·扎斯特罗进一步阐释了人与环境的关系，即有机体会与他们所处的环境之间存在持续的交流以及相互作用的关系。也就是说，人们与他们所处的环境被视为相互依赖以及相互作用的一个整体，人类与环境在系统这个整体中，都会对对方产生持续的依赖和塑造。在失独老人研究中，我们可以把失独老人个人与子女、亲属、朋友、邻居、社区、社会单位乃至国家看作一个完整的生态系统，在这其中个人有机体是一个微观系统，其人际活动及角色扮演会影响个体的生物、心理及社会系统。而家庭、邻里、亲属朋友这些群体会对有机体的个人产生影响，这个小群体成为中观系统，这一系统会对个人微观系统产生直接影响。组织、社区、文化及国家是对个人重要的宏观系统，个人的中观系统与微观系统的相互作用都是在宏观系统中发生和产生的。这一理论指出，当个体与家庭、朋友、邻居、单位、社区等能形成良好的互动并构建支持性社会网络，那么会对个体微观系统产生积极的影响和作用，会为个体的生活提供一些安全和支持，相反，如果个体在面对生活时缺乏家庭或社区、社会的支持网络，会对个人生理心理发展产生障碍，使他们严重受挫，进而对环境产生沮丧及病态的偏差行为。依据生态系统理论，社会工作在介入失独家庭养老问题研究时，不仅从失独老人个体去分析解决问题，更要综合性地对失独老人的家庭、社区、社会及政策进行有效的协助与建构，促进他们形成良好的互动与支持，为失独老人构建社会支持网络，从而为他们的晚年生活提供帮助。

四、城市社区失独家庭养老服务资源的供给现状及困境分析

（一）社区养老服务资源的供给现状

社区居委会是社区服务的输出方，是国家各项养老政策的落脚点，社区工作人员在这个服务输出的环节上充当承上启下的角色。社区养老服务中直接与服务对象接触的就是社区工作人员，社区工作人员承担着协调上下关系、调配服务资源、提供为老服务等职能。调查发现，城市社区居委会隶属于街道，城市社区居委会设有一位专门为老人服务的工作人员。在落实上级关于养老服务政策和方针的基础上，社区工作人员也经常深入社区，了解社区内失独家庭老人的具体情况，开展各类助老服务项目。总之，城市社区居委会一方面要为社区居民提供便民服务，另一方面还要重点为失独家庭等特殊老年群体提供专门服务，例如，为每户失独家庭老人家里都安装呼救设备，同时也不断呼吁失独家庭老人的家庭成员经常关心独居老人。城市社区积极动员志愿者队伍进入社区开展为老服务，例如，为社区老人开展上门关怀、量血压、打扫卫生等活动。另外，针对独居老人，社区居委会还会定期组织学生志愿者上门陪他们聊天。

（二）社区养老服务的困境分析

城市社区的养老服务资源较为丰富，但从问卷调查结果和访谈资料来分析，

城市社区的养老服务现状仍然存在一些困境。

1. 缺乏政策支持

社区养老服务资源的盘活需要相关政策法规作为坚强后盾。在 20 世纪 90 年代，英国政府颁布了《英国的社区照顾白皮书》和《国家健康服务与社区照顾法令》，这些政策法规有力地保证了英国社区照顾模式的构建和发展，也盘活了社区养老服务资源。但我国在社区照顾养老服务方面，还缺乏这样的政策法规支持，毕竟我们国家的社区照顾服务刚起步，任重而道远。例如，一些社会组织的社会地位不能得到广泛的社会承认。为了引导更多社会资源对社区照顾养老服务的投入，政府应制定一些优惠政策，激励更多的社会组织参与社区照顾养老服务，这种优惠政策不仅需要宏观层面的引导，还应该制订能够细化到基层的可操作性政策细则，这样才能为盘活社区养老服务资源奠定坚实的基础。城市社区正是因为缺乏宏观和微观政策的支持和引导，导致社区养老资源不成体系，无法形成合力效应。

2. 缺乏资金支持

构建系统化的社区照顾养老服务体系需要建设社区医院、活动场所、居家养老服务中心等服务设施，这些服务设施的建设需要由充足的资金作支撑，单靠个别社区运用有限的资金很难构建好社区照顾服务体系。以英国为例，英国政府的社区照顾模式建立至今，投入了大量的财政支持，减轻了社区和被照顾者家庭的压力。但在我国，政府对社区建设的财政支持明显不足，居家养老服务组织的运营都是依靠服务收费，政府补贴很少。因此，要构建系统的社区照顾服务体系不但需要政府政策这个“火车头”的牵引，国家和地方的财政支持也是很重要的。调查数据显示，接受调查的 16 位失独家庭老人中，有 25%的失独家庭老人完全不能自理，这部分失独家庭老人需要的社区照顾养老服务项目更多，要求也更高，而缺乏充足资金支持的社区或者居家养老服务组织是无法提供满足他们的专业化服务的。在对 3 位社区工作人员的调查中，社区工作人员表示资金不足问题是制约社区照顾养老服务项目扩大和服务质量提升的关键因素，他们表示，目前城市社区的资金来源还比较单一，资金不足导致现有服务有很多不尽如人意的地方。

3. 社区管理不到位

有接受调查的社区工作人员表示，目前社区的养老服务资源管理存在一定的问题。研究者也发现，社区居委会提供的老人名单上有些老人几年前就去世或者搬走了，但名单并没有实时更新。这反映出社区对居民信息的采集和更新存在严重的漏洞。

4. 人力资源缺乏

社区专业服务人才的缺乏是导致养老服务水平难以提高的重要原因。社区居委会的工作人员表示，目前雇用的服务人员属于临时工性质，有事的时候“叫过来干活”。这些服务人员没有接受专业的培训，对于一些政策法规、医疗护理技巧根本不了解。所以，城市社区向失独家庭老人提供的都是一些小规模、单一化的服务。例如，节假日上门简单问候一下，给失独家庭老人发点慰问品等公务活动。至于失独家庭老人精神层次的需求根本就没法满足，一方面是不经常上门慰问，另一方面是上门之后也是简单地寒暄几句就结束了。这些零星的礼节性的服务根本解决不了失独家庭老人的实际困难，只能是象征性安慰下。失独家庭老人的差异化需求依赖于专业化的社区照顾服务的发展。城市社区缺乏专业的服务人员也就缺乏发展的动力。此外，城市社区的志愿者队伍还处于发展的初级阶段，缺乏制度化的管理。一方面，由于缺乏一定的激励措施，在一定程度上降低了志愿者参与的积极性。大多数志愿者都是做一些简单的工作，例如，打扫卫生。另一方面，志愿者缺乏老人医疗护理、精神慰藉等方面的知识，志愿者服务起不到很好的效果。有些城市社区也尝试建立志愿者服务制度，但是没有能够坚持下去，主要原因是代沟因素，志愿者不知道和老人聊些什么，他们对老人聊的事情又没有什么兴趣，加上一部分失独家庭老人并不是特别乐意别人去自己家里，对于上门聊天这种服务形式存在抵触心理，这必然会影响志愿者的积极性。不得不提的是，社区还缺乏专业社会工作者。社会上对社会工作岗位认知度较低，社会工作者的工资水平也较低，导致社会工作的从业人员社会地位较低。受薪资水平、社会地位的影响，大部分社会工作专业的本科生、研究生毕业之后不太愿意去从事这样的行业。这种现状很大程度上影响了社区照顾模式在城市社区的构建。

5. 宣传不到位

社会上对于“失独”了解得较少，对于失独家庭的状况了解得更是少之又少。“失独”是一个敏感性的话题，如果没有人知道失独的情况以及失独给父母带来的痛苦，失独群体也就得不到社会的普遍关注。社区工作者应该创造平台让失独家庭发声，让更多的组织、基金会以及爱心人士加入到失独家庭的帮扶中来，在社区甚至社会营造良好的环境。这是一种基于失独家庭状况的宣传，目的是让社会大众了解失独家庭的困境，让更多的社会力量能够加入到对失独家庭的帮助与支持中来。除对“失独”进行善意的宣传外，还要对失独家庭相关政策进行宣传，这种政策上的宣传是为了解决政策宣传不到位的问题。

社区开展的养老服务局限于传统的救助型服务的形式，城市社区工作人员缺乏对社区失独家庭老人需求的客观全面了解。对于失独补贴等政策的信息几乎通过媒体或者其他失独家庭得知，很难在社区看到相关政策的宣传。政策制定出来最主要的功能就是实施，如果社区不做宣传，失独家庭很有可能不能在第一时间得到帮扶，进而导致政策不能很好地发挥对失独家庭的支持作用。为此，社区可以采取在社区宣传栏里对失独家庭的补贴政策进行宣传等方式来达到政策宣传的目的。

6. 缺乏社会组织参与

近年来，居家养老服务组织得到了一定程度的发展，但是相比于发达国家，我国的居家养老服务组织在发展速度和服务质量方面都有待提升，对社会组织的优惠扶持力度还不够。目前，城市社区养老服务缺乏居家养老服务组织的参与，主要是因为政府给予补贴的服务项目是非常有限的，从根本上限制了居家养老服务组织的参与，也在一定程度上制约了社区养老服务水平的提升。因此，必须加快培育居家养老服务组织，积极鼓励居家养老服务组织参与到社区养老服务领域中来。此外，政府还应该加强居家养老服务组织的评估，提高居家养老服务组织的服务标准，这是需要重点加以改进的方面之一。

五、构建城市失独家庭老人社区照顾模式的具体对策与建议

研究者借鉴国内外社区照顾的成功经验，就构建城市社区失独家庭老人的社区照顾模式提出一些具体的对策，也为其他社区失独家庭老人社区照顾模式的构建提供借鉴性意义。

（一）加强宣传教育，培养社区照顾的意识

研究者调查，社区虽然有很多养老服务资源，但是还没有形成一种系统的社区照顾模式。因此，一方面，要加大社区照顾理念的宣传力度，多渠道推广社区照顾的服务理念和服务项目。对于社区内的失独家庭老人社区照顾服务的宣传不但要在社区内公开宣传，必要时候还需要登门一对一宣传，因为很多失独家庭老人行动不便，几乎很少出门，很难接收到外界信息。当然，在政策宣传和相关活动安排时要注重发掘和关注失独家庭老人的优势和闪光点，引导失独家庭老人自己以积极、健康的心态面对生活。另外，社区可以通过积极的舆论导向引导他们为社会服务，进一步实现其自身价值，满足失独家庭老人的价值需求。另一方面，失独家庭老人在情感层面的需求是比较强烈的，鼓励亲戚、朋友等常去看望失独家庭老人，经常打电话回家，通过微信视频等形式与老人加强沟通和交流，使失独家庭老人精神层面得到安慰，以便失独家庭老人能够更加积极、健康地生活。

（二）筹集社区照顾的资源，为推进社区照顾服务提供保障

首先，现阶段应该促成社区居委会、居家养老服务组织等组织的密切合作。联合开展一些服务活动，通过这样的活动加深社区内失独家庭老人对服务供给主体的认识，帮助失独家庭老人遇事能找到人而且能找对人。社区内的服务资源要加强整合，破除服务设施重复建设的怪象，建议两个管理组织能够联合规

划、相互协调。比如，图书的购买、设施的建设等方面可以采取共建形式，匀出更多的经费开拓其他服务项目。组织一些有专业技能的失独家庭老人到其他高校社区去交流，也可以让失独家庭老人发挥特长做些知识讲座，参加一些跨社区的交流活动，实现失独家庭老人的老有所为。其次，建立社区医院与省市级医院的联动机制。为行动不便的失独家庭老人建立健康档案，如果失独家庭老人不方便出门去就医，可以通过在线诊断的方式为失独家庭老人看病，周期性地开展一些免费体检活动。

（三）建设社区服务网络，为失独家庭老人构建“安全网”

老人有生活服务、医疗护理、精神慰藉等多方面的需求，构建社区服务网络也要从多方面入手：

第一，要构建提供直接服务的网络。将社区内的社区居委会、居家养老服务组织的工作人员、社区居民和失独家庭老人家人组织起来构成一张为失独家庭老人服务的安全保障网，为失独家庭老人提供衣食住行等全方位的服务。这一方面给失独家庭老人以悉心的照顾，使失独家庭老人的精神层面得到安慰；另一方面也给社区解决了老年工作的难题。

第二，要构建精神慰藉服务网络。失独家庭老人离退休之后，人际交往圈子变小，失独家庭老人心里有很多事情找不到诉说对象，内心容易变得孤僻，有部分失独家庭老人根本不愿意对外人诉说。长时间的抑郁得不到排解，更容易影响身体健康。因此，社区居委会和离退休管理处等相关工作人员应定期上门慰问失独家庭老人，并且要充分利用学校的志愿者服务资源，常与失独家庭老人谈心，打开失独家庭老人的心扉，排解心灵上的孤独感。

第三，要构建社区紧急支援网络。失独家庭老人身体功能的衰退，容易发生突发性事件，若得不到及时救治，恐危及生命。作为社区，应该为失独家庭老人安装便捷式呼救设备，例如急救手环之类的穿戴设备。当发生紧急情况的时候，工作人员能够及时上门提供服务。

（四）完善社区照顾保障机制，创造良好的发展环境

国内外社区照顾模式的经验告诉我们，制度建设和资金投入是保障社区照顾模式创建和发展的关键性因素。这就要求：

第一，要加强制度建设。英国、日本都颁布了很多政策法规保障社区照顾服务的有效实施，但是从现有的状况看，我国仅有一部《中华人民共和国老年人权益保障法》在第一条中明确规定要发展老龄化事业，保障老年人的合法权益，缺乏专门针对特殊老年群体的政策法规。所以，中央和地方政府应当根据我国特殊老年群体的实际情况，因地制宜地出台与社区照顾相关的政策法规，还要监督政策法规的落实，尽快让城市失独家庭老人的社区照顾驶入发展的快车道。

第二，要完善财政投入机制。资金是制约社区照顾模式发展的关键因素，加大财政支持势在必行，但政府也要改变过去那种一味现金补贴的方式，还可以给失独家庭老人发放服务券之类的非现金方式，失独家庭老人家庭可以根据政府的服务券来选择服务，这就改变了老人有钱不舍得花的尴尬局面。服务机构拿着服务券向政府兑换资金，也可以对社区照顾的服务情况进行反馈。另外，每年对失独家庭老人的需要进行评估，评定相应的服务标准，按评估等级和服务标准提供针对性的照顾服务。

社区照顾模式的构建还应拓宽思路，除了从制度建设和资金两方面入手，也积极鼓励社会组织参与社区照顾体系的建设，适度推动社区照顾服务走市场化运作之路。政府已经不能再“大包大揽”了，以政府政策为主导，发动社会组织的力量开展养老服务是一条摆在眼前的道路，社会组织参与到养老服务之中是社会化养老的开端，这也是市场机制进入养老服务体系的重要因素。企业加入养老服务中，政府向企业补贴一部分资金，企业向部分老人提供低廉价格的服务，企业本身没有损失，政府减轻了财政压为，老人也得到了良好的服务和需求的满足。

（五）整合人力资源，提升专业化水平

人才资源是做好社区照顾服务的重要保障。这就要求：

第一，要阶段性地做好管理人员和服务人员的培训工作，培训的内容包括服务态度、医疗护理知识、服务技巧等。同时，完善社区居委会、离退休管理处、居家养老服务中心、医院等机构的管理制度以促进社区照顾服务水平的提高，更重要的是通过提升服务人员的待遇稳定人才队伍。

第二，要选聘一些社会工作专业的毕业生加入到社区居委会，尤其是对于居家养老服务中心来说，人才队伍的建设直接影响了居家养老服务的质量。社会工作者可以运用专业的社会工作方法为失独家庭老人提供照顾服务。例如：为失独家庭老人链接服务资源，为每一位老人建立服务档案，这些档案资料记录老人的家庭实际情况以及目前的困难等。

第三，要建立高校学生志愿者养老服务团队，减轻人力不足的压力。学生是高校得天独厚的优势资源，学生志愿者基数大、成本低、距离城市社区近，这些都是其独特的优势，志愿者服务在一定程度上可以部分满足老人家政需求、精神慰藉需求。但是，有些失独家庭老人怕耽误学生学习，从而对于学生志愿者参与养老服务有一定的疑虑。再者，学生志愿者缺乏专业的技术和服务能力，能做的服务有限。由于学业、寒暑假、就业等原因，学生志愿者服务稳定性和持续性较差。建立学生志愿者长效服务机制和服务应急机制是应对目前困境的主要手段。社区照顾模式的构建一方面满足了城市失独家庭老人的养老服务需要，另一方面也符合中国传统文化理念，具有很强的现实意义。但是，我国的社区照顾模式建设还处在起步阶段，要构建综合化的城市失独家庭老人的社区照顾模式就必须高度重视和研究目前城市社区存在的问题才能找出相应的对策。

六、研究结论

（一）社区照顾模式有利于整合社区丰富的服务资源

城市社区以城市为依托，社区失独家庭老人在政策上享有优待和保障，社区内的公共基础设施较完善。另外社区失独家庭老人的收入普遍较高，经济能力较强。在以社区为依托的基础上，人力资源丰富，主要包括大学生、老人自身、周边社区养老服务人员等。周边商业较为发达，失独家庭老人购买服务比较方便。社区所拥有的养老服务资源较为丰富，但却存在资源使用率低、制度障碍、安全障碍等困境，社区养老服务资源缺乏整合，没有有效发挥其在社区养老服务之中的作用，只停留在自立门户、各自运转层面，没有综合各因素之优势并形成合力效应。而社区照顾模式可以对社区内的资源进行有效整合，发挥社区内养老服务资源的合力作用，解决社区内失独家庭老人的养老难题，提升失独家庭老人的生活质量。

（二）社区照顾模式有利于满足城市失独家庭老人的养老服务需求

失独家庭老人的养老需求产生原因是多样化的，养老资源之所以为资源的大前提是它对于社区失独家庭老人的养老需求满足存在一定的作用。养老资源和养老需求是分不开的。随着老龄化的加剧、社会经济发展和家庭结构以及社会环境变化，社区失独家庭老人的养老需求也不断地发生变化，会对社区养老资源的供给提出新的挑战。当前社区养老资源存在“资源分散、闲置浪费、整体不足”等问题，在这种情况下构建社区照顾模式是整合社区养老服务资源，解决以上问题和满足失独家庭老人养老服务需求的关键。

参考文献

徐永祥：《社区工作》，高等教育出版社2004年版。

苏珊·特斯特：《老年人社区照顾的跨国比较》，周向红、张小明译，中国社会科学出版社2002年版。

欧阳俭：《城市老年人社区照顾需求研究》，载《青年与社会（上）》2015年第2期。

Bulmer，M. The social basis of community care ［J］. London ：Alien and Unwin. 1987：5-6。

McMullin JA，Marshallvw. Family，friendsssterss，and well-being：Does childlessness make a difference? ［J］. Canadian Journal on Aging/La Revue canadienne du vieil Iissement，1996，15 (03)：355-373.

Koropeckyj-CoxT. Beyond parental status：Psychological well-being in middle and old age［J］. Journalof Marriage an Family，2002，64（4）：957-971.

何雨、王振卯：《社区照顾：城市养老模式的第三条道路》，载《南京社会科学》2009年第 1 期。

祁峰：《英国的社区照顾及启示》，载《西北人口》2010 年第 6 期。

Pavey, A. & Pstsios, D. 1999, "Forma land Informal Community Care to older Adults: Comparative Analysis ofthe United States." Journal of Family and Economic Issues 20 (3).

哈尔·肯迪格等编：《世界家庭养老探析》，刘梦等译，中国劳动出版社 1997 年版。

杨蓓蕾：《英国的社区照顾：一种新型的养老模式》，载《探索与争鸣》2000 年第 12 期。

Chow, N. Asian value and aged care [J]. Geriatrics and Gerontology International, 2004 (4): 12-14.

Working Party on Care for the Elderly. Report of the working party on care for the elderly [J]. Hong Kong: Government Printer. 1994.

蔡方华：《"失独家庭"应得到社会双重关怀》，载《中国社会报》2012 年 5 月 21 日第 003 版。

仇志娟：《当前我国独生子女家庭养老问题探析》，载《人口与计划生育》2009 年第 2 期。

乐章、陈璇、风笑天：《城市独生子女家庭养老问题》，载《福建论坛（经济社会版）》2000 年第 21 期。

刘岚：《独生子女伤残死亡家庭扶助与社会保障》，载《人口与社会发展》2008 年第 6 期。

刘梦、张和清：《小组工作》，高等教育出版社 2006 年版。

穆光宗：《独生子女家庭本质上是风险家庭》，载《人口研究》2004 年第 1 期。

孟泽楠、朱迪、王霞辉：《重庆失独家庭养老保障模式调查分析》，载《法制与社会》2013 年第 16 期。

任素雅：《人口老龄化背景下我国城市社区养老模式研究》，硕士论文，河北大学 2009 年。

穆光宗：《构建失独家庭民生关怀体系》，载人民网，2013 年 03 月 13 日。访问地址：http://theory.people.com.cn/n/2013/0313/c40531-20771486.html。

石燕：《关于我国独生子女养老经济负担的调查研究——以镇江为例》，载《中国青年研究》2008 年第 10 期。

河南省农村留守妇女社会情感需要研究

——以焦作市N村为例

许俊霞*

摘　要：伴随市场经济的发展，工业化、城镇化的大力推进，农村大量剩余劳动力向城市转移，而在外出务工方面处于劣势的妇女则相比男性更多地留守乡村，她们的社会情感需要状况如何呢？在前期调查数据的基础上，此次调查以实地观察和访谈为主，对于农村留守妇女的社会情感进行了深入的观察和分析。河南省农村留守妇女社会情感需要难以得到满足，并且随着信息化时代的到来，呈现出更为复杂多样的状态。本文将对观察和访谈结果进行详细的论述，并对这个社会情感需要的现状、产生原因进行深入的分析，根据调研结论做出支持对策的探究。

关键词：留守妇女；社会情感需要；社会支持

社会情感指的是人在社会中培养出来的与人交往并改善自身行为的感情，是伴随完整的社会心理过程而产生的心理体验和心理感受，也是一种特殊的社会心理过程。社会情感在社会生活中主要有三点作用：一是对社会行为起发动作用，使行动活性化；二是对社会行为的定向作用，稳定社会行为的方向；三是对人际关系的纽带作用。社会情感是由不同层次的情感构成的情感系统，主要有内心情感、感情移入、人际情感、群体情感、民族情感等。此次研究也主要从留守妇女的自我认知与自我管理、他人认知与人际交往、社会认知与社会管理等维度来展开。

---

* 作者简介：许俊霞，河南女子职业学院妇女理论研究中心副主任，主要研究方向：女性学、妇女发展、婚姻家庭。

农村留守妇女与护理、照料等有着极大的关系，这个词和农村留守妇女有着极大的关系，她们留守的原因往往是要照料老人、照顾养育子女。本文还会对农村留守妇女日常生活中承担的照护工作的情况进行一定的分析，作为农村留守妇女的主要工作，这样的劳动分工直接影响到农村留守妇女的社会情感的需要，以及这些需要是否能够得到满足。同时，照护工作的强度和工作量也直接影响到农村留守妇女的社会情感情况。

一、河南省农村留守妇女社会情感需要的现状

河南省农村留守妇女的社会情感需要，可以通过对农村留守妇女情感系统的不同维度来看。通过观察和走访，结合相关的文献资料，在前期调研的基础上，相关维度的情况如下：

（一）自我认知和自我管理

随着农村大量劳动力的转移，农村的劳动分工也发生了极大的变化。男主外、女主内的传统性别思想在农村依然比较普遍，因而农村家庭中，外出务工的男性比例远高于女性。同时，因为男性外出，但农村家庭的劳动责任并没有减少。因而，留守妇女既要承担原本的家务劳动等劳作，还要承担起原本男性承担的种植、养殖任务。此外，原本照料老人和子女的工作任务是夫妻二人共同分担，但是对于留守妇女而言，丈夫外出务工后，妻子还需要独自承担照护老人和子女的重担。这样一来，农村留守妇女的劳动量极大提升。因此，自我认知和自我管理方面，农村留守妇女面临着极大的挑战。首先是对自己身份的认同的疑惑，需要快速从一个正常的女性，转变为在留守家庭中无所不能的女强人，甚至一些比较困难的家庭，除了以上的劳动任务，还要兼职一些额外的工作，以便贴补家用。因而，农村留守妇女不仅仅是妇女，也是目前农村留守家庭的顶梁柱，同时也是农村留守家庭照护任务的主要提供者，而这些留守妇女自身也原是农村社区中的弱势群体，需要得到丈夫的大力支持。社会角色的迅速转变使这些留守妇女不能快速适应，同时，过大的劳动压力、生活压力也

使这些劳动妇女在自我管理方面遇到挑战。在时间方面的安排，农村留守妇女的自我时间管理易发生冲突。在时间安排上，根据第二次走访的情况来看，大约 1/3 的留守妇女不得不耗费一半以上的时间照顾因病留守的老人。而基本上所有的留守妇女都需要承担起照护子女的责任，在这次走访的过程中，焦作市 N 村仅有 6 名留守妇女没有照护子女的责任，其中 2 名是新婚，还未来得及和丈夫一起外出打工。另有 4 名留守妇女目前是在孕期，不仅不能得到丈夫的悉心呵护，还要承担少量的劳动责任。这样的情况，就使得留守妇女在自我管理方面，大部分的时间耗费在照护家中的老人和未成年人，同时，一定量的田间劳动和固定的家务劳动也必须由留守妇女承担，因而，留守妇女在这方面，主要的社会角色还是照护者和农村地区的新顶梁柱，大量的留守妇女，因留守而刚。

（二）他人认知和他人管理

在他人认知和他人管理方面，根据走访，留守妇女主要面临以下他人关系：一是和自己丈夫的夫妻关系，二是和其他留守成员的关系，三是和邻里的关系。这三种关系中，留守妇女的他人认知和他人管理都与非留守时期相比发生了极大的变化。一个和自己丈夫的夫妻关系，留守妇女必然面临和丈夫的聚少离多、两地分居问题，自己和丈夫之间的夫妻感情受到一定的影响，虽然访谈的结果显示，大多数留守妇女都支持丈夫外出务工赚钱，但是这些留守妇女也有很强的孤独感，她们也渴望爱情的甜蜜和浪漫。而且值得一提的是，低龄留守妇女在夫妻感情方面的要求相比中年留守妇女而言高得多，低龄留守妇女往往是新婚，虽然婚姻甜蜜，但是感情基础还不牢固，在这样的情况下就面对两地分居，这一留守妇女群体的 80%以上都表示对夫妻感情多有担忧，事实上，即便是在焦作 N 村这样小的村庄，因为打工和留守而发生的婚姻问题，如出轨等也不鲜见。与此同时，留守妇女的丈夫对于妻子的留守也有越来越高的要求，既要求照护好家人，同时，对于子女的教育也越来越重视，对于子女的学习成绩和学习方面的问题，也要求留守妇女重点关注并及时解决。在留守妇女与其他留守人员的关系方面，留守妇女的日常生活基本是围绕着其他留守成员展开，而且往往是照护服务提供者的角色，与留守成员之间的生活摩擦也比较频繁，尤其是留守儿媳与留守婆婆之间、留守妇女与处于叛逆期的子女之间。在走访过程中，留守婆媳之间有误会的概率在68%以上。留守妇女这一独特的群体，自身在教育方面能力和知识都不足，因教育子女而承受着极大压力的比例很高，在需要照顾学龄子女的留守妇女群体中，达到95%以上。值得一提的是，由于留守妇女的教育技能的欠缺、心理关注的缺失，在照护留守老人和未成年子女的过程中，留守妇女内心的焦虑程度也比较高，甚至有少量的留守妇女有一定的抑郁倾向。在邻里关系方面，留守期间，留守妇女的人际交往圈也多是三留守人员，感情支持可以提供，但多是同病相怜，留守家庭各家有各家的困难，这样的他人关系，能提供的人力物力支持有限，帮扶照料也有限，不能满足留守妇女的根本需要。值得一提的是，留守的这些妇女群体，人际交往时也多会交流各家信息，这些信息的传播对于家庭的和谐和稳定有利有弊，中年留守妇女群体中，有部分留守妇女传播这些信息时，事实会被一定程度地扭曲和夸张，有时会造成邻里关系和家庭关系的紧张。总的来说，在他人认知方面，留守妇女在留守前后也有极大的反差和冲击，在他人管理方面，留守之后，以上三类他人关系也发生着悄然的变化。留守妇女在应对以上的关系时，较之留守之前也有明显的变化。还需要特别注意的是，留守妇女在留守期间，关系好的邻里基本上是主要的倾诉途径，大量的时间主要还是在家里。而丈夫回来以后，留守妇女则更多会走出家门，相约购物，提升形象，并参加农村的一些特有的放松娱乐活动，比如打麻将等，而谈论的话题则会迅速转变为丈夫的工作情况、工作地点、工作收入、明年的打算等。

（三）社会认知和社会管理

农村社区在留守前后呈现出不同的特点，三留守成员成为农村社区常年的主要居民。这样的社区特点，使得留守妇女被迫在这一社区中承担更多的社会责任，是这个社区中的中流砥柱。而在社区管理中，农村留守妇女往往是泥菩萨过江，无暇顾及整个社区的整体情况，也没有富余的精力照护和帮助其他社区成员。农村社区需要大量的社会服务，但是目前，互助的社会服务氛围还未形成，也缺乏社会工作的支持。几乎所有的受访留守妇女均表示，能管好自己的家就已经很不容易了，对于提升照护的水平，实现照护服务共享等表示从未考虑过。如果遇到了社区中个别成员有特殊情况时，虽然也会偶尔施以援手，但是能提供的帮助和照护有限。值得一提的是，在焦作市N村还有一定的独居留守妇女。根据走访，了解到的有九户这样的情况，老人的老伴去世，老人已与儿子分户，儿子与儿媳双双外出打工，平时无人照护，儿子儿媳会经常打电话问候，也会偶尔寄钱回家。在这九户独居留守妇女中，还有三户，其中两户儿子儿媳外出务工后失联，已经近三年未曾回过家，还有一户因事故失去儿子，儿媳改嫁。值得欣慰的是，改嫁的儿媳每个月会来探望老人一次，但是不便停留太久，只是送一些生活必需品或者少量贴补老人。对于这三户特殊情况的老人，焦作市N村为老人申请了五保，老人每个月能有最基本的生活保障，但是情感和照护方面，主要靠其他留守邻居，也多是留守妇女的偶尔关怀和照顾。因而，在社区层面，空壳化的农村社区，社会服务的发展十分滞后，留守妇女的自助和互助意识也不强，并且也缺乏社区服务整合的能力，因而在需要更多的社会服务的农村社区，农村留守妇女社会意识不强，社会管理还处于相对比较落后的状态。

表1　留守妇女的情感缺失相关调查数据

情境	家庭数量	百分比
丈夫不在家时，留守家庭中留守妇女和婆婆的相处状况		
非常难以沟通，经常产生误会和摩擦	3	4.70%
比较难以沟通，偶尔会产生误会和摩擦	33	51.60%
和丈夫在家时没有明显变化	11	17.20%
比较容易沟通，会多些互相理解和体谅	7	10.90%
非常容易沟通，都能互相理解与支持	2	3.10%

续表

情境	家庭数量	百分比
不适用	8	12.50%
丈夫外出务工期间，留守家庭中留守妇女对于婚姻的安全感感受		
担心丈夫有外遇	37	57.80%
不担心丈夫有外遇	8	12.50%
没想过丈夫在外面会不会有外遇	19	29.70%
丈夫外出务工期间，留守家庭中留守妇女对于教育子女的感受		
常常感到力不从心，教育和照顾子女不周	41	64.1%
觉得教育效果远远不如丈夫在家时一起对孩子教育	23	35.9%
经常遇到教育方面的困惑，但无人商量	26	40.6%
认为教育是学校的事情	4	6.3%

综上，农村留守妇女的社会情感在个人维度、他人维度、社会维度都在留守后体现出了很多和留守相关的特点，并且农村留守妇女的社会情感因为留守受到一些影响，社会情感需要无法得到满足，甚至在某些压力大的时期，社会情感能力下降。如表 1 所示，表中反映的是第一次驻村调查的数据资料，和第二次的走访互相补充。在二次走访之后，对于农村留守妇女的社会情感需要情况有了更加深刻的反思，因第二次主要是描述性的研究，因而数据图表还主要以初次调研为基础，但是发生变化的情况会特别注明。农村留守妇女的社会情感关系到农村的发展，关系到农村留守群体的生活质量，也关系到农村生产力发展的效率，需要切实可行的社会支持。

二、河南省农村留守妇女社会情感需要难以得到满足的原因分析

根据马斯洛需要层次理论，分析农村留守妇女的社会情感需要，在不同维度的分析的基础上，还要从深层次挖掘农村留守妇女的社会情感需要难以得到满足的根本原因。主要可以从以下四个方面来考量：

（一）经济原因：二元结构下农村地区经济发展滞后，农民急于增加收入提高生活水平

因长期的二元结构导致农村生产力发展严重落后于城市，在长期的经济发展落后的情况下，农村地区人均收入低。伴随市场经济的发展、科技的进步、农业生产的技术和工具的创新与进步，农村地区出现大量的剩余劳动力，为了改善生活条件，提高人均收入，这些剩余劳动力大量涌入城市。走入城市的农民开阔了眼界，也希望改变自己和自己家族的命运。同时，城市有多的劳动机会，劳动报酬较之农村也明显处于优势。因而，农村大量劳动力流入城市，农村社区出现常年的空壳化情况。在空壳化的情况下，农村留守妇女生活的社会环境发生了显著的变化，但是为了家族的未来，青壮年劳动力又不得走出农村，因而农村留守妇女不得不面临留守的局面，独自承担起留守生活中的劳动和照护家人的责任。经济原因也是农村留守妇女社会情感需要难以得到满足的根本原因，只有农村的生产力得到长足、充分的发展，农村青壮年劳动力不需要外出务工，才能根本上解决留守问题。同时，农村社区的基础设施也不完善，公共资源相比城市有较大差距，也影响到经济的发展。

（二）社会原因：农村的社会服务严重滞后

广大农村地区受到传统文化的影响，广大农村地区依然是家庭养老，家庭承担主要照护服务的传统，在社会治理习惯上，基本沿袭的是“各家念好各家的经”，以家庭为单位解决主要问题的方式。中央一号文件已经连续十五年关注三农问题，尽管农村地区已经建立起了合作医疗体系并且在不断完善农村的养老保险体系，但是在农村地区，尤其是在焦作市N村这样典型的传统农村社区，绝大部分问题的解决还是要依靠农民的自助、自救的形式。从我国的国情出发，农村社区人口数量最多，但是享受的社会公共服务却较少，社会机构匮乏，社会组织和社会工作严重缺位，并且也很难及时到位。在访谈期间，受访的农村留守妇女90%以上没有听说过社会工作，更不期待甚至也不欢迎社会工作，这既有农村地区缺乏社会服务意识和社会服务知识的因素，同时，也有传统文化中家事不外扬的文化的影响，因而，即使有一定量的社会工作，开展工作也遇到较大的难度。目前，我国的社会工作服务基本是自上而下的形式，也导致社会工作难以接地气，即使有一部分农村社区进行了一定的社会工作的尝试，仍然是举步维艰，很难取得预期的效果。因而在社会服务严重滞后的情况下，即便治病和养老得到了一定程度的改善，在留守的困境下，农村留守妇女基本上只能自咽苦水，难以在社会层面得到一定的支持。同时，农村留守妇女所处的社区环境对于留守妇女的社会情感能力提升、社会情感需要的满足也有一定的限制。

（三）家庭原因：留守家庭结构不健全

留守妇女所在的留守家庭，家庭结构严重不健全，导致原有的家庭功能发生急剧的变化，部分功能丧失，直接导致留守妇女的社会情感需要难以得到满足。从社会情感的内涵来分析，农村留守妇女社会情感的行动活性化不足，对于社会行为的发起作用难以充分发挥。留守妇女失去了丈夫的支持和陪伴，处于被动地承担农业生产、照护老人子女责任的状态，劳动量和劳动强度都较留守发生之前有极大的增加，得到的支持却减少，因而难以发挥积极的促进个人成长的作用。农村留守妇女社会情感对社会行为的定向作用也难以凸显。留守妇女留守的原因是丈夫为了家庭生活的改善而背井离乡，为丈夫做好支持则是农村留守妇女社会行为的最重要的定向，因而农村留守妇女的劳动和负担多是被动的，为自己的丈夫所服务的。当家庭结构中，长期因丈夫的外出务工而缺失了最重要的支持力量的时候，家庭结构的不健全也必然导致农村留守妇女社会情感需要的难以满足。此外，长期的聚少离多、夫妻分居，使得农村留守家庭中的性别比例严重失衡，农村留守家庭中的女性占比普遍较高，缺少男性，因而这样的性别结构也使得家庭内外的人际交往模式呈现出女性独有的特点，既有利也有弊，有利的方面是农村留守妇女更擅长家庭照护，有弊的地方在于人际关系方面失去男性的性别功能，最明显的是留守婆媳之间的润滑剂没有了。对子女教育方面，虽然女性更有耐心，但是独自承担教育责任时，也无法代替行使丈夫的教育职能，因而在教育方面，对于留守妇女也有极大的挑战，而留守儿童因为缺失父爱而造成的不良影响也十分明显，比如，留守儿童普遍比较胆小，自信心不足等。而留守妇女在和子女交往时，也往往难以从根本上弥补家庭结构不健全导致的难题和困境。从家庭结构的层面来讲，只有家庭结构完善，留守妇女的个人认知、他人认知、社会认知也才能达到平衡，而现有的家庭结构短期内不可能根本上改善，因而农村留守妇女的社会情感需要也难以得到真正的满足。

（四）个人原因：精力与能力的限制

农村留守妇女的社会情感需要难以满足，还有一个十分重要的原因，就是来自农村留守妇女自身的个人精力的不足和知识技能的匮乏。首先，农村留守妇女从留守前的只需要承担部分农业生产劳动、部分照护工作和大部分的家务劳动快速转变为要承担家庭中所有的农业生产劳动、全部的照护老人和养育子女的任务，以及全部的家务劳动。部分留守妇女为了更好地支持丈夫，让丈夫安心地在外打工，不必担心家里的各种压力和开支，还会从事一定的兼职工作来贴补家用。因而，农村留守妇女的精力大量地耗费在以上的劳动和责任方面，精力严重不足，更不必提起对自己投入一定的精力满足自己的需要，因而她们的精力严重不足。比精力不足更严重的是能力的不足。农村留守妇女在极大的生活压力之下，却没有足够的知识和技能来改善自己的处境。在笔者走访的过程中，没有一位留守妇女想到或者提到通过提高自己的技能来改善自己的生活状况。也没有一位留守妇女想到村子里的留守妇女可以整合不同的资源，互帮互助，通过社区环境的建设，社区人力资源的整合共同解决面临的问题。这也是农村留守妇女社会意识薄弱的最明显的表现。同时，农村留守妇女自身的情绪控制和调节能力、家庭中遇到困难时独立解决的能力、教育子女的能力、照护幼儿和护理老人的专业技能也普遍欠缺，这样的能力限制也使得农村留守妇女长期处于社会情感需要得不到满足的状态。

三、河南省农村留守妇女的社会情感支持路径

满足农村留守妇女的社会情感需要，需要多措并举，在社会支持层面为留守妇女提供更多的资源和支持。

（一）加快资源整合，提升农村家庭经济实力

农村家庭经济实力提高，在农村地区能实现人生的梦想，提高家庭的生活质量，留守现象就会减少，进而根本上解决农村留守妇女的社会情感需要难以满足的问题。虽然农村地区经济基础薄弱，发展平台建设不足，但是农村地区资源丰富，农产品品种多样，生活成本低。只是农业仍不够发达，农产品的精细化、专业化生产技能有待提高，农产品的加工等相关配套产业发展相对滞后，导致有货无价。而今，城市地区居民的消费价格指数不断提高，物价持续提升，但农民难以从中得到实际的利益和好处。对于农村的自然资源，一些旅游区的建设还需以农民和农村的特点为本，比如山寨景区的层出不穷使得商家成为最大的得利者，而景区的原住民被迫外迁，难以享受自然资源的红利。因而，农村地区的经济发展，需要整合农村的资源，为农民搭建更好的经济发展平台，吸引农民返乡发展，进而从根本上解决留守问题。当农村家庭恢复原有的家庭生态和家庭功能，留守妇女的社会情感需要也能自然地得到满足，因留守而导致的各种问题自然也会迎刃而解。

（二）加快农村社区建设，提升农村社会服务

农村社区建设落后，社会服务缺失，使得留守妇女在留守期间难以得到社区支持，享受到社会服务。对于农村社区建设，人力资源是最大的困难，而农村留守妇女群体虽然是农村留守成员中最优秀的群体，但是留守妇女群体并没有形成群体的优势，在农村社区的作用难以发挥。同时，农村社区社会服务的建设也十分重要，比如社区的社会服务基础设施的健全。从河南省焦作市N村的具体情况来看，N村的医务室只能提供最简单的医疗服务，比如常用药物和打针，但是一旦留守老人发生突发情况，则无力应对。同时对于留守妇女而言，

和妇女常见的相关疾病的医疗设备都十分紧缺，相应的体检设备更不必提。因而在农村社区，社会服务的基础设施需要尽快完善。同时，应加强社会服务的推广和普及，结合农村留守的现状和现实特点，吸纳社会资源，逐步建构农村社区自身的支持体系。在社会服务方面，特别要提的是，这次走访中，村一级的妇联在农村社区的关系调解中发挥了重要的作用，很好地改善了留守群体的人际关系。村一级的调解基本由村妇联主席承担，村里的调解室也是留守成员最喜欢去的公共场所，调解的内容也多是家庭中的误会、矛盾和纠纷，在焦作市N村，调解最多的是留守的婆媳之间的关系。由此可见，农村社区建设、农村社会服务的提升，除了统筹规划和安排，还应该充分挖掘当地的资源，结合农村留守妇女的需要。

（三）推进农村社会工作，注重农村家庭建设

农村家庭建设，离不开社会工作。但在广大农村地区，社会工作的进驻几乎可以忽略不计，这受制于人力资源的匮乏，专业的社会工作人才严重不足，在河南省，开设有社会工作专业的高校不到二十所，而且各个院校的社会工作专业招生基本上在百人左右，甚至难以达到百人。一方面是社会工作人才的匮乏，另一方面是社会对社会工作人才的巨大需求。而招生的困难也是值得关注的问题，因为中国传统的家庭式解决问题的模式，以及家事不外传的传统，使得社会工作的介入仍非常困难。此外，教科书式的社会工作教育缺乏农村的实践，也是社会工作难以深入的原因之一。因而，推进农村社会工作，除了要加强专业人才的建设，还需要在农村留守妇女层面，宣传社会工作的理念和作用。同时，对于社会工作的专业人才，加强农村实际情况和实践经验的教育，提升社会工作者的农村社会工作技能，使农村社会工作接地气，受农村留守群体的欢迎和支持。在推进农村社会工作的同时，还应充分注重农村的家庭建设，尤其是留守家庭的建设。在这方面，农村留守妇女是留守家庭中的中流砥柱，应该充分发挥农村留守妇女的优势，提升其价值感和归属感，使留守妇女在农村留守家庭中得到尊重和自信，也在家庭建设中，逐步地发扬自尊、自信、自立、

自强的精神，通过农村留守妇女的新的精神风貌，吸引外出务工的丈夫返乡发展。同时，农村留守妇女的社会情感需要也能得到进一步的满足。

（四）助力留守妇女成长，促进留守妇女自助

农村留守妇女情感需要难以得到满足还有一个十分重要的原因就是留守妇女个人的精力和能力不足。因而，满足农村留守妇女的社会情感需要，就要助力农村留守妇女的成长，提升农村留守妇女自助的能力。首先要提升的是农村留守妇女的农业生产技能，可以通过培训等方式，鼓励农村留守妇女提高农业生产的质量和效率，这一方面会提升农业生产力，另一方面也是最重要的，会极大地提高农村留守妇女的经济收入。在经济收入提高的基础上，对于农村留守妇女的个人意识而言，就能极大地提升农村留守妇女的自信，并提高其价值感。对于他人认知而言，留守妇女也能通过个人能力的提升，在人际关系以及他人管理方面得到极大的提升。其次要提升农村留守妇女的照护技能、家务能力和教育能力。农村留守妇女往往在农业生产之外，还要承担照护老人和子女的责任，以及一定的家务劳动。对比国外农村的家庭和焦作市N村的家庭，笔者注意到，在焦作市N村，虽然留守妇女付出了大量的时间和心血在家务劳动方面，但是家务劳动的效果并不是很理想。农村的家庭生活环境，相比之下依然较为脏乱差。农村留守妇女还要养育子女，这样的家庭生活环境，对于下一代的成长也会有一定的影响。因而，提升农村的家务技能，响应最美庭院建设，对于提高农村留守妇女的社会情感也十分重要。笔者在调查之余，只要到农村社区，也会多留意观察各种情况，发现农村的厕所和垃圾问题也值得关注，而处理这些事务，承担这部分责任的也多是留守妇女，可以说留守妇女关系到乡村的环境治理和美丽乡村建设，因而，对于农村留守妇女，除了技能，还要加强这方面的宣传和教育。对于家庭照护方面，留守妇女的照护技能和照护知识掌握明显不足，尤其是照护卧病在床的留守老人方面，知识的欠缺导致留守妇女难以应对。对于教育方面，需要加强对留守妇女的家庭教育知识的培训，因为留守妇女是直接承担起教育子女责任的人，而家庭教育知识和能力的提升，事关农村的未来发展，也关系到农村留守妇女在家庭中受尊重的程度，自己在家庭中的归属感和价值感。最后是对农村留守妇女的集体意识和社会意识的教育。众人拾柴火焰高，在留守现状下，单个留守家庭和留守成员承担风险的能力是极差的，但是加强对留守妇女的社会意识的教育，能大力提升农村留守妇女的互助意识，使这个群体真正能达到自助。虽然自助不能解决根本问题，但是对于农村留守妇女的社会情感需要的满足，能有极大的改善。

参考文献

刘英：《当代中国农村家庭——14 省（市）农村家庭协作调查资料汇编》，社会科学文献出版社 1993 年版。

雷洁琼：《改革以来中国农村婚姻家庭的新变化——转型期中国农村婚姻家庭的变迁》，北京大学出版社 1994 年版。

叶敬忠、吴惠芳：《阡陌独舞——中国农村留守妇女》，社会科学文献出版社 2008 年版。

郑杭生：《社会学概论新修》，中国人民大学出版社 2009 年版。

岳雷波：《农村留守妇女问题与新农村建设》，载《湖北经济学院学报（人文社会科学版）》2007 年第 3 期。

吕秀峰、孙森林：《农村留守妇女情感需求问题研究》，载《现代交际》2012 年第 7 期。

杨静慧：《缺损与补偿：妻子留守型农村家庭功能研究》，载《湖北社会科学》2009 年第 5 期。

JackaTamara. Migration, House holding and the Well-being of Left-behind Women in Rural Ningxia [J]. The China Journal, 2012 (1).

Ren Mu, Dominque van de Walle. Left-Behind to Farm ? Women' s labor Re-allocation in Rural China [J]. Labor Economics, 2011 (18).

护理责任与职业工作的平衡

芭芭拉·施蒂格勒

摘　要：接下来的几十年，德国需照料者人数将继续增长。家庭是承担护理责任的主体，平均每周护理时间为37小时。女性每日承担的无偿照料工作量是男性的两倍（Gender Care Gap），大大限制了女性有偿工作机会。但相关法律支持力度不足，很少有人真正申领政府援助。要更好地平衡护理和工作，就要平等分配男女的个人护理责任，企业对于护理者的工作时间也应更加灵活处理。具体政策建议包括类似生育津贴的薪资补贴和1000小时模型。

关键词：照护工作；平衡；人口结构变化

一、家庭护理者的职业处境

德国的人口结构已呈现变化。2012年以来，德国人口出生率虽然略有增长（每名女性生育1.57名婴儿），但青年人口数量却在下降，老年人口数量则在增多。这导致德国需要照料的人口群体日益庞大。据德国联邦统计局估算，到2030年需照料者人数将增至340万人，到2050年将增至450万人。人的年龄越高，需要长期护理的概率也就越高（德国联邦统计局，2013）。

在德国，家庭是承担长期护理责任的主体。2019年，德国长期护理保险的参保者中，需长期护理的人数达到213万人，其中32%的人是机构护理，68%的人是居家护理。在这些居家护理的人中，仅有32%由服务机构护理，67%的人完全由家庭成员护理。

在德国，每位需长期护理者的平均护理年限为8.2年，平均每周护理时间为37小时。

如何兼顾护理责任与职业工作，成为摆在家庭成员面前的一道难题。一个重要的原因是，社会福利政策与劳动力市场在目标理念上截然相悖。劳动力市场的出发点，是所谓的成年劳动者模式，它预设一个成年人的唯一义务就是其职业工作。据此，劳动力市场将这一理想作为前置条件，要求劳动者只从事职业工作，并期待其家庭无偿承担起各类抚养和照料工作。落实到具体情况中，这基本就等于让家庭中的女性无偿承担起照料责任。研究表明，女性每日承担的无偿照料工作量是男性的两倍（德国联邦政府，2017）。由于在适龄劳动者中，女性承担了更多的照料责任，女性也沦为了社会福利与劳动力市场政策相悖的主要受害者。2017 年，德国 17-64 岁人口中，有 42.5%的女性承担着护理工作，却仅有 25.7%的男性参与其中（Ehrlich，2019）。对那些有护理负担的职业女性来说，这会对她们造成怎样的影响呢？

1. **损害职业工作**

调查显示，女性作为承担家庭护理的主体，倘若在职时遇到家庭护理责任，有 27%的女性放弃了工作，有 24%的女性减少了工作时间。40-59 岁的家庭护理者中，男性全职比例为 68%，女性全职比例却仅为 30%，男性兼职比例仅为 10%，女性兼职比例却达 38%（Allensbach 档案民意调查机构 IFD6299 号问卷调查）。

2. **损害经济状况**

放弃工作、工作中断、减少工作时间都会影响劳动者的经济状况。调查显示，女性在孩子出生第一年，因工作中断平均损失 80%的工资，而男性根本不会中断工作。即使孩子出生已经十年，女性的工资损失也只能回升 20%。然而，对于承担家庭护理的在职人员，放弃工作、工作中断、减少工作时间有怎样的影响，却没有类似的调查。此外，50-65 岁年龄层的男女工资差是 24%-27%，女性工资明显低于男性，而这一年龄群体恰恰最可能面临护理责任。假如这一群体的低工资女性，再因护理而被迫离职或减少工作时间，她们将面临老年贫困以及依赖配偶或国家的危险。

3. 护理引起的身心压力损害健康

压力大是多数护理者的共同点，但女性的压力尤甚。最令人不堪重负的是护理痴呆症患者，全天候随时待命，一方面继续上班工作，另一方面还要在自己家中进行护理。这不仅是身体上的，也是心理上和情感上的压力。护理者往往还面临着家庭和社会的孤立。目前，德国有42万人承受着工作、育儿、护理的三重压力。这致使许多人护理完家人后，自己也成了需要护理的人。

西门子公司的企业医疗保险基金研究显示，该基金为承担家庭护理的员工支出的保险金，比为不承担家庭护理的员工支出的保险金高出18%。这说明，承担家庭护理的员工更容易生病住院，所花药物和治疗费用也更高。由于难以兼顾护理和工作，这类员工每人会给企业造成1.4万欧元的损失。

二、对在职护理者的政策支持

1. 法律支持力度不足

与北欧国家相比，德国公共护理支出占GDP比重非常低。该GDP占比在瑞典为3%，在丹麦为2.47%，在挪威为2.55%，而在德国仅为0.82%（Heintze，2015）。

为了更好地平衡护理和就业，德国出台了三项法律措施：第一，因护理导致无法工作的，可继续领取10日薪资；第二，因护理或临终陪伴（护理假）导致全天休工的，可申请最长6个月的无息贷款；第三，全天护理（家庭护理假）者可申请最长24个月的无息贷款。但实际上，甚少有人真正申领政府援助。在家庭护理者中，只有1.3%的人申请10日带薪休假，2.9%的人申请护理假或家庭护理假，0.04%的人申请无息贷款。

2. 劳资谈判和企业支持缺失

除了国家扶持外，劳动者几乎得不到额外支持，以帮助其平衡护理和工作。德国58%的企业不设此类政策，也无设置此类政策的计划。劳资协定在这方面也几近空白。仅有个别大企业设有长时账户，供员工储蓄平日的超时工作，以备不时之需。另外，还有一种极少见的人口基金，为因护理减少全天工作的雇员提供一定的工资补偿。

3. 其他减负手段要么价格高昂，要么难以实现

有一种协调护理和工作的可能，就是雇用一位外籍移民住进家里，提供24小时护理服务，但这在一定程度上是违法的。更何况很多家庭也没有经济能力，以支付一套住房，并支付每月2500欧元的护理费。另一种帮扶手段，是医疗保险基金会和县镇政府联合设立了护理服务站，为家庭护理者提供相关的咨询和培训。但这类护理服务站不是到处都有。上门家庭护理服务（做饭、采购、清洁）也是一种选择，但由于要支付护理人员的合同工资和社保费用，一般家庭很快就会开销不起了。在德国，仅有0.8%需长期护理者使用日托护理和短时护理（应家庭成员临时之需）。

三、平衡护理和工作的解决办法

要更好地平衡护理和工作，众多利益相关方和政治家必须共同努力。首先最关键的问题，就是要平等分配男女的个人护理责任。男性应当和女性一样，为子女照料和老人护理付出同等的时间。为此，当前主导的企业文化必须发生改变。企业应不再考核员工出勤，而是安排清楚工作任务，最后考核工作的成果。企业应重视员工的家庭责任，不应排挤或歧视那些照料家庭的员工。为了使男女能平等投入时间，既履行自己的照料义务，又完成自己的工作，企业也必须调整现有的工作条件。不仅要改进工作时间和请假可能，对在职护理者的工作安排也要做相应调整。调查显示，承担护理义务的在职人员，希望他们在上班时允许与被护理者联系，并在需要时允许中断工作。护理者的工作时间也应更加灵活，允许其根据需要调整上下班时间。护理者也不应被要求加夜班或周末加班，且有权自发或有计划地休假数日、数周乃至数月。在弹性工作制的管理和监督方面，设立工时账户就是一个很有效的办法。

2015年，德国联邦家庭事务部设立了一个独立顾问委员会，就平衡护理和工作议题提供专业的咨询意见。2019 年，该顾问委员会向家庭事务部部长提交了第一份报告。该报告指出了如下措施建议：第一，护理者仅需保证每周工作满 15 小时，就应当可以部分休假，可最长休假 36 个月。第二，取消无息贷款，代之以最长 36 个月的工资补偿（与德国生育津贴的做法基本一致）。第三，放宽对短时停工的规定。第四，完善并建设专业的护理基础设施。第五，为家庭护理者提供简便、快速且灵活、可靠的支持。

该报告沿着这一思路提出了具体建议，即 1000 小时模型。该模型包含一个带薪资补贴的弹性休假制度，雇员对此享有合法权利。它规定了一个 1000 工时的休假时间，雇员在该时间框架下可享受带薪休假。雇员可以在一个很长的时间段内灵活分配这 1000 工时的预算，在不同的时间段部分使用带薪休假。而雇员只要遵守 1000 工时的框架，就享有返回工作岗位的合法权利。报告建议，为每一位需要长期护理的人提供一次 1000 小时的带薪休假预算。薪资补贴的做法和育儿津贴类似（按工资比例的百分比设定下限和上限），以税收来支付。

四、结语

要实现护理责任和职业工作的平衡，必须改变个人护理上的两性关系，让更多的男性也承担起个人护理的责任，企业也必须改变工作要求，使男女雇员均有更多（法律的和劳资的）带薪休假机会履行各自的护理责任。同时，护理责任不应仅仅是一项个人责任，社会必须扩建公共的、日间和住院类护理服务来共担责任。

参考文献

德国联邦统计局（2013），2011 年度护理数据；Statistisches Bundesamt（2013），Pflegestatistik 2011，Wiesbaden。

伍里克·埃尔利希："家庭护理和职业劳动"；Ehrlich，Ulrike（2019）：APUZ 33-34，Familiäre Pflege und Erwerbsarbeit，49-54。

德国联邦政府第二次性别平等报告（2017 年），www. Gleichstellungsbericht. de。

柯内莉亚·海因策："北欧通往新时代护理体系之高速路——五个北欧国家和德国的比较研究"；Heintze，Cornelia（2015）：Auf der Highroad - der skandinavische Weg zu einem zeitgemäßen Pflegesystem：ein Vergleich zwischen fünf nordischen Ländern und Deutschland. Bonn。

Allensbach 档案民意调查机构 IFD6299 号问卷调查，Allensbach Archiv IFD-Umfrage 6299，fürwww. arbeitszeit-klug-gestalten. de。

【译者：徐若楠（北京外国语大学德语学院讲师）】

男女同龄退休问题研究

张丽宾*

摘　要：新中国成立以来，中国形成了男女差别化的退休年龄政策体系。在实施工人和干部的差别化退休年龄政策基础上，分单位类型、职务级别和职业技术职称制定了干部的差别性退休政策，分工种、身份制定了工人的差别性退休政策，所有政策系列都实行了男女差别退休政策。随着经济社会的发展及男女平等基本国策的推进，我国女性在经济社会发展的方方面面与男性的差距日益缩小，女性自身及生活的环境都发生了很大变化，实现男女同龄退休势在必行。作为中国渐进式延迟退休年龄整体方案的有机组成部分，建议在“十四五”时期，作为民生保障措施，制定出台实施男女同龄退休政策。

关键词：同龄退休；政策；建议

一、中国实行男女差别退休年龄政策

（一）中国退休年龄的政策规定

目前，我国关于退休年龄的政策仍然遵循新中国成立以来的一系列相关法律和政策规定，主要包括《劳动保险条例》（1953 年进行了修订）、《关于国家机关工作人员退休暂行办法》（国发〔1955〕245 号）、《国务院关于工人退休、退职的暂行办法》（国发〔1978〕104 号）和《劳动和社会保障部关于完善城镇职工基本养老保险政策有关问题的通知》（劳社部发〔2001〕20 号）。上述法律法规和政策文件规定了中国的退休政策体系，具体规定如下：男工人与男

* 张丽宾，中国劳动和社会保障科学研究院研究员，经济学博士，主要研究方向：就业和劳动力市场政策。

职员的退休年龄为60周岁；女工人为50周岁，女干部为55周岁；以个人身份参保的城镇个体工商户等自谋职业者、农民合同制工人以及采取各种灵活方式就业人员没有规定退休年龄，男年满60周岁、女年满55周岁时，累计缴费年限满15周年的，可按规定领取基本养老金。

（二）中国提前退休年龄的政策规定

除上述正常退休年龄外，为了照顾接近法定退休年龄、健康状况欠佳、缺乏转岗就业能力的职工，国家专门制定了提前退休的相关政策。一是特殊工种提前退休政策。1951年《劳动保险条例》规定，井下矿工、高（低）温场所工作、化工业等工人与职员，男性55岁、女性45岁退休。二是病退政策。1978年《国务院关于工人退休、退职的暂行办法》规定，由医院证明并经劳动鉴定委员会确认，完全丧失劳动能力的，只要连续工龄满10年，男满50周岁、女年满45周岁，可以提前退休。1999年《劳动和社会保障部关于制止和纠正违反国家规定办理企业职工提前退休有关问题的通知》（劳社部发〔1999〕8号）规定了可以提前退休的三种情况：（1）从事井下、高空、高温、特别繁重体力劳动或者其他有害身体健康的工作，男年满55周岁、女年满45周岁。（2）因病或非因工致残，由医院证明并经劳动鉴定委员会确认完全丧失劳动能力的，退休年龄为男年满50周岁、女年满45周岁。（3）因工致残，由医院证明，并经劳动鉴定委员会确定，完全丧失劳动能力的。三是《国家公务员暂行条例》规定了可以提前退休的两种情形：男年满55周岁，女年满50周岁，且工作年限满20年的；工作年限满30年的。

（三）中国延迟退休年龄的政策规定

一是具有高级职称的人员，可适当延长离退休年龄。1983年《国务院关于高级专家离休、退休若干问题的暂行规定》和《国务院关于延长部分骨干教师、医生、科技人员退休年龄的通知》规定，副教授、副研究员以及相当这一职称的高级专家，经所在单位报请上一级主管机关批准，可适当延长离退休年龄1-5年，但最长男不得超过65周岁，女不得超过60周岁，教授、研究员以及相当于这一级别的高级专家可以延长至70周岁。二是高级职称女专家和处级及以上女干部与男性同龄退休。1990年《人事部关于高级专家退（离）休有关问题的通知》规定，女性高级专家，凡身体能坚持正常工作，本人自愿，可到60周岁退（离）休。1992年中央组织部《关于县（处）级女干部退（离）休年龄问题的通知》规定，党政机关、群众团体的县（处）级女干部，凡能坚持正常工作，本人自愿的，其退（离）休年龄可到60周岁。2015年《中共中央组织部、人力资源社会保障部关于机关事业单位县处级女干部和具有高级职称的女性专业技术人员退休年龄问题的通知》（组通字〔2015〕14号）规定，自2015年3月1日起，党政机关、人民团体中的正、副县处级及相应职务层次的女干部，事业单位中担任党务、行政管理工作的相当于正、副处级的女干部和具有高级职称的女性专业技术人员，年满60周岁退休，但若本人申请，可以在年满55周岁时自愿退休。

（四）中国男女退休年龄政策总结

从上述各项规定可以看出，男女退休年龄已经形成了一个政策体系。我国将劳动者分为工人和干部两类，制定了不同的退休年龄政策；针对干部，又分单位类型、职务级别和职业技术职称制定了差别性的退休政策；针对工人，又分工种、身份制定了差别性的退休政策。所有政策系列，都实行了男女差别退休政策。具体的退休政策分性别总结如下：

女性就业人员退休年龄政策：一是党政机关、人民团体、事业单位中，正、副县处级及相应职务层次的女干部，以及具有高级职称的女性专业技术人员，60周岁退休；二是党政机关、人民团体、事业单位中，处级以下及相应职务层次女干部、高级职称以下女性专业技术人员，55周岁退休；三是企业女干部，55周岁退休；四是企业、机关、人民团体、事业单位中的女工人，50周岁退休；五是特殊工种女工人，以及因病或非因工致残、完全丧失劳动能力女工人，45岁退休；六是因工致残、完全丧失劳动能力的女工人，按规定提前退休；七是工作年限满20年的女公务员，可以年满50周岁退休；八是女公务员工作年限满 30 年，可以退休。

男性就业人员退休年龄政策：党政机关、人民团体、事业单位、企业等所有单位中，不分职务等级、职业技术职务、身份，都是 60 周岁退休；特殊工种男工人，55 周岁退休；因病或非因工致残、完全丧失劳动能力男工人，50 周岁退休；因工致残、完全丧失劳动能力的男工人，按规定提前退休；工作年限满 20 年的男公务员，可以年满 55 周岁退休；男公务员工作年限满 30 年，可以退休；副教授、副研究员以及相当这一职称的高级专家，经所在单位报请上一级主管机关批准，可适当延长离退休年龄 1-5 年，但最长不得超过 65 周岁。

不分性别男女同龄退休的政策：一是党政机关、人民团体中的正、副县处级及相应职务层次的干部，事业单位中担任党务、行政管理工作的相当于正、副处级的干部和具有高级职称的专业技术人员，年满 60 周岁退休。二是教授、研究员以及相当于这一级别的高级专家，经所在单位报请上一级主管机关批准，可以延长至 70 周岁。三是公务员工作年限满 30 年，可以退休。

表 1　中国现行退休年龄（周岁）

<table>
<tr><th>分类</th><th>女性</th><th>男性</th></tr>
<tr><td>党政机关、人民团体、事业单位的正、副县处级及相应职务层次</td><td colspan="2">60</td></tr>
<tr><td>党政机关、人民团体、事业单位处级以下及相应职务层次</td><td>55</td><td>60</td></tr>
<tr><td>事业单位具有高级职称的专业技术人员</td><td colspan="2">60</td></tr>
<tr><td>事业单位高级职称以下专业技术人员</td><td>55</td><td>60</td></tr>
<tr><td>企业干部</td><td>55</td><td>60</td></tr>
<tr><td>工人</td><td>50</td><td>60</td></tr>
<tr><td>特殊工种</td><td>45</td><td>55</td></tr>
<tr><td>因病或非因工致残、完全丧失劳动能力</td><td>45</td><td>50</td></tr>
<tr><td>因工致残、完全丧失劳动能力</td><td colspan="2">按规定</td></tr>
<tr><td>工作年限满 20 年的公务员</td><td>50 可</td><td>55 可</td></tr>
<tr><td>公务员工作年限满 30 年</td><td colspan="2">可以退休</td></tr>
</table>

资料来源：作者根据国家相关政策文件整理。

二、男女同龄退休势在必行

新中国成立以来，随着经济社会的发展及男女平等基本国策的推进，我国女性在经济社会发展的方方面面与男性的差距日益缩小，女性自身及生活的环境都发生了很大变化，实现男女同龄退休势在必行。

（一）新中国成立以来我国女性群体取得长足进步

一是预期寿命大幅延长，且女性预期寿命超过男性。随着生活水平提高、医疗卫生知识和条件改善，中国人均预期寿命不断提高，目前已达到 77 岁。2015 年，妇女平均预期寿命为 79.4 岁，比 1981 年提高了 10.1 岁，比新中国成立时提高了 42.7 岁。

二是受教育水平大幅提高。女性接受高等教育人数已超过男性。2017 年，普通高等学校本专科在校女生占在校生总数的比例已达 52.5%，比 1978 年提高 28.4 个百分点，比 1949 年提高 32.7 个百分点；女研究生占研究生总数的比例已达 48.4%，比 1985 年提高 29.8 个百分点。

三是结婚、生育和参加工作的时间延后。首先，晚婚晚育、单身丁克等现象增多。1990–2015 年平均初育年龄从 24.1 岁推迟至 26.3 岁，主要初育年龄从 20–27 岁推迟到 22–29 岁。其次，进入劳动力市场的时间延后。以前由于平均受教育水平不高，女性初次参加工作的年龄比较小。而现在，随着平均受教育年限的提高，导致女性初次参加工作的年龄提高，本科毕业工作就 22–23 岁，硕士毕业工作 24–25 岁，博士毕业工作则 27–28 岁。

女性预期寿命大幅提高并超过男性，意味着有劳动能力的生命时间延长；女性群体受教育水平大幅提高，接受高等教育人数超过男性，一定程度上表明女性有比男性更高的劳动生产率潜力；女性结婚、生育和参加工作的时间延后，意味着女性有效参与经济活动的时间减少。鉴于女性上述各个方面的巨大变化，迫切需要充分开发利用女性这一优质人力资源的有效劳动年龄，延长女性退休年龄。

（二）经济社会发展进入男女同龄退休的阶段

第一，男女同龄退休是平等就业权的要求。同龄退休事关劳动就业权和经济权，是一种政治待遇和经济待遇，是平等就业权的体现。从经济待遇看，一方面，在职的工资待遇远远高于退休工资，女性早退休导致收入损失；另一方面，早退休使女性无法享受工资增长的待遇，导致计发退休金的工资基数相比男性低，最终退休金水平相比男性低，如工龄少 5 年，退休金的工资替代率会少 5 个百分点。早退休导致女性双重经济损失。从政治待遇看，女性早退休，减少了职称晋级、职务晋升的机会，不利于女性职业地位的提升、人生价值的实现。

第二，男女同龄退休是开发女性人力资源的需要。一方面，平均受教育年限的延长，意味着女性人力资本投资增加，进入劳动力市场的起始年龄推迟，只有相应延迟退休年龄，才能提高女性人力资本的投资回报率，进而激发全社会对女性人力资本投资的积极性。另一方面，我国人口健康余命不断延长，女性的预期寿命还长于男性，早退休造成大量女性人力资源的浪费。很多大龄女性都有能力并愿意继续工作，退休后退而不休、重新就业现象比较常见，反映了大龄劳动力资源利用不充分。

第三，经济社会发展创造了男女同龄退休的条件。随着经济社会发展，我国的就业结构发生质的变化，服务业就业岗位占比越来越大，制造业岗位占比缩小；伴随着生产方式的进步，很多岗位的劳动强度和工作条件得到改善。这使得在适合进入的职业工种岗位以及从事具体工作方面的性别差异缩小。

第四，男女同龄退休是一部分女性的现实需要。调查显示，绝大部分女性的收入是家庭收入的重要来源，超过一半的被调查者的工作收入占家庭收入的比重在 50%左右，更有 25%的女性工作收入占到家庭收入的 70%以上。对于家庭经济状况相对紧张的职工而言，由于退休待遇相比在职收入下降，早退休会对其家庭生活产生重要影响。

（三）实施男女同龄退休政策已经有一定的社会基础

一是延迟退休年龄有一定的民意基础。经过多年来关于延迟退休年龄的宣传引导，社会公众对延迟退休有了正确的预期和接受度。调查显示，超过 1/4 的女职工认为可以在近期尽快实施男女同龄退休政策，还有约 1/4 的女职工希望在未来 10 年实施退休男女同龄退休政策。可见，推行男女同龄退休政策有一定的民意基础。

二是一些地方已经进行了完善退休年龄政策的探索实践。2010 年，上海市在全国率先制定并试行柔性延迟办理申领基本养老金手续的政策，在本市特定群体达到法定退休年龄、终止原劳动合同后，由单位和个人协商确定是否延迟办理申领养老金手续。2005 年，陕西省对企业女职工采取较为灵活的弹性退休政策，退休时可在 50 至 55 周岁之间由本人选定一个满周岁的年龄退休。一些企业对于个别非常重要、短期内无法替代的人员，会与员工协商后，延长其退休年龄，延长期间会继续为其缴纳社会保险费。这些实践为国家调整退休政策提供了经验积累和探索。

三是实行男女同龄退休乃国际趋势。目前，多数国家采取男女同龄退休政策。日本国民年金领取条件男女都是法定退休年龄 65 岁，最低缴费年限 25 年，领取全额养老金需要缴费 40 年。韩国国民年金（NPS）老龄年金领取条件男女都是正常退休年龄 61 岁，最低缴费年限 10 年，获得全额老龄年金需要缴费年限满 20 年。美国基本养老金领取条件男女都是正常退休年龄 66 岁，缴费满 40 个积分（每年最高 4 个积分，相当于 10 年）。德国法定社会养老保险待遇领取条件男女都是退休年龄 65 岁 4 个月，最低缴费年限 5 年，领取全额养老金需要满 35 年。新加坡养老金提取的年龄男女都是 65 岁。

三、男女同龄退休的政策建议

作为中国渐进式延迟退休年龄整体方案的有机组成部分，建议在“十四五”时期，作为民生保障措施，制定出台实施男女同龄退休政策。

（一）将处级女干部政策推广到所有女干部

迄今为止，中国男女同龄退休是从延迟女性高级专家和县（处）级女干部开始的，也仅限于机关事业单位县处级女干部和高级职称的女性专业技术人员。建议先将处级女干部政策推广到所有女干部。继而由中组部出台文件，将现行的机关事业单位县处级女干部和具有高级职称的女性专业技术人员退休年龄的政策推广到处级以下的女干部，实现所有女干部与男性同龄退休，即一律60岁退休。

在一段时期内，允许女职工结合单位客观需要与个人主观意愿在55岁时自愿退休。主观上有继续工作的意愿、客观上有胜任工作的能力时，可以让女性与男性同龄退休；客观上能胜任工作但主观上不希望继续工作时，女职工可以自愿申请55岁退休；主观上有继续工作的意愿但客观上没有胜任工作的能力时，可以协商55岁退休；主观上没有继续工作的意愿、客观上也没有胜任工作的能力时，就55岁退休。

（二）研究制定实施弹性退休政策

考虑不同地区、不同行业、不同受教育层次、不同工作环境、不同工作性质的女性的退休意愿，以及女职工健康状况、人力资本差异、家庭责任、个人偏好、工作强度、岗位要求等因素，总结国内政策实践经验，借鉴国际经验，研究制定弹性退休政策，满足广大女职工多元化的退休需求。

首要研究在允许退休年龄55岁和强制法定退休年龄60岁之间自主选择退休年龄的可行性。由个人选择提出申请，按程序报请组织批准办理退休。参照《公务员法》，允许事业单位特殊技术岗位职工（如临床护理或其他从事需要一定体能的医疗相关行业；工作时间长、工作强度大、休息时间不固定的岗位；幼儿园、中小学教师等）30年工龄可退休。

待出台女工人延迟退休政策时，同步出台弹性退休政策。可以规定60岁为法定退休年龄，50岁为提前退休的最低年龄，70岁为延迟退休的最高年龄，早于法定退休年龄退休相应扣减养老金，晚于法定退休年龄退休相应提高养老金。并出台政策，如果低于法定年龄退休后再就业，需要继续缴纳养老保险费，如果高于法定退休年龄后再就业，则无须再缴纳社会保险费。

（三）统筹解决各类人群相关问题

一是统筹推进事业单位编制外人员同步实施男女同龄退休政策，允许编外人员参加职业年金/企业年金。机关事业单位工勤人员与企业职工同步实施同龄退休政策。解决参加企业职工基本养老保险的机关事业单位人员退休金问题，使机关事业单位退休费计发办法和企业单位养老金计发办法逐步统一，做好衔接。

二是完善病退政策。女性病退的年龄可以确定为50周岁；允许未完全丧失劳动能力的病残女职工病退，完善病退职工相关待遇政策。

三是完善特殊工种退休政策，根据就业结构的变化趋势，更新特殊工种目录，将女职工集中行业里容易形成职业伤害的工种纳入特殊工种范畴，分门别类制定有针对性的退休政策。如对于长期从事特教服务的教师（如从教20年以上），退休后应保留一定比例（如15%）的特教津贴，以鼓励人们从事特殊教育事业的热情。

（四）进一步完善养老保险待遇设计

进一步完善养老保险制度，适时适度延长待遇领取的最低缴费年限，适度调整缴费年限在待遇核定和调整中的比例，更多体现多缴多得、长缴多得的激励原则，从而进一步加大对久参保、多缴费人员的激励，配合男女同龄退休的实施。

尽快明确机关事业单位养老保险制度并轨后的待遇，给社会明确的预期。机关事业单位养老保险制度并轨后，养老保险待遇将体现多缴多得、长缴多得的特点，配合事业单位绩效工资的实行，将有利于解决目前养老保险待遇与职级挂钩导致的差别待遇问题，解决事业单位编制外人员养老保险待遇的问题。

（五）开发利用好退休后的人力资源

一是规范返聘行为。加强立法，调整老年人力资源开发利用的相关政策。对选择提前退休并重新进入劳动力市场的人员，对其工资收入和养老金收入之和进行收入调查，若总收入超过社会平均退休收入，则养老金应根据退休年龄进行一定程度的削减，并且要求其仍然缴纳所得税和社保费。

二是加强老年人力资源开发。相关部门应建立老年人力资源开发的制度体系和组织体系，建立离退休人员的信息库、人才市场和服务体系，借助退休人员社会化管理体系和用人单位离退休干部管理体系，组织开展丰富多彩的活动，以及党建和业务学习，使其有社会融入感；借助公共就业和人才服务体系，开展老年人力资源服务业，帮助退休人员再就业；借助志愿者服务体系，组织退休人员开展支教、支医等公益慈善活动，发挥退休人员的余热。

三是加快养老和托幼等公共服务体系建设，为老年人力资源开发创造条件。以社区为基本依托，加快发展养老、托幼、家政等服务业，为大龄女职工和退休人员减轻家庭照料责任，更好地投入工作和自我生活创造条件。

参考文献

中华人民共和国国务院新闻办公室：《平等 发展 共享：新中国70年妇女事业的发展与进步》白皮书（2019年9月）。

新机遇还是新策略：残疾女性互联网就业经历个案研究

裴谕新　高　雅　郑　静*

摘　要：现有文献表明，残疾人在工作场域中处于系统性的弱势地位，在就业市场中长期处于失语状态。本文以性别与残疾交叉的视角，探讨残疾女性在工作中所遭受的多种形式的歧视，以及互联网如何赋权她们的工作和日常生活。在对五位通过互联实现就业的残疾女性的个案调研中，本文发现，互联网经济的蓬勃发展，使很多残疾女性有机会就业，获得经济自主权。在她们的就业实践中，社交媒体扮演了重要的角色，为这些残疾女性掩盖自己残疾身份、获得工作机会提供了“伪装”。在一定程度上，社交媒体有助于这些妇女提高社会参与度，从而发出自己的声音，形成一种联盟式的联结。本文还讨论了残疾妇女在互联网就业中经常遇到的风险和挑战。

关键词：残疾女性；就业；社交媒体；工作歧视

《作为一名轮椅使用者是怎样的体验》——这是短视频创作者、脆骨病患者暖暖第一个原创视频的标题。视频中，暖暖使用了变声器，语速飞快，每说一句话就换一身衣服以代表不同的人。配合着快速的剪辑和丰富的表情，暖暖用幽默的方式分享她的体验、观察和想法。2017 年，这个视频在微博上有一万多人浏览。之后暖暖成为某平台的签约主播。主播这份工作在一段时间中为她带来了稳定的收入，也在一定程度上实现了她的愿望——让更多人了解残疾人的生活。

* 作者简介：裴谕新，中山大学副教授，主要研究方向：女性研究。高雅，中山大学硕士研究生。郑静，深圳大学助理教授，主要研究方向：女性研究。

残疾人在工作中常常处于弱势地位。与没有残疾的劳动者相比，残疾人在工作中遭受过多种形式的歧视。由于被消极地定义为软弱和失能，残疾人往往很难有机会展示自己的能力（Randolph，2005）。在某些情况下，为了避免让自己暴露在这种消极的判断中，残疾人会通过种种方式隐藏自己的残疾人身份。对于就业市场中的女性残疾人来说，因为性别，这种弱势地位更加突出。美国和英国所做的劳动力市场研究中，有大量案例证明残疾女性在工作中遭遇了来自性别和残疾的双重歧视（Jones，Latreille，Sloane，2006）。美国 2004 年的调查数据也表明，在男性的工资差异中，有 10%可能归因为残疾相关的歧视，而女性残疾者则有 20%的相关性。与男性员工相比，残疾女性更容易受到工作不稳定和失业的负面影响（Oguzoglu，2016）。在我国，围绕着残疾女性的就业歧视也是屡见不鲜。无论在城市还是农村，残疾男性的就业率都高于残疾女性，生育数量与残疾女性的就业率和就业质量呈负相关，而对残疾男性的就业机会影响不大（中国健康与养老追踪调查，2015）。残联所提供的就业扶持项目，也更多地倾向于城市地区的残疾男性。

许多关于残疾女性的研究，都试图探究残疾和性别是如何交织在一起的，事实上，这二者可以放在权力范畴中予以讨论。例如基于对 18 世纪文学的仔细阅读，多伊奇（Deutsch）和努斯鲍姆（Nussbaum）（2000）认为诸如缺陷和残疾之类的概念可能是现代种族概念的前身，将女性化视为一种缺陷的意识形态，与针对身体和种族的贬损在文化上意义是相同的。现有的关于残疾的文化叙述，往往是一种“去权”和压迫式的，而残疾研究正是挑战了这种充满压迫的凝视，挑战了“正常”的概念。同样，女权主义超越性别差异，涵盖了多元身份，使多元性别主体得以呈现，也在一定程度上重塑了僵化的父权式的话语表达。残疾研究与女权主义的交叉，有助于启发被压迫的人们重新想象关于正常与残缺、能力与失能，从而获得新的视角与一定程度的解放。

随着互联网经济的蓬勃发展，越来越多的技术和平台正在出现。虽然也有研究表明，在互联网的接入和使用方面，残疾人和非残疾人之间存在数字鸿沟

（Dobransky，Haigittai，2006；Scholz，Yalcin，Priestley，2017），但是已有越来越多的残疾人投身到互联网的经济浪潮中，甚至利用互联网创建了自己的支持体系，发展出了网络行动主义，以实现自我的赋权（Qu，Watson，2019）。许多残疾人利用“互联网+”的机遇，通过互联网实现了就业，或是将自己转变为自我创业的主体。除此之外，利用社交媒体，残疾人大大扩充了自己的交往半径，满足了他们在工作、生活、休闲娱乐等方面的信息需求（张磊，2017；王晓峰、赵腾腾，2021）。然而，上述研究也表明，对残疾人的信息可及性发展的政策支持仍然不足，这加剧了残疾人的数字鸿沟和就业不平等。在欠发达的少数民族地区尤其如此。

基于此，本研究尝试从两个方面理解残疾女性这个领域。首先，鉴于残疾人经历了多种形式的歧视，残疾和性别交织，给残疾女性带来了更多的负面影响，本研究运用个案研究，深入残疾女性生活和工作的细节，了解她们如何具体而微、自觉或不自觉地挑战社会对于残疾女性的刻板印象。关于残疾女性是如何工作、开展社会生活、应对逆境、努力积极地过上更好的生活的质性研究，此前并不多见，本研究希望对此有所贡献。其次，通过介绍五位残疾女性在互联网就业中的经历，探讨互联网经济对残疾女性的经济及社会包容。她们如何利用互联网的就业机会，增加了经济收入，促进了社会参与，实现了一定程度的自我赋权，这种机遇与挑战并存的就业实践值得记录和挖掘。

本文以五个残疾女性为个案研究对象。她们将社交媒体作为自己就业的工具，通过互联网这个平台进行工作。她们从事不同的职业，如客服、微商、网站编辑等。年龄在23-51岁之间，婚育状况各不相同，年收入在3万元到25万元人民币之间。有四人在小城镇长大，一人是广州本地人。在受教育方面，一人读完中专，一人从盲校毕业，两人接受过四到五年的学校教育，还有一人从未接受过学校教育。她们的基本情况如表1所示。

表1 研究对象基本信息

代称	年龄	残疾种类	职业	婚育状况	年收入（元）	是否独立生活
海棠	51	肢残	药材微商、房东	未婚未育	6万	是
猫猫	31	小儿麻痹致肢残	化妆品微商、陪聊员	未婚未育	3万	是
二妮	23	罕见病致肢残	网站编辑	未婚未育	3万	否
暖暖	25	罕见病致肢残	跨境电商店主	已婚未育	25万	是
小佳	27	视障	美容顾问、自媒体运营者	已婚已育	未知	是

必须承认的是，通过互联网就业的残疾女性在数量上较少，加上有一些残疾女性对于接受访谈有顾虑，她们对超出日常经验的情况充满了高度警惕，并不相信所谓的“访谈”“研究”。除此之外，还有一些残疾女性用不自信的态度拒绝了访谈——“我不知道说什么，我就是个普通的宝妈”“我又没上班，不会说”。在这样的情况下，找到差异化的、有代表性的研究对象非常困难。最终，通过公益组织的介绍以及滚雪球的方式，我们找到了五名愿意参与研究的残疾女性。除了接受访谈，她们也都同意将她们的互联网痕迹（朋友圈、短视频及粉丝评论、媒体采访等）提供给我们作为研究的素材，这使得研究资料足够丰富，得以更全面地展现她们的日常生活和就业实践。

一、抓住互联网就业的机遇——社交媒体的保护与伪装

在实现互联网就业前，有的被访者也从事过“线下”的工作。然而，与其他同事相比，她们在工作安排和工资待遇方面遭受了不平等的对待。用其中一名被访者的话说，以前她没办法参加“正常”的工作，只有互联网出现，她才有了“正常”工作的机会。

自20世纪90年代以来，国家的宣传一直在鼓励残疾人成为在社会和经济上有生产力的“健全人”。然而，就业场域中的身体歧视和性别歧视，给残疾女性的就业实践带来重重阻碍。在这种情况下，社交媒体成为这些女性掩饰自己残疾的“保护伞”，她们也通过这种“伪装”，在互联网的就业平台上维持自

己的生活。

51 岁的海棠肢体残疾。她曾经有过很多的就业尝试，开过自己的美容店、婚纱店，因为经营不善以及身体原因，这些实体店铺的经营都陆续失败了。淘宝网的发展带来了线上店铺的机会，海棠又尝试了开网店，一开始生意还好，后来竞争者越来越多，店铺不得不压缩利润，菲薄的利润的直接后果就是没有钱做推广、投广告，她的网店也失去了被人看到的机会。直到微信朋友圈的出现，海棠开始了在朋友圈卖中草药的生意，终于获得了相对稳定的收入。早年房价低的时候，靠父母支持，海棠买了自住的房子。现在她把房子租出去，自己住到租金更低的、地理位置稍远的出租房里，卖货和房租两份收入加起来，她维持了很不错的生活水平。在朋友圈卖货，海棠坚持不“利用”残疾来吸引顾客。“人们不会因为你残疾就来找你做生意，相反，有人可能会怀疑你的能力，质疑你的货到底行不行。”在她的“生意场”——朋友圈中，你几乎看不到任何关于她身体状态的展示或者倾诉。她最常发的是商品介绍，欢迎大家购买，在评论中解答关于功效的提问，简单明了。偶尔她也发自拍，但总是选择特别巧妙的角度，让人看不出她的身体状况。访谈中我们问她：“既然是朋友圈，那么你的顾客朋友，多多少少知道你的身体状况吧？”她对此有点抵触：“可能老朋友是知道的，但是新客户不会。人家不是做慈善，做慈善最多一次两次。我做的是回头客，回头客看中的是草药的疗效，不是你这个人。要说个人因素对销售有影响，那一定是你懂行，你懂得草药的功效，让人家买回去知道怎么服用，服用还要有效果，这才能一买再买。哭惨吗？哭惨没用的。”海棠非常在意自己究竟是靠“专业”还是“卖同情”来维持生计。对她而言，忘却身体残疾，展现自己“专业性”的一面，能给她的自信和安抚，要比赚更多的钱更重要。

23 岁的二妮是一家网站的在线编辑，可以选择去办公地点上班，也可以在家工作。除非在不可避免的情况下（例如团队开会、宣布重要事项），二妮更希望选择在家工作，她不希望同事就她的身体原因对她做出一些区别对待。工作性质允许她能够在线上妥善地完成与其他同事一样的工作，从而得到更为单纯的支持和尊重。

另外两名残疾女性，在不同的情况下，选择不同策略来展示或隐藏自己的身体状况。31 岁的猫猫，度过了 13 年坐在轮椅上给妈妈看小卖部的时光，26 岁时她离开乡下来到深圳，成了一名微商。在深圳独立生活的日子里，她从不拒绝来自邻居、房东、快递员、社区的帮助。在这些人面前，她公开自己的身体状况，不在意主动求助或是暴露自己的弱点，并且充分利用社交媒体和帮助者互动。例如，每次邻居或快递小哥帮助她时，她都会更新朋友圈，把这段被帮助的经历详加描述，并热烈地表达自己的感激之情。她用这种方法来回报别人的善意，也在不为难别人的情况下，邀请更多的帮助。虽然与海棠一样是微商，但与海棠不暴露自己身体残疾的选择相反，在猫猫的“生意场”——朋友圈中，有着大量关于自己身体状况的描述。她每天要更新十几条朋友圈，其中有很多是自己的个人生活、自拍甚至小视频。通过她的朋友圈，完全可以了解她和她的残疾朋友们是如何生活的（她们都非常漂亮，爱打扮也爱享受生活）。这在一定程度上助力了她的商品销售——她所代理的是美妆产品。年轻、精致、虽然残疾但是独立在深圳打拼，由这些“标签”构筑起的形象，感动甚至激励了她的部分客户。她的购买者主要是女性，朋友圈的广告受众中，也有她大量的残疾女性朋友。

除了做微商，猫猫还有一份“兼职”工作——情感陪聊员。通过在线聊天服务，提供一些情感上的陪伴。她的“同事”有家庭主妇、大学生和一些残疾人，女性居多。她们在社交平台上通过文字、语音、视频为客户提供“情感陪伴”，不同的聊天方式标价也不尽相同。平台管理严格，如果有涉及色情服务或“擦边球”行为，会被直接封号，所以“除了色情和违法信息，我们什么都聊”。在这份“兼职”工作中，猫猫选择了与她做微商时完全不同的策略：她利用了社交媒体的保护作用，从不向网线另一边的客户透露自己的身体状况。就算是视频，客户也看不出她坐在轮椅上。在客户眼中，她是一个年轻、美丽、神秘却体贴的陪伴者。猫猫知道，在主流审美的审视中，残疾人的身份会使自己的个人魅力大打折扣，从而降低她在陪聊事业上的成功度。同时，如果暴露自己的身体残疾，也可能会给她带来被猎奇者骚扰的风险。

27 岁的小佳是一名美容顾问，她外型标致，身材匀称。身为盲人的她，摸索出了一套适合盲人化妆的方法，现在又成了瑜伽的认证讲师，是一位个人气质鲜明的女性。她的丈夫也是一位盲人，是残疾人群体中有一定影响力的社群领袖，他们 3 岁的女儿则是一个视力正常的女孩。女儿上幼儿园不久，因为担心“家长们的歧视、过度关心、怜悯等不寻常的情绪，影响到孩子”，也担心孩子因自己而受到歧视，小佳精心地设计了一个“攻略”：她加入了女儿班上的微信家长群，经常和其他家长交流，但从来没有透露过自己是一名盲人妈妈。她在群里联络彼此，积极地发言，主动分享一些育儿的信息，承担一些家长群的工作。通过假装自己是一名“普通妈妈”，她渐渐地收获了其他家长的认可以及友谊。当她确定其他家长不会质疑自己的能力，女儿也获得了家长们的喜爱，“时机”终于到来了。她精心打扮，把自己的形象展示得很好，同时也注意提前戴上耳机避免视障者的手机读屏影响到其他家长。种种有意的提前准备，使小佳作为盲人妈妈的首次露面震惊了其他家长，大家都不敢相信这个对答如流甚至还可以有“眼神交流”的妈妈，是个盲人。她因为“不像盲人”，而赢得了更多的尊重和信任。后来，她在自己的个人公众号上详细记录了这个“攻略”的始末，引发了不少讨论，也收获了大批粉丝的赞赏，成了很多人效仿的对象。

被访者的想法和行动表明，当歧视给残疾女性的工作和社会生活造成障碍时，“正常”仍然是她们的愿望。只有当她们确信自己的“特殊情况”能够转化为一种资产，并且在某种情况下能够赢得他人真正的尊重时，她们才会选择披露自己的“秘密”。“当她们觉得现有的社会规则可能无法充分地保护她们免遭歧视，社交媒体就成了她们更好地融入社会的一个掩护。这可能是国家宣传鼓励残疾人成为‘有责任的残疾人’和‘健全人’的结果。”（Dauncey，2013）

20世纪90年代，市场经济的改革刺激了“对福利援助的需求和愿望”，同时又使“持这种需求者处于一种令人尴尬的境地”（Kohraman，2005）。被访者努力实现经济独立，以远离大众话语中关于残疾地位的诬蔑性的负面内涵。同样值得注意的是，即使她们选择公开自己的残疾状态，这也与创造残疾经验的新的叙述有关，而不是像之前的研究中观察到的那样，是为了将自己归类为“残疾人”从而获得一些经济援助。

二、赋权式的残疾女性互联网就业——社交媒体的支持作用

残疾女性是社会中处境极不利和边缘化的群体，她们的身体缺陷以及社会对残疾的歧视，妨碍了她们获得改善生计所需要的资源，加剧了她们的脆弱性和社会排斥。本研究的结果表明，互联网特别是社交媒体的可及性，有助于弥合残疾人与主流社会之间的鸿沟。这些参与者的经验表明，互联网经济以及相关的就业机会，有助于增强残疾女性的经济和社会参与。许多残疾女性也在努力试图抓住，并参与到互联网经济发展的浪潮中。

（一）经济融入：经济收入和生活机会的增加

随着互联网经济的出现，残疾女性有了更多的就业选择。目前的研究案例表明，互联网就业的灵活性，对残疾女性有着很强的吸引力。互联网就业有多种形式，包括全职、兼职、弹性时间就业、创业等。它允许残疾女性根据自己不同的工作能力和身体条件，选择适合自己的就业方式。同时，互联网也给残疾女性带来了空间上的自由。她们可以选择在家办公而且成本低廉，有时候只需要一部智能手机。这些都是互联网就业受残疾女性欢迎的原因。本文的被访者有的处于或曾处于雇佣关系中，如担任客服和网站编辑，还有的经过一段时间的职业选择，走上了创业或自由职业的道路，如微商、情感陪聊、经营跨境电商等。所有的被访者都认为这样相对自由的工作方式，不仅让她们挣得更多，也带来更为积极的个人感受。

社交媒体在这个过程中发挥了重要作用。海棠、猫猫和暖暖都曾利用社交

平台来赚取经济收入，同时提高自己的个人影响力。小佳更是其中的突出代表，除了为残疾人提供提升形象的课程，她还有两份工作——她在分享化妆技巧时，也会推荐自己代理的化妆品品牌，这成为她收入来源的一部分。与此同时，她还拥有一个半公益性质的个人公众号，在上面发布有关化妆品、护肤、瑜伽乃至育儿方面的文章。她常常公益授课，并且花心思打造自己的公众号，逐渐在社群中形成了影响力。随着她的公众号吸引越来越多的关注者，小佳的几份工作形成了良性的相互影响，她的事业和个人能力得到了肯定。加上丈夫的影响力，她获得了许多媒体采访、出席活动的机会，她能够从这些工作中获得足够的经济收入，同时也发挥了自己作为“意见领袖”的公益作用。

在享受互联网经济的自由和灵活性的同时，所有的被访者都强调，她们对互联网就业最认可的部分，就是经济收入的切实增加。她们不但能养活自己，还能有权力支配收入。经济自主权的获得使残疾女性的生活发生了一系列变化，得到了更多的生活机会。

第一，互联网就业的收入给她们带来了安全感，随着收入的增加，她们不仅有更大的能力来应对风险，也有更多的自由来享受生活。猫猫的朋友圈说明了这一点：“因为活着很贵，所以要努力赚钱，自己有钱的时候才有底气，想买的东西可以买，想去哪里就可以去，生病了还可以有点钱看病，还可以请最好的朋友吃个饭聚聚会。现在的我活着要更现实，只有自己努力和奋斗，人才会活得更有尊严和底气。”她凭借着自己的两份工作，在深圳得以立足——依靠个人影响和出色的沟通能力进行的“兼职”，每个月可以带来稳定的5000-6000元的收入。

第二，经济独立使残疾女性能够有条件独立生活，一定意义上实现了对自己的“自主”。五名残疾女性中，有四人已经搬出父母的房子，独自或和丈夫生活在一起，年纪较小的二妮也在积极地申请廉租房，希望以此过上更自由的生活。对于这些女性来说，独自生活具有象征意义，这意味着她们有能力照顾好自己。她们力图打破那些贴在她们身上的“无能”“累赘”的负面标签。从父母家搬离也有助于自信心的建立，这与当西（Dauncey）（2013）的发现相呼应——通过将自己与传统刻板的“残疾人群体”形象相区别，一些残疾人创造出了关于残疾的不一样的叙述，这进一步促进了他们的自我赋权。

第三，自给自足使残疾女性有更多机会控制自己的爱情生活。51 岁的海棠很享受单身生活，她并不急于结婚，也不认为婚姻是一个必需品——“我已经准备好了去养老院的钱”。经济条件好，能够妥善地安排自己的生活，海棠的选择也获得了家人的支持。31 岁的猫猫则面临着家人催婚的压力。她容貌姣好，有很多追求者，但她没有轻易妥协，坚持要找对的人。暖暖的老公是马来西亚人，在她能够独立地获得经济收入之后，她也获得了自由恋爱的权利，最终在家人的支持下远嫁马来西亚。对 23 岁的二妮来说，婚姻还很遥远，但是她表露出了很多在两性方面的困扰，她还没有过任何性经验，非常希望能够找到一个性伴侣，目前她有了一个目标却不知该如何开始，所以她计划从家里搬到公租房居住，这样可以更方便安排自己的私密生活。

在公共话语中，残疾人的形象往往被构建为无能和依附性的（Nario-Redmond，Kemerling，Silverman，2019）。而访谈中残疾女性对生活、婚姻与性的控制权，显示出互联网就业所带来的收入增加，有助于残疾女性对抗这种刻板印象，经济独立不仅使她们能够养活自己，而且使她们更有“权力”去控制自己的生活。对于这些经常被边缘化、形象经常被贬低的女性来说，这种进展是非常可贵的。

（二）社会融入：增强自信，发出声音

残疾女性通过互联网一步步实现就业的过程，也是她们获得更多社会性力量的过程。互联网就业扩大了她们的社交网络，与各种各样的人打交道使她们能够进一步审视自己的社会关系和自我意识。一路上克服困难的经验使她们更加宽容，也更加有底气和自信。25 岁的暖暖曾经是一名主播，在作为主播公开自己的形象的那段时间中，她曾经也收到过一些恶意的评论。访谈中，她回忆起这些事情时说，曾经伤害过她的事情能让她明白自己在乎的到底是什么，这样的思考进一步增强了她的自我意识和自信：

“我一直想要体面地活着，想要拥有昂贵华丽的事物，过上别人都羡慕的日子，觉得那才是体面的象征。省吃俭用攒钱去买奢侈品，以为那就是爱自己。恨不得所有人都知道自己的化妆品有多高端，手机有多贵，伴侣对自己有多好，去了多少个地方旅游，赚了多少钱……当物欲超过了需求，自己永远无法心安理得时，才明白一个不能欣赏自己，不能认同自己生命价值的人，拥有再多都不可能得到自己想要的体面。因为空虚匮乏的内心，是物质无法填满的，真正的体面，是发自内心的自信与接纳：不需要任何人的认可，更不需要证明自己到底有多体面。”

此外，网络空间使一些残疾女性能够发出自己的声音，并影响他人的生活。例如小佳经常在她的个人公众号上更新文章，公众号的关注者除了残疾人，也有很多非残疾的支持者。通过直播平台和聊天兼职，暖暖和猫猫也给很多人带来了安慰和希望，促进了更多人对残疾女性的了解，这也是提高她们社会参与和贡献的一种方式。互联网就业带来的自我可持续性和社会包容都有助于消除残疾女性的污名，在某种程度上，也有助于实现这一群体的去神秘化。

三、残疾女性在互联网就业中的风险和挑战

由于身体上的挑战和结构上的限制，当残疾女性进入劳动力市场，无论她们的职业是什么，都会遇到很多困难。虽然互联网就业为这些女性提供了更多的经济社会融合机会，但也同步带来了风险和挑战。访谈表明，网络暴力、骚扰、缺乏技术和竞争优势，是困扰残疾女性互联网就业历程的主要问题。

暖暖患有脆骨病，是因病致残的轮椅使用者。她曾是一名电商客服。但她很快厌烦了这份工作，“时间不自由，而且做着做着就没自信了，总是收到投诉和谩骂”。长时间坐在电脑面前工作对她的健康和心理都带来了伤害。后来随着直播平台的兴起，她转型成为一名主播，除了制作短视频，也进行在线的心理咨询。在她做主播的日子里，常常遭受网络暴力，被指责“卖惨”，说她是

“网络乞丐”。恶意的猜测、窥探的目光甚至网络暴力所带来的不适，往往会随着人们发现自己身处多元化、监管更少的网络空间中而增加。暖暖说，这些经历曾让她感到“尊严被严重践踏”。后来她也放弃了主播的工作，结婚后和丈夫定居马来西亚，经营起了跨境电商的网店，成为老板。

对于选择以创业者身份加入互联网劳动力大军的残疾女性来说，她们中的许多人由于受教育程度相对较低、社会经验有限而缺乏商业知识和技能。51 岁的海棠是五名被访者中年龄最大的，中专毕业后她没有继续学习。在过去的 20 年中，像许多在市场经济中冒险的人一样，她怀有一种“机会主义”的心态，尝试各种生意。尽管一开始能获得一些收入，但是随着更多竞争者的出现，她的大部分商业尝试都失败了。“生意不那么好做啊，一开始做的人少还能赚到钱，后来做生意的人多了，竞争就大了，我们做网店，又不懂技术，没有钱推广营销，谁会看你的店呢?”

小佳在还没有经营自己的个人公众号之前，曾经投入很多精力在自己代理的化妆品牌上。作为代理经销商的她，手下最多有 30 多名美容顾问，其中有很多是她特意选择的残疾女性，她希望能带出一支属于自己的团队。然而，尽管她有改变残疾女性生活状况的雄心和愿景，却因为缺乏一定的管理经验和外部支持，遭遇了严重的团队人才流失。对此她感到失望和沮丧，最终决定不再带领团队，而是把更多精力放在经营自己的个人公众号和授课上。

被访者还提到了她们在互联网就业中遭遇到的其他挑战。例如，在互联网的劳动者大军中，残疾人的法律保护和社会保险的覆盖面不足，与其他员工相比，残疾女性更容易受到网络暴力、性别歧视、工作不稳定、失业等风险的影响。在机构保护不足的情况下，残疾女性只能向家庭寻求帮助和支持，她们中的一些人不敢或不知如何提出对无障碍设施的要求，一些人则拒绝寻求额外的支持，以免被“特殊对待”。因此，许多残疾女性都有这种心态——想要过得好、保持尊严，唯一的办法就是赚尽可能多的钱，然而，尽管她们渴望获得良好的就业机会，在瞬息万变、竞争激烈的互联网劳动市场中，知识和技能的不足往往会阻碍她们的职业发展。

四、讨论

学者们指出，残疾既是一个存在的领域，也是一种社会文化的形成（Deutsch，Nussbaum，2000；Garland-Thomson，2005）。残疾人也会根据不同的环境不断地定义自己的身份（Kohrman，2005）。例如，一些残疾人把自己主动归类为“残疾人群体”，以此获得一些来自政府和社会的经济援助，一些人则更愿意与“残疾人群体”保持距离，努力创造残疾经历的另类叙事（Dauncey，2013）。在这项研究中，我们检视了残疾女性的不同经历，以及这些女性如何在市场经济中积极地增加她们的生活机会。由于我们的研究重点是残疾女性在经济和社会方面的融入，因此强调了被访者对残疾经验重新想象、重新定义的想法和行动。五个个案表明，受城市化、城乡移民、现代女性身份，特别是互联网经济的影响，中国的残疾女性有更多机会在经济上、社会上和意识形态上独立。在互联网的劳动力市场及相关的社会生活中，她们“扮演着”合格的雇员、企业家、家庭的支持者、社会团体的领导、公益项目的积极分子，以及媒体报道中的发言者。她们的人生故事对于促进我们在快速变化的世界中理解性别和残疾具有重要意义。

在社会交往和一般的劳动力市场中，对残疾人社会包容的意识形态承诺被淡化（Nario-Redmond，2019），许多残疾女性仍然试图掩饰自己的残疾以避免歧视和排斥。在这种情况下，社交媒体可以作为一种不可替代的工具，模糊“正常”和“特殊”之间的界限，使残疾女性在许多社交活动中成为与他人平等的参与者，实现了经济增长和社会融入。同时，我们必须注意的是，如果没有非政府组织和一系列针对残疾人的社会活动的帮助，一些被访者不可能取得今天的成就。来自官方或民间的社会支持力量，是很多残疾女性走出互联网就业第一步的关键。显而易见的是，有效且有力的干预仍然是目前缺乏的，在政府、非政府组织、企业雇主（或自我雇佣）、残疾女性之间，应当形成何种雇佣-保障-支持的关系，值得进一步研究及实践。未来的研究也将继续聚焦在互联网平台可以在何种方面继续发挥其作用，从而让更多的残疾女性参与到这种就业的实践中来。也可进一步探讨这些机制及平台，在消解针对残疾女性的歧视和污名方面起到了何种正向或负向作用。

由于互联网的可及性，本研究中的女性比其他许多由于身体状况、社会文化和经济条件而处于不利地位的女性更“幸运”。例如，几位被访者可以依赖一些自适应软件（替代键盘或读屏软件）来使用互联网，她们基本能够使用智能设备。然而，对于那些患有肌肉萎缩或脊髓损伤等严重残疾的人来说，使用智能设备可能极其困难，严重残疾者的身体状况有可能导致他们无法融入当今的数字社会。关于智力障碍人士如何克服社会排斥的力量，也仍需要进一步研究和探讨。

五名参与者都居住在城市地区，其中三人居住在北京、广州和深圳等一线城市。地理位置对残疾经历有显著影响。在这些大城市里，有更多的社会福利性服务、更健全的针对残疾人的支持体系、各项补助和更宽容的社会环境。大城市里的残疾人还受益于更好的交通和无障碍设施、志愿者和志愿者组织的支持。然而，大约80%的残疾人居住在农村（Kohramn，2005）。拥有农村户口的残疾人往往没有机会和能力迁移到为残疾人提供更友好环境的大城市定居，由于种种现实原因，各项针对残疾的政策或方案在农村的实施效果也较差。农村地区的残疾人往往缺乏教育、社会地位和政治关系来追求他们的应得权利，也更难获得来自政府机构如残联的帮助。因此，需要进一步研究如何利用互联网可及性和互联网经济提供新的机会，以扩大生活在较不利条件下的残疾人的经济收入和生活机会。

参考文献

Dauncey S. Gentlemen, Heroes, Real Men, Disabled Men: Explorations at the Intersections of Disability and Masculinity in Contemporary China. Nan Nü, 2017, 19 (2).

Deutsch, H., Nussbaum, F. Defects: engendering the modern body: University of Michigan Press, 2020.

Dobransky, K., Hargittai, E. The disability divide in internet access and use. Information, Communication & Society, 2006, 9 (3).

Kohrman, M. Bodies of difference: Experiences of disability and institutional advocacy in the making of modern China. Berkeley, CA: University of California Press, 2005.

Garland-Thomson, R. Feminist disability studies. Signs: Journal of women in Culture and Society, 2005, 30 (2).

Jones, M. K., Latreille, P. L., Sloane, P. J. Disability, gender, and the British labour market. Oxford Economic Papers, 2006, 58 (3).

Nario-Redmond, M. R., Kemerling, A. A., Silverman, A. Hostile, Benevolent, and Ambivalent Ableism: Contemporary Manifestations. Journal of Social Issues, 2019, 75 (3).

Oguzoglu, U. Disability and Multi-State Labour Force Choices with State Dependence. Economic Record, 2016, 92 (296).

Qu, Y., Watson, N. Gathering in a cyber world: Internet use of Chinese disabled people and the emergence of disability constituencies [J]. Disability & Society, 2019, 34 (7-8).

Randolph, D. S. The meaning of workplace discrimination for women with disabilities. Work, 2005, 24 (4).

Scholz, F., Yalcin, B., Priestley, M. Internet access for disabled people: Understanding socio-relational factors in Europe. Cyberpsychology: Journal of Psychosocial Research on Cyberspace, 2017, 11 (1)。

王晓峰、赵腾腾：《互联网影响残疾人就业的作用机制研究》，载《人口学刊》2021年第1期。

张磊：《互联网背景下残疾人就业岗位调查研究——以肢体残疾和听力言语残疾人为例》，载《中国集体经济》2017年第17期。

中国健康与养老追踪调查（China Health and Retirement Longitudinal Survey, CHARLS），2015。

山东省妇联“大姐工坊”发展的经验、问题及对策研究

赵 真 周 璇*

摘 要：“大姐工坊”是山东省妇联打造的巾帼居家创业就业、脱贫攻坚工作品牌项目之一。本调研组先后调研了临沂、菏泽、德州、济南、淄博、烟台、威海、潍坊等市开展比较好或者有特色的“大姐工坊”，并且通过电话和网络了解到各县妇联开展“大姐工坊”的一些情况，同时调阅了“大姐工坊”的一手资料，还组织了部分妇联工作人员、“大姐工坊”负责人进行开放性的访谈。通过调研，我们详细了解了“大姐工坊”项目发展的现状，认真分析了“大姐工坊”项目建设的成绩及制约发展的因素，并且提出了“大姐工坊”项目的可行性建议。

关键词：“大姐工坊”；妇联；多机制联动

一、调研背景

至2015年底，山东省建档立卡贫困人口约242.4万人，其中妇女113.5万人。针对贫困妇女缺产业、缺项目、增收难的现状，省妇联积极协调社会资源，依托各地优势产业，着力打造巾帼居家创业就业，发展“大姐工坊”脱贫工作品牌，搭建产业项目扶贫平台，将产业扶贫落到实处，促进居家创业就业脱贫。

两年内，省妇联及各级妇联面向7005个精准扶贫村所在县市区，发挥妇联组织优势，引导农村妇女因地制宜，宜种则种，宜加则加，宜服务则服务，认

---

* 作者简介：赵真，山东省妇女创业发展服务中心研究室副主任，编审，主要研究方向：妇女发展、家庭教育等。周璇，济南十四中老师，主要研究方向：性别相关公共政策。

定发展了1000个“大姐工坊”，这些“大姐工坊”包括手工加工、特色种养、乡村旅游、电子商务企业、合作社、居家式生产加工服务点等。截至目前，全省发展服装加工、农特产品加工、手工制作等“大姐工坊”居家创业就业服务点7600多个，带动近8万名妇女就近就地灵活就业。

在山东省妇联对省级“大姐工坊”认定的基础上，各级妇联努力实现“项目到村、政策到企、技能到人”，精准对接贫困妇女。及时掌握贫困妇女创业意愿，帮助找准就业项目，促成企业、镇村合作，协调解决项目用房和设备安装、货源配送、产品销售等环节的问题。

二、调研过程与研究方法

（一）调研过程

本调研小组先后赴临沂、菏泽、德州、济南、淄博、烟台、威海、潍坊等市开展实地调研部分“大姐工坊”，通过电话和网络了解各县妇联开展“大姐工坊”的情况，同时调阅了一部分妇联或者“大姐工坊”的一手资料，还访谈了部分妇联工作人员、“大姐工坊”负责人。

（二）研究方法

1. 文献分析法

通过对文献资料的梳理，厘清“大姐工坊”的发展脉络，尝试总结“大姐工坊”的发展经验，通过深入发掘文献资料中有价值的素材，为本文的研究提供依据。

2. 比较分析法

运用比较分析方法，通过横向比较对不同地区不同的“大姐工坊”发展模式进行分析，从中找到可以借鉴的经验，运用纵向比较法，也就是“大姐工坊”项目实施至今，对不同时间段的发展情况进行比较研究。

3. 问卷调查法

通过“问卷星”发放部分电子问卷，调研问卷设计26个问题，内容涉及

"大姐工坊"发展现状、问题及发展需求等内容。统计截至 2019 年 6 月底，目前全省有 887 家省级"大姐工坊"，本次调查发放范围以菏泽、临沂、德州等地为主，针对"大姐工坊"从业人员共完成 661 份问卷，约占总比例 74.5%。

4. 深度访谈法

对各级妇联、"大姐工坊"负责人进行深度访谈，深入了解"大姐工坊"的经验教训、发展模式及取得的成效，记录他们对不同问题的意见，对收集到的资料进行整理分析。

三、"大姐工坊"项目发展现状

（一）负责人基本情况

1. 年龄与学历

调查发现，现阶段"大姐工坊"的负责人员，90.47%为女性；95.01%已婚；40 岁以上人员占 90%；长期居住在乡镇的人员占比 26.17%，居住在农村的占比 41.15%，并且农村户籍占比 70.65%；人员学历不等，其中，初中文化水平占比 26.02%，高中、职高类占比 37.07%，大学本科以上人员占比 10.74%。负责人中，中共党员和群众的占比基本平衡，有一部分为村妇联主席、兼职主席、执委或村干部。

2. 就业经历

调研显示，受访人员在从事"大姐工坊"之前，大都没有工作经验或自主创业经历，只有少部分人员从事过全职或是兼职工作。从业人员所创办的"大姐工坊"，大都和之前的工作或是当地的传统手艺相关，比如之前从事食品加工工作、服装加工工作、养殖业工作等的人员，后期从事"大姐工坊"的产业也都与之有密切联系。目前，负责人员对"大姐工坊"的发展满意度比较高，非常满意的占比 35.25%，比较满意的占比 27.84%，满意的占比 26.17%，不太满意的占比 9.23%，不满意的占比 1.51%。

（二）从业人员基本情况

调研发现，从业人员中年龄在40岁以上的占大多数，大多数为高中及以下学历，大专以上学历的人员占比较少。从业人员全部已婚，其中大都为附近待业女性、贫困妇女、全职妈妈、留守妇女，还有少部分残疾人士。

从业人员的平均年收入占比最高的是2万-5万元，占比57.64%；其次是2万元以下，占比35.70%。另外，有3.93%的从业人员年收入达到5万-10万元，2.72%的从业人员年收入达到10万元以上。

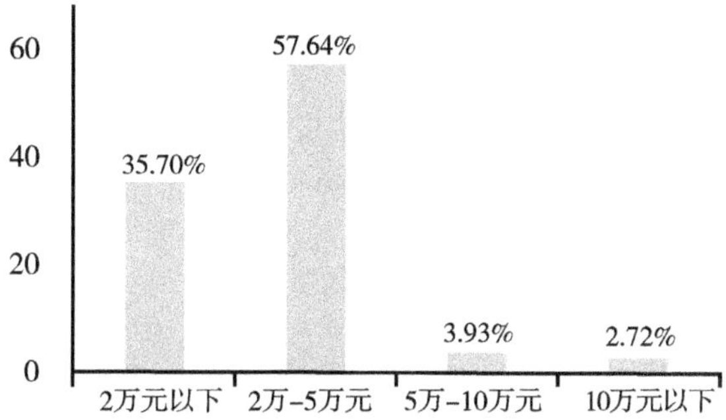

图3 “大姐工坊”从业人员年收益概况

（三）企业管理基本情况

从调研情况来看，26.32%的“大姐工坊”仅有雇佣人员10人以下，47.35%的“大姐工坊”有雇佣人员50人以下，均为小微企业。100人以下和100人以上规模的企业占比分别为13.31%和13.01%。

1. 总投资

5万元以下的企业占比16.94%，5万-10万元的占比17.7%，10万-50万元的占比23.9%，50万元以上的占比41.45%。

2. 类型

“大姐工坊”类型多种多样，其中农家乐、手工制作、工艺品加工、种植养殖业居多。

3. 性质

个人企业占比52.65%，民间小作坊占比26.02%，还有一部分合伙企业和其他情况。

省妇联及各市妇联采取多种形式扶持“大姐工坊”发展，如组织各类学习讲座、资金扶持、印发宣传资料、心理帮扶、外出旅游、谈心谈话等，其中组织各类学习讲座和心理帮扶占比最多，分别为62.18%和53.1%。

四、“大姐工坊”项目建设的成绩及制约发展的因素

由于受性别、年龄、文化程度、职业、地域等多种因素影响，“大姐工坊”的发展呈现不均衡性，但总体情况比较乐观，取得了一定成效，对引领带动农村妇女就业，帮助贫困妇女增收脱贫起到了积极的推动作用。但由于各种制约因素的影响，2016-2018年，省妇联认定的1000家“大姐工坊”到目前为止剩下887家，113家停办。

（一）“大姐工坊”项目建设的成绩

自“大姐工坊”实施以来，各级妇联大力推广“妇联+企业+基地+大姐工坊+妇女”的创建模式，通过开展免费技能培训、解决贫困妇女就业、为建档立卡贫困户妇女分红等方式，带动贫困妇女增收，让贫困妇女受益，让无劳动能力妇女与贫困妇女建立利益连接机制，让农村妇女尝到了在家门口就能就业增收、挣钱脱贫的甜头，提升了广大妇女对妇联组织的认同感、信任感，让妇联真正成为妇女群众最可信赖的“娘家”。

下面通过两个案例分享，来总结一下所取得的成绩。

案例1

济南市章丘区八仙葫芦工艺制品专业合作社成立于2006年，2016年被妇联认定为省级“大姐工坊”，是一家集葫芦种植、研发、制作于一体的新型专业合作社。总占地面积138亩，分为“大姐工坊”手工葫芦制作、展示区和葫芦农耕文化种植区。其中展示区7000平方米，葫芦农耕文化种植区130多亩，现安置残疾人员工23人，年工资在2.5万元左右。合作社辐射带动31户残疾妇女贫困户居家就业，以葫芦技能加工和种植回收葫芦来实现增收。还举办残疾

人和待业妇女葫芦实用技能培训班26期，免费培训800余人，对于培训合格的残疾人和待业妇女根据其意个人愿，想留在合作社的签订正式合同成为正式员工；想自己创业，但又缺少资金的，予以帮助扶持并长期进行创业跟进指导。合作社针对特别困难的残疾贫困户，制订了入村帮扶计划，提供上门服务，进行实地教学，教会他们种植葫芦，制作一些相对简单、易于操作的葫芦制品，打造以葫芦种植、收购、制作、产销为一体的扶贫路线，帮助他们足不出村就有一份固定的收入。合作社倾力打造的“友谊葫芦”品牌，得到了国内外各界葫芦收藏家和葫芦爱好者的好评，被央视等各大媒体多次报道。友谊葫芦被评定为“济南市第五批非物质文化遗产”。

案例 2

德州临邑县省级“大姐工坊”赵新红藤编经营部，距离县城35公里，带动周边几个村的上百名妇女居家创业就业。但2018年来手工藤编加工产品销路不畅，工坊订单很少。镇妇联千方百计帮助赵新红对接项目。2019年5月，县妇联与镇妇联主席带人到齐河嘉艺玩具有限公司（也是“大姐工坊”）进行考察，发现手工缝制玩具特别适合妇女就业，便积极引导“大姐工坊”之间的互联互通互助互惠。齐河嘉艺玩具有限公司在赵新红藤编经营部成立加工点，镇妇联让周边的东曹村、郭湾村的妇联主席带头推广手工玩具缝制加工项目，现在带动周边村庄100余名妇女家门口就业，其中东曹村妇联和郭湾村妇联带动35名妇女就业，包含2名贫困妇女和1名残疾妇女。上到80多岁的老太太，下到20多岁的年轻人，只要肯干，每名妇女每天至少15-20元的收入，熟练工每天能挣到50元。老奶奶说：“家门口就能挣钱，不用和孩子们伸手要，一天的饭菜钱都花不了，太好了！”妇女们在加工点或家里干得热火朝天，积极性非常高。“大姐工坊”的互联互通互补，真正做到了引领带动妇女共同富裕，体现了“分享经济”。

这两个案例，彰显了“大姐工坊”的实施与实践，在一定程度上提高了妇女的自我认知，带动妇女就业，还进一步提高了妇女在社会、家庭中的地位，增强了广大妇女的自信心，也增加了社会对妇女的认同感，从根本上改善了妇女的生计。在经济上，刺激了劳动力市场，进而促进了当地的 GDP 增长。

（二）影响因素

1. 外部因素

（1）政策影响：受国家政策以及当地政策的颁布或是调整的影响，有些地域性经营比较强的“大姐工坊”不得不关停。比如当地进行“棚改”，有些以“农家乐”为主要经营项目的“大姐工坊”只能停止经营，进行拆迁改造；再比如，有些以养殖业、来料加工业等为主的“大姐工坊”，经营中造成了环境污染或是噪声污染，违反了环境法等相关法律法规，就应立即整改或是停办。有部分“大姐工坊”觉得相关规定和政策缺乏可操作性：即便是专门针对妇女创业的金融扶持政策，各地实施的程序和担保要求提高了准入门槛，致使大部分“大姐工坊”的从业人员无法获得贷款。

（2）市场影响：2019 年受中美贸易战等国际经济形势和政策的影响，某些接外贸订单的“大姐工坊”被上游贸易制约，国际订单减少或者利润大幅降低；多个“大姐工坊”反映山东省物流快递费用高，是江浙沪地区的 3 倍，还有多种限制（如 2018 年青岛“上合峰会”期间刀具不能发快递）。

（3）不可抗力的影响：有一些以“养殖业、种植业”为主的“大姐工坊”，遭受久旱、冰雹或是雨涝等自然灾害，上不了保险，往往收益受损；还有的“大姐工坊”租赁的土地使用期限快要到期，面临费用飞涨、无法发展的境地……这些情况都让“大姐工坊”发展壮大很受限制。

2. 内部因素

（1）人员问题：从事“大姐工坊”的经营者或是从业人员突然遭遇家庭变故，或是身体原因，不能继续开办或是继续发展，还有一些从业人员文化素质太低，或是产业熟练程度差，造成了劳动力基础薄弱，对产业造成了不良影响。

（2）经营方法问题：有一些“大姐工坊”的经营者，由于自己经验有限或是预估前景错误等问题，造成了企业产业链发展受阻，进而造成企业亏损，难以继续发展。

（3）资金问题：部分“大姐工坊”，在发展过程中资金链紧张，不得不停办、转移到外省或是缩小规模。

五、发展“大姐工坊”项目的几点建议

新的形势下，要想大力继续发展“大姐工坊”工作，应当充分发挥各级妇联的带头协调作用，把工作做精做细，做到老百姓的心眼里去。

（一）加强政府政策的稳定性与连续性，让“大姐工坊”的管理者具有可预见性，减少倒闭，保证合法权益

1. 政策支援

（1）加大对“大姐工坊”的扶植政策，做到“项目到村、政策到企、技能到人”。全面推广“大姐工坊”新模式，出台有针对性的扶持政策，助力产业“大姐工坊”再上台阶。

（2）在资金帮扶方面，对作出突出贡献的示范点，协助其投资扩大规模。积极与妇联、人社等部门沟通，帮助协调贷款等事宜。

（3）完善良好的激励措施，鼓励从业人员。财政贴息政策向贫困地区倾斜，帮助贫困妇女解决创业资金困难问题。

2. 优化环境

调动各部门参与，优化从业环境。研究客户与从业人员的行为规范，挖掘“大姐工坊”发展的新动能，要提供保障，优化“大姐工坊”服务发展环境，积极争取人社、财政、民政、卫计委等部门支持，争取更多合作项目。

3. 培训向妇女倾斜

重视培训，加大培训力度，尤其是培训要向妇女倾斜，并且拓展培训种类。抓住重点，进一步加大对“大姐工坊”从业人员的培训力度，要在深入调研的基础上，因人施策，加强技能培训，协调争取资源，比如在技能培训上，要按照从业人员的意愿进行菜单式培训，谁想干就培训，想干什么就培训什么，确保培训取得成效。增强妇女脱贫致富本领和自我发展能力。要不断增强从业人

员的职业自豪感，不断提高从业人员的专业技能、职业素养，不断培养从业人员的工匠精神，进一步加大诚信建设，树立从业人员守信爱岗敬业的好形象。

（二）充分发挥妇联娘家人的作用，为妇女提供帮助，争取更多优惠

1. 加强网络建设，共建发展平台

充分利用“互联网+”为“大姐工坊”从业人员以及客户提供快捷、便利的服务；鼓励支持龙头企业，牵头成立社会组织，搭建“大姐工坊”从业人员共享共建合作平台，提升“大姐工坊”的社会认可度和影响力，更好地服务社会，服务大局，服务妇女，服务家庭。

2. 做好引领工作

（1）思想引领：新形势下妇联的引领工作，应当融入到“大姐工坊”中去，扶志又扶智，更加注重互动渠道和工作反馈机制的建设；更加注重在满足“大姐工坊”的所需所盼，努力办实事，扎扎实实发挥好各级妇联的作用，让“引领”蕴含在潜移默化、润物无声之中。

（2）推广引领：进一步加大“大姐工坊”标准化的宣传、推广与引领，促进从业人员依照标准做事，推进“大姐工坊”规范化发展，要突破难点，培育一批“大姐工坊”品牌企业，健全从业人员职业保障机制。

（3）政策引领：对被认定并符合相关扶持条件的“大姐工坊”，各级妇联应积极争取给以支持。比如：

①被认定的“大姐工坊”负责人优先被推荐参与妇联妇女示范培训计划；

②被认定的“大姐工坊”优先被推荐申请“巾帼创业贷”；

③被认定的“大姐工坊”及其特色优质产品，妇联将通过报纸、网站、微信公众号等宣传媒体进行宣传推介，并积极推荐至省妇联相关宣传平台进行宣传；

④被认定的示范“大姐工坊”，妇联将给予一定的资金扶持；

⑤专门为贫困户、大学生返乡创业人群提供免费技术培训，学成后参与管理的，按利润给予分成。

3. 优化建档立卡工作

实行标准化“一对一”“点对点”直接服务。“大姐工坊”的种类不同，需求支持也各不相同。要想充分全面发展，服务工作就要一个一个去做，对所属地域内的“大姐工坊”的发展情况做到心中有数，真正落实到地，要在改革创新上下功夫。

4. 充分发挥妇联“联动”作用

基层妇联特别是乡镇村级妇联要借助妇联组织“会改联”的改革契机，把那些有热心有激情有影响力的优秀女性吸纳到“大姐工坊”的发展中去，把过去“上面千根线，下面一根针”变成“上面千条线，下面一张网”，把妇联干部的“倒金字塔”变成“正金字塔”，更好地发挥基层妇联在促进“大姐工坊”和谐发展中的重要积极作用。

（三）投资者要提高政策和管理水平，从业人员要提高文化素养和技术水平

1. 提高自身素质

通过宣传教育引导从业人员，尤其是妇女，积极通过各种方式提高自身素质，听党话跟党走，调动自己参与社会劳动的积极性、主动性和创造性，树立脱贫致富志向，激发自身内生动力。

2. 重视产业发展，充分挖掘地域优势

“大姐工坊”的从业人员，尤其是管理者要多学多问多看，吃透搞懂国家政策方针，根据自身从事的“大姐工坊”的性质，认真研究当地的资源、资源优势、环境条件、民间艺术和历史传承等，找准比较适宜的产业，长久做下去，带动更多的妇女持续增收。

3. 加强性别意识

“大姐工坊”从业人员的社会性别意识主流化，在“大姐工坊”项目的实施过程中，要强调自身的全程参与，并且积极参与培训，进一步提高“大姐工坊”解决妇女再就业的成效，全面推动性别平等工作。

4. 大力发展手工，实施巧手脱贫

充分探索“公司+协会+基地+妇女”的“大姐工坊”产业发展模式，尤其是贫困妇女，更应该积极参与发展妇女手工业，用自己一双巧手编织出美好幸福的生活。

六、“大姐工坊”建设的意义

2018年11月2日，习近平总书记在同全国妇联新一届领导班子成员集体谈话时强调做好引领、服务、联系工作，要对标党的十九大提出的目标任务，要围绕统筹推进“五位一体”总体布局、协调推进“四个全面”战略布局，贯彻新发展理念，聚焦深化供给侧结构性改革，开展富有女性特色的建功立业活动，最大限度调动妇女积极性、主动性、创造性。打赢防范化解重大风险、精准脱贫、污染防治三大攻坚战是当前全党全国的重要任务，妇联组织应该在其中大有作为。

（一）强化人才支撑，开展“大姐工坊”乡村巾帼人才培育集聚行动。把妇女人力资本开发放在首要位置，汇聚一支强大的乡村振兴的巾帼人才队伍，促进妇女人力资源向人才资源转化。培育壮大巾帼新型农业经营主体，确保农村妇女收入有保障，生活有品质，吸引更多的农村妇女愿意留在农村，让农村妇女成为现代农业经营的主体，推动解决农业后继无人问题。

（二）开展新型职业女农民培训，争取农业、人社、扶贫等相关部门政策支持，着力培育农村致富女带头人队伍，开展现代特色农业、庭院经济、乡村旅游电子商务等新业态知识技能培训，提升农村妇女重要技术和管理运营能力，培养一批懂农业爱农村的新型职业女农民。

促进各行各业妇女人才向乡村汇聚，组建巾帼创业者联盟等社会化服务组织，搭建服务平台，开展政策咨询、项目对接、技术交流、产品展示、融资服务等，鼓励支持女企业家、女大学生、进城务工妇女人才返乡下乡创业，为乡村振兴集聚巾帼人才。

（三）为了更好地保证贫困妇女的利益，帮扶其摆脱贫困，顺利完成精准扶贫阶段的扶贫攻坚任务，应加强对更加弱势的农村贫困妇女的关注，针对其多种因素交织致贫的问题，着重构建贫困妇女多重保障措施与支持网。

（四）强化扶贫过程的社会性别意识主流化，在扶贫政策和扶贫项目实施过程中，强调妇女的全过程参与，培育妇女发展的主体意识，推动农村性别平等工作。

“大姐工坊”是山东省妇联贯彻中央省扶贫开发工作部署，推进巾帼脱贫行动，实施宣传发动、培训促动、政策拉动、产业带动、社会联动“五大行动”的具体措施之一。

“大姐工坊”项目推动了产业扶贫的实施，充分帮助贫困妇女实现居家创业就业脱贫增收致富，实现“人人有活干，人人有钱赚，短期能脱贫，长期能致富”的目标，在维护社会稳定、促进社会和谐等社会问题上，具有积极影响。

参考文献

《沈跃跃强调要大力推动习近平新时代中国特色社会主义思想深入人心 充分发挥广大妇女在乡村振兴中的积极作用》，载《中国妇运》2018 年第 6 期。

朱烨、杨铭、金婷：《浙江省集体林区农村女性劳动力参与林业劳动状况及其影响因素分析》，载《青岛农业大学学报（社会科学版）》2018 年第 2 期。

孟珊珊：《“巧手”助力乡村振兴巾帼行动》，载《中国妇运》2018 年第 4 期。

戚晓明：《乡村振兴背景下农村社区环境治理中的女性参与》，载《河海大学学报（哲学社会科学版）》2019 年第 3 期。

张嘉凌、董江爱：《乡村振兴视角下农村妇女参与乡村治理路径研究——以运城雷家坡村德孝文化建设为例》，载《中共福建省委党校学报》2019 年第 2 期。

山东省妇联：《关于实施“乡村振兴巾帼行动”的意见》（2018 年 5 月）。

烟台日报：《“导师团”倾力助推妇女创业 巾帼扶贫今年重点开展“点单”式培训》，载《烟台日报》2017 年 3 月 9 日第 002 版。

（2020 年 7 月 21 日刊登于中国妇女报《新女学周刊》）

图书在版编目（CIP）数据

社会保障与妇女发展：第三届中德性别平等与发展研讨会论文集 / 王向梅，（德）贝安娜主编．—北京：中国法制出版社，2022.12

（中华女子学院社科类成果文库丛书）

ISBN 978-7-5216-3212-5

Ⅰ.①社… Ⅱ.①王… ②贝… Ⅲ.①男女平等-学术会议-文集 Ⅳ.①D440-53

中国版本图书馆 CIP 数据核字（2022）第 244831 号

责任编辑　王悦　　　　封面设计　杨泽江

社会保障与妇女发展：第三届中德性别平等与发展研讨会论文集

SHEHUI BAOZHANG YU FUNÜ FAZHAN：DI-SAN JIE ZHONG DE XINGBIE PINGDENG YU FAZHAN YANTAOHUI LUNWENJI

主编/王向梅，［德］贝安娜

经销/新华书店

印刷/北京虎彩文化传播有限公司

开本/710 毫米×1000 毫米　16 开　　印张/17.25　字数/216 千

版次/2022 年 12 月第 1 版　　2022 年 12 月第 1 次印刷

中国法制出版社出版

书号 ISBN 978-7-5216-3212-5　　定价：68.00 元

北京市西城区西便门西里甲 16 号西便门办公区

邮政编码：100053　　传真：010-63141600

网址：http：//www.zgfzs.com　　**编辑部电话：010-63141830**

市场营销部电话：010-63141612　　**印务部电话：010-63141606**